Geschichte

Sachsen

Entdecken und Verstehen 9-10

Herausgegeben von
Dr. Thomas Berger-v. d. Heide
Prof. Dr. Hans-Gert Oomen

Vom Kalten Krieg bis zur Gegenwart

Herausgegeben von
Dr. Thomas Berger-v. d. Heide

Bearbeitet von
Dr. Thomas Berger-v. d. Heide
Petra Bowien
Peter Brokemper
Anne Drell
Daniel Geißler (M.A.)
Caroline Heber
Karl-Heinz Holstein
Ulrich Mittelstädt
Dr. Harald Neifeind
Andreas Peschel (M.A.)
Rolf Puller
Martina Quill
Hans-Otto Regenhardt
Bernhard Schenkel
Dr. Cornelius Schley
und Prof. Dr. Birgit Wenzel

D1664777

Cornelsen

Grit Loitzsch

Verlagsredaktion: Dr. Uwe Andrae
Umschlaggestaltung: Katrin Nehm
Layoutkonzept: Mike Mielitz, Simone Siegel
Technische Umsetzung: Annette Pflügner, Mörfelden-Walldorf

www.cornelsen.de

Die Links zu externen Webseiten Dritter, die in diesem Lehrwerk angegeben sind,
wurden vor Drucklegung sorgfältig auf ihre Aktualität geprüft. Der Verlag übernimmt
keine Gewähr für die Aktualität und den Inhalt dieser Seiten oder solcher,
die mit ihnen verlinkt sind.

1. Auflage, 1. Druck 2012

Alle Drucke dieser Auflage sind inhaltlich unverändert
und können im Unterricht nebeneinander verwendet werden.

Druck: Mohn Media Mohndruck, Gütersloh

ISBN 978-3-06-064279-3

Inhalt gedruckt auf säurefreiem Papier aus nachhaltiger Forstwirtschaft.

Liebe Schülerinnen und Schüler!

Ihr habt im letzten Schuljahr die Geschichte bis zum Ende des Zweiten Weltkrieges verfolgt. Jetzt könnt ihr euch u. a. mit Ereignissen des Kalten Krieges, mit dem Zusammenwachsen Europas und mit der Entwicklung der USA beschäftigen. Die Jugend in Ost und West und Beispiele für Flucht und Vertreibung in der Geschichte bilden weitere interessante Angebote dieses Bandes.

■ Zum Aufbau des Buches

Da wir auf ganz unterschiedlichen Wegen die Geschichte unserer Vorfahren erkunden können, findet ihr in den Kapiteln viele Bilder, Karten und Grafiken. Auch die Texte sind unterschiedlich gestaltet. Die folgenden Erklärungen sollen euch helfen, die zahlreichen Möglichkeiten, die euch das Buch bietet, zu erkennen.

■ Einführung in das Thema

Jedes Kapitel beginnt mit einer „Auftaktdoppelseite". Sie will euch auf das kommende Thema neugierig machen und zu Fragen anregen. Mit ihrer Hilfe könnt ihr auch zusammentragen, was ihr schon wisst.

■ Themendoppelseiten

Auf jeder Doppelseite berichten die Autoren in einem zusammenhängenden Text über die geschichtlichen Ereignisse. Das Thema steht auf dem oberen Seitenrand.

■ Quellen

Q1 Häufig lassen die Autoren die damals lebenden Menschen selbst zu Wort kommen, wenn ihre Texte aufbewahrt wurden. Die Berichte der damals lebenden Menschen nennen wir Quellen. Ihr erkennt sie an der Überschrift und an dem Balken, der sie kennzeichnet. Auch die Abbildungen, Gemälde und Fotos sind historische Quellen, denen ihr wichtige Informationen entnehmen könnt. Die genauen Nachweise für Text- und Bildquellen findet ihr auf S. 240/241.

■ Materialien

M1 Texte heutiger Geschichtswissenschaftler, Berichte anderer Forscherinnen und Forscher und weitere Belege oder Nachweise sind mit der Überschrift „Materialien" und durch einen Balken markiert.

■ Die Randspalte

Jede Seite ist mit einer farbigen Randspalte versehen. Je nach Bedarf findet ihr hier:

– die Erklärung für schwierige Begriffe, die im Text mit einem Sternchen (*) versehen sind,

– wichtige Jahreszahlen und Ereignisse oder auch
– Bilder und Zusatzinformationen zu den Themen, die auf der Seite behandelt werden.

Aufgaben

1 *In den Arbeitsaufgaben werdet ihr dazu angeleitet, den Texten und Quellen Informationen zu entnehmen, um mit ihrer Hilfe einen Sachverhalt zu klären.*

■ Zum Weiterlesen

Die Seiten „Zum Weiterlesen" enthalten Auszüge aus spannenden Jugendbüchern. Weitere Tipps für Bücher findet ihr im Anhang am Ende des Buches.

■ Methode

Die Seiten „Methode" leiten euch an, mit den Materialien in diesem Buch umzugehen. Sie helfen euch aber auch, anderswo Informationen zu finden.

■ Werkstatt Geschichte

Auf den Seiten „Werkstatt Geschichte" findet ihr Vorschläge für eigene Nachforschungen, für Spiele, Rätsel oder Basteleien.

■ Geschichte vor Ort

Was geschah in Sachsen während der unmittelbaren Nachkriegszeit? Wie erlebte man die Zeit der DDR? Was passierte in den Jahren 1989/90? Mit diesen Seiten könnt ihr erkunden, inwieweit sich historische Ereignisse an Örtlichkeiten in Sachsen verdeutlichen lassen.

■ Das kann ich schon …

Die Kapitel werden durch die Seiten „Das kann ich schon …" abgeschlossen, mit denen ihr euren Wissensstand überprüfen könnt.

■ Lexikon

Im Lexikon werden Fachbegriffe erklärt, die für die einzelnen Themen wichtig sind

■ Das Register

Im Anhang findet ihr u. a. ein Register. Mit diesem Stichwortverzeichnis könnt ihr schnell herausfinden, wo zum Beispiel etwas über den 17. Juni 1953 berichtet wird.

Wenn ihr Fragen habt oder eure Meinung zu diesem Buch mitteilen wollt, schreibt uns:
Cornelsen Verlag
Mecklenburgische Straße 53
14197 Berlin

Inhaltsverzeichnis

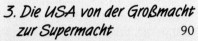

Inhaltsverzeichnis

5. Jugend im geteilten Deutschland 130

6. Migration und Integration 156

7. Held oder Tyrann? 178

8. Wahrheit oder Manipulation? 194

1. Das geteilte Deutschland

Nichts drückte stärker die Trennung der beiden deutschen Staaten aus als die Mauer, die Berlin fast 30 Jahre in zwei Teile trennte. Sie stand als Symbol für den „Kalten Krieg", dem nicht militärisch ausgetragenen Konflikt zwischen den Vereinigten Staaten und der Sowjetunion.
Wie es zu dieser Trennung kam und wie sich die beiden unterschiedlichen politischen Systeme in Deutschland entwickelten, könnt ihr in diesem Kapitel erfahren.

Überleben nach Kriegsende

1 „Trümmerfrauen" bei Aufräumarbeiten in Dresden. Foto, 1945.

Eine Bilanz des Schreckens

Der Zweite Weltkrieg begann mit dem deutschen Angriff auf Polen am 1. September 1939. Fast sechs Jahre später musste Deutschland am 8./9. Mai 1945 bedingungslos kapitulieren. Der Krieg kostete etwa 57 Mio. Menschen das Leben. Die höchsten Verluste hatte die Sowjetunion zu beklagen: Sie verlor etwa 20,6 Mio. Menschen. Die deutschen Verluste betrugen etwa 7,8 Mio. Tote.

Deutschland im Chaos

Der militärische Zusammenbruch Deutschlands zog sich über Monate hin. Seit Herbst 1944 besetzten alliierte Truppen deutsche Gebiete, zunächst im Westen und seit Januar 1945 im Osten.

Im Mai 1945 waren in Deutschland Millionen Menschen unterwegs: Ausgebombte, Flüchtlinge aus dem Osten, Vertriebene, entlassene Soldaten, befreite Häftlinge. Hinzu kamen mehrere Millionen befreite Zwangsarbeiter*. Fast alle Menschen in Deutschland waren erleichtert, das Morden des Krieges und die Tyrannei der Nationalsozialisten überstanden zu haben. Viele hatten aber auch Sorge und Angst vor der Zukunft in einem zerstörten und besetzten Deutschland.

In den zerstörten Großstädten und in den Gebieten, die viele Flüchtlinge aufnehmen mussten, war der Alltag geprägt von Hunger und von einem Leben in Trümmern und Ruinen. In den unzerstörten Kleinstädten und auf dem Land hingegen waren diese Probleme nicht so groß.

Folgen des Krieges in Sachsen

Sachsen hatte sehr viele Einwohner (ca. 5,5 Mio.) und aufgrund seiner kleinen Fläche eine sehr hohe Bevölkerungsdichte. Es war ein wichtiges Industriegebiet Deutschlands mit vielen Produktionsbetrieben. Aber nach dem Krieg glichen die meisten Fabriken einem Trümmerfeld. 683 Groß- und Mittelbetriebe galten als total zerstört, 812 Kleinbetriebe waren vernichtet oder hatten Kriegsschäden. Das

Zwangsarbeiter*:
Aus den von Deutschland besetzten Gebieten wurden arbeitsfähige Menschen nach Deutschland verschleppt und gezwungen, zusammen mit den Kriegsgefangenen v.a. in deutschen Rüstungsbetrieben zu arbeiten. .

Zerstörungen und Wohnungselend

ein Jahrhundert lang gewachsene und ungewöhnlich dichte sächsische Eisenbahnnetz war in seinen Zentren, den großen Bahnhöfen des Landes, schwer getroffen. Allein 300 Brücken waren zerstört.

Viele Bauernhöfe waren abgebrannt. In der Oberlausitz blieben viele Äcker, die im Krieg vermint worden waren, unbestellt.

1 *Beschreibt den Alltag der Menschen im Mai 1945 in Deutschland und Sachsen.*

Dresden nach der Kapitulation

Erinnerungen eines Flüchtlings aus der Tschechoslowakei (geb. 1932) an das Kriegsende 1945 in Dresden:

Q1 ... Meine Verwandtschaft hatte noch andere Verwandtschaft in Dresden, die wollten wir besuchen, um zu zeigen, dass wir überlebt haben, und um anderen bekannt zu geben, in welche Richtung wir wohl weiterziehen würden. Auf dem Weg zu diesen Verwandten konnten wir (in Dresden) die Straßenbahn nehmen. Wir staunten nicht schlecht, daß wir bald eine halbe Stunde fuhren, ohne an einer Haltestelle anzuhalten.

Auf einem Platz wechselten wir die Bahn und da ging es ebenso weiter, nach jeder Biegung glaubten wir, da stehen wieder „richtige" Häuser, und wenn man näher kam, konnte man auch hier durch die Fensterhöhlen in den Himmel schauen. ...

2 *Listet auf, welche Probleme für die Menschen damals wohl am dringendsten waren.*

Die Leistungen der „Trümmerfrauen"

Viele Städte lagen in Schutt und Asche, ihre Straßen waren verschüttet oder aufgerissen. Verkehrs- und Produktionsanlagen waren weitgehend zerstört. Zahllose Menschen waren obdachlos. Bei Sonne und Regen, Kälte und Hunger mussten zunächst Berge von Schutt weggeräumt werden, bevor an einen Wiederaufbau zu denken war. Da so viele Männer als Soldaten im Krieg umgekommen oder in Gefangenschaft geraten waren, mussten diese körperlich schweren Arbeiten über-

2 Alltag in einer Notunterkunft. Foto, um 1946.

wiegend von Frauen geleistet werden. Mit bloßen Händen wurden Ziegel geborgen, geputzt und gestapelt. Oft wurden die Eisenkarren der Trümmerbahnen von den Menschen selbst geschoben, da es kaum Zugtiere gab. Für die schwere Arbeit gab es ein Stück Brot, eine warme Mahlzeit und einen geringen Tageslohn. Inmitten der baufälligen Ruinen war die Arbeit der Trümmerfrauen oft lebensgefährlich.

3 *Beschreibt mit Bild 1 und dem Text die Arbeit einer „Trümmerfrau".*

4 *Erkundigt euch, ob es in der Stadtbücherei oder im Heimatmuseum eures Wohnorts Berichte und Bildbände über die Zeit nach dem Kriegsende gibt. Stellt sie der Klasse vor.*

Kampf ums Überleben

1 Ankunft eines „Hamsterzuges" auf dem Leipziger Hauptbahnhof. Foto, 1948.

Das größte Problem – der Hunger

Der Hunger war in der Nachkriegszeit allgegenwärtig. Da in den Wochen nach der Kapitulation die staatliche Lebensmittelversorgung vollständig zusammenbrach, waren jede Stadt und jede Gemeinde auf ihre eigenen Vorräte angewiesen. Pro Person und Tag konnten nur noch Lebensmittel, die 700 Kalorien enthielten, verteilt werden.

Im Herbst 1945 entspannte sich die Lage vorübergehend. Dies lag u.a. an internationalen Hilfsorganisationen, die versuchten, mit Lebensmittelsendungen die schlimmste Not zu lindern. So konnten die Rationen auf 1500 bis 1700 Kalorien gesteigert werden.

Der kalte Winter 1946/47

Im Dezember 1946 begann jedoch einer der kältesten Winter in Mitteleuropa. Eis und Schnee legten den Verkehr zu Wasser und zu Lande fast vollständig lahm. Die Vorräte an Lebensmitteln und Kohle gingen dramatisch zurück. Nach vier Monaten ging der strenge Winter zu Ende. Die Vorräte waren jedoch aufgebraucht, und die Hilfslieferungen der Alliierten reichten nicht aus. Das Jahr 1947 wurde hinsichtlich der Ernährung zum kritischsten

der gesamten Nachkriegszeit. Erst ab Juli entspannte sich die Lage ein wenig.

1 *Klärt, was man unter „Hamsterfahrten" versteht (s. Bild 1). Versetzt euch in die Lage eines Bauern und eines Städters. Formuliert, wie sie die „Hamsterfahrten" jeweils bewertet haben.*

Die Ernährungslage – das Beispiel Leipzig

Ein Bericht von Gerda Lott über die Ernährungslage in Leipzig im Mai 1945:

Q1 ... Mein Mann wurde am 15.8.1945 als Produktionsleiter eingestellt und erhielt eine entsprechend hohe Menge Kalorien, während ich als Hausfrau nur eine sogenannte Hungerration bekam (s. Tabelle). ... Ein Bruder meiner Mutter ... floh über die „grüne Grenze" zu seiner Tochter nach Hamburg. Zuvor aber beschaffte er mir aus den geräumten Unterkünften der Fremdarbeiter* der AEG zwei Spinde, die ich im Lichthof unseres Doppelhauses aufstellte, um darin Kaninchen zu halten. Ihr Futter fand ich auf dem benachbarten Friedhof und trug so etwas zur Ernährung der Familie bei.

Hin und wieder brachte mein Mann einen Sack Löwenzahn aus dem Werk mit. Der Löwenzahn wuchs auf dem Gelände. ...

Fremdarbeiter:*
verharmlosende Bezeichnung für Zwangsarbeiter (s. S. 8).

Kampf ums Überleben

Die Bevölkerung wurde in Gruppen eingeteilt, die unterschiedliche Nahrungsmengen zugewiesen bekamen.

Rationen in Leipzig Bekanntmachung der Stadtverwaltung über die wöchentlichen Lebensmittelrationen in Leipzig vom 4.8.1945		
Gruppe	Brot	Fleisch
I	3150 g	350 g
II	2800 g	280 g
III	2100 g	245 g
IV	1750 g	140 g
V	1750 g	140 g
I Schwerarbeiter, II Arbeiter, III Angestellte, IV Kinder bis 14 Jahre, V Nichtarbeitende		

2 *Rechnet die Angaben der Tabelle auf Tagesmengen um. Ermittelt, was Menschen heute täglich an Brot und Fleisch zu sich nehmen, und vergleicht mit der Tabelle. Nennt die Unterschiede.*

3 *Führt eine Zeitzeugenbefragung bei älteren Menschen durch. Befragt sie über die Ernährungslage nach dem Krieg.*

2 **Kriegsheimkehrer.** Foto, 1945.

Kriegsheimkehrer

Viele deutsche Soldaten waren im Krieg in Gefangenschaft geraten. Etwa 10 Millionen kehrten nach Kriegsende nach Deutschland zurück. Die letzten Kriegsgefangenen entließ die Sowjetunion 1956. Sie konnten sich im zerstörten Deutschland nur schwer zurechtfinden. Oftmals fühlten sich die Kriegsheimkehrer mit ihren Kriegerlebnissen allein gelassen, vergessen und nicht verstanden.

4 *Schreibt auf, was die Kinder auf dem Bild 2 wohl empfinden.*

Der Kriegsheimkehrer Wolfgang Borchert

Wolfgang Borchert war ein Hamburger Schriftsteller, der im Alter von 24 Jahren zu schreiben begann. Bis zu seinem Tod zwei Jahre später entstanden Prosastücke, Gedichte und das Hörspiel „Draußen vor der Tür". Sein Werk war geprägt von seinen Kriegserlebnissen, von Verzweiflung und Hoffnung. Auf dem Denkmal, das ihm in Hamburg gesetzt wurde, steht: „Wir sind die Generation ohne Bindung und Tiefe. Unsere Tiefe ist der Abgrund."

Wolfgang Borchert: „Denn wir sind Neinsager"

Q2 ... Aber wir sagen nicht Nein aus Verzweiflung. Unser Nein ist Protest. ... Denn wir müssen in das Nichts hinein wieder ein Ja bauen, Häuser müssen wir bauen in die freie Luft des Neins, über den Schluchten, den Trichtern und Erdlöchern und den offenen Mündern der Toten: Häuser bauen in die reingefegte Luft der Nihilisten*, Häuser aus Holz und Gehirn und aus Stein und Gedanken. ...

5 *Informiert euch über das Werk Borcherts. Nennt Textstellen, die sowohl seine Verzweiflung als auch seine Hoffnung ausdrücken. Arbeitet heraus, welche Hoffnung Borchert mit der Verarbeitung des Krieges verbindet (Q 2)*

Wolfgang Borchert, *geb. 1921, wurde 1941 eingezogen und an der Ostfront eingesetzt. Er stand wegen „Zersetzung der Wehrkraft" mehrmals vor dem Kriegsgericht. 1945 kam er in französische Kriegsgefangenschaft, konnte aber fliehen. Am 20.11.1947 starb er in Basel, geschwächt durch Krieg, Gefangenschaft und Hunger, an einer Leberkrankheit, an der er schon seit Jahren litt.*

***Nihilismus*:** *bedingungslose Verneinung aller Normen, Werte, Ziele.*

11

Die Besatzungspolitik

Alliierte Kriegskonferenzen (Auswahl)*:

1941 Atlantik-Charta: Roosevelt und Churchill legen gemeinsame Kriegsziele fest.

1943 Konferenz in Teheran: Roosevelt, Churchill und Stalin einigen sich auf eine Westverschiebung Polens und eine Teilung Deutschlands ohne genaue Grenzfestlegung.

1945 (Februar) Konferenz von Jalta: Roosevelt, Churchill und Stalin legen die Ziele der Politik nach dem Krieg in Europa und im Vorderen Orient fest.

1945 (Juli/August) Potsdamer Konferenz: Truman, Churchill/Attlee und Stalin erörtern gemeinsame Maßnahmen gegenüber Deutschland und die Schaffung einer Nachkriegsfriedensordnung.

Alliierter Kontrollrat*:
das von den vier Siegermächten gebildete Organ zur Ausübung der obersten Gewalt in Deutschland mit Sitz in Berlin. Mitglied waren die Militärgouverneure der vier Besatzungszonen. Nach dem Auszug des sowjetischen Vertreters stellte der Kontrollrat seine Tätigkeit 1948 ein.

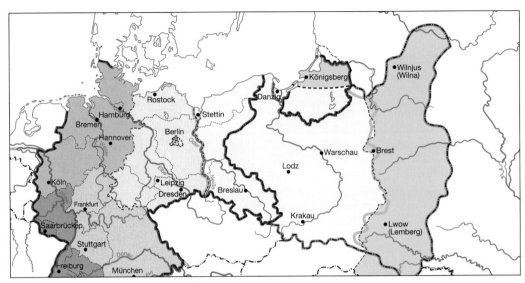

1 **Die Aufteilung des Deutschen Reiches.**

Besatzungszonen

Während des Krieges trafen die „Großen Drei" (der amerikanische Präsident Roosevelt, der sowjetische Staatschef Stalin und der britische Premierminister Churchill) mehrmals zusammen*. Im Februar 1945 beschlossen sie in Jalta am Schwarzen Meer u. a. Folgendes:

– Einteilung Deutschlands in vier Besatzungszonen.
– Einsetzung eines Alliierten Kontrollrates* unter Beteiligung Frankreichs.
– Erweiterung des polnischen Staatsgebietes nach Westen auf Kosten Deutschlands, Festlegung der neuen polnischen Ostgrenze.

Verkleinerung Deutschlands

Auch über die neuen Grenzen Deutschlands im Osten war man sich einig, allerdings ohne deren genauen Verlauf festzulegen. Ohne Absprache mit den übrigen Siegermächten übertrug die Sowjetunion die Verwaltung der von ihr besetzten deutschen Ostgebiete Deutschlands östlich der Oder und der Lausitzer Neiße bereits am 7./8. Mai 1945 an die provisorische polnische Regierung. Gleichzeitig wurde das nördliche Ostpreußen mit Königsberg in das Gebiet der Sowjetunion eingegliedert.
Insgesamt bedeutete dies eine Verkleinerung des deutschen Gebietes, obwohl eine endgültige Regelung der Grenzen einem zukünftigen

Friedensvertrag mit Deutschland vorbehalten bleiben sollte.

Besatzungsherrschaft

Am 5. Juni 1945 übernahmen die USA, die Sowjetunion, Großbritannien und Frankreich offiziell die Macht auf dem Gebiet der vier Besatzungszonen in Deutschland und Berlin.
Dort regierten die Militärregierungen nach den Anweisungen ihrer Regierungen. In jeder Stadt oder größerem Ort herrschte ein Militärkommandant, der die wichtigsten Fragen des Alltagslebens regelte und zunächst die Versorgung mit Strom, Wasser und Lebensmitteln wiederherstellte. Brücken und Straßen mussten repariert, zerstörte oder stillgelegte Betriebe wieder in Gang gebracht werden. Am dringendsten war die Beschaffung von Wohnraum, auch für die aus den Ostgebieten vertriebenen Deutschen. Es musste auch eine örtliche Verwaltung aufgebaut werden, die lokale Fragen regelte. Dafür griffen die Besatzungsmächte auf Deutsche zurück, auch auf ehemalige NSDAP-Mitglieder.

1 *Berichtet über den Beginn der Besatzungsherrschaft und ihre Probleme.*
2 *Findet heraus, ob es in eurem Heimatort ältere Mitbürger gibt, die sich an die Besatzungsherrschaft erinnern. Führt eine Zeitzeugenbefragung durch (s. S. 86/87).*

Ländergründungen

Die sowjetische Zone

In der Sowjetisch Besetzten Zone (SBZ) gründete die Sowjetische Militäradministration (SMAD)* im Sommer 1945 die Länder Mecklenburg-Vorpommern, Sachsen und Thüringen. Nach der Auflösung Preußens 1947 wurden die Provinzen Brandenburg und Sachsen-Anhalt in Länder umbenannt.

In diesen Ländern wurde früher als im Westen die Gründung von antifaschistischen* Parteien und Gewerkschaften zugelassen. Im Sommer 1945 gründeten die Sowjets elf Zentralverwaltungen, die den Ländern übergeordnet waren. Damit legten sie den Grundstein für eine sozialistische Staats- und Gesellschaftsordnung in ihrer Zone. 1952 wurden die Länder in der DDR wieder aufgelöst und durch Bezirke ersetzt.

Die amerikanische Zone

In der amerikanischen Zone wurden ab Mai 1945 Gemeinde- und Bezirksverwaltungen gebildet. Ebenso wurden Länderregierungen ernannt. Mit Bayern und Württemberg-Baden konnten die Amerikaner auf schon vorher bestehende Ländertraditionen aufbauen.

Eine Neugründung im Jahr 1945 war das Land Großhessen. Die amerikanische Zone bestand schließlich aus Württemberg-Baden, den heutigen Bundesländern Bayern und Hessen sowie dem Stadtstaat Bremen. Ein Länderrat koordinierte ab September 1945 den Aufbau der amerikanischen Zone. 1946 wurden freie Wahlen zu den Landtagen abgehalten.

Die französische Zone

Die französische Zone wurde aus Teilen der amerikanischen und britischen Besatzungszone gebildet. Sie wurde streng von den anderen Besatzungszonen abgeschlossen.

In dieser Zone wurden 1946 das Land Rheinland-Pfalz sowie 1947 die Länder Baden und Württemberg-Hohenzollern gegründet. 1952 wurden die beiden letztgenannten Länder mit Württemberg-Baden nach Volksabstimmungen in allen drei Ländern zum Bundesland Baden-Württemberg vereinigt.

Im Sommer 1946 trennte Frankreich das Saarland von seiner Zone ab. Parteien wurden nur

2 Ländergründungen in den Besatzungszonen Deutschlands.

zugelassen, wenn sie sich nicht für einen Anschluss an Deutschland einsetzten. Erst 1957 wurde das Saarland nach einer Volksabstimmung ein Bundesland der Bundesrepublik.

Die britische Zone

Die britische Zone bestand zunächst aus der Stadt Hamburg, vier kleineren Ländern und mehreren ehemaligen preußischen Provinzen. 1946 gründeten die Briten die Länder Nordrhein-Westfalen und Niedersachsen sowie den Stadtstaat Hamburg. Mit der Gründung des Landes Schleswig-Holstein (1947) war die Neuordnung der britischen Zone schließlich abgeschlossen.

3 *Berichtet über die Ländergründungen.*

SMAD (Sowjetische Militäradministration in Deutschland): oberste Besatzungsbehörde und somit die Regierung in der SBZ von 1945 bis 1949.*

antifaschistisch: gegen den Nationalsozialismus eingestellt.*

Flucht und Vertreibung

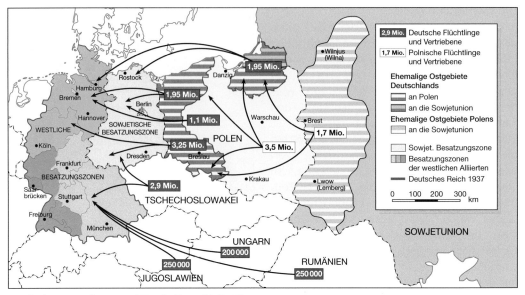

1 Flucht, Vertreibung und Umsiedlung 1945–48.

Flucht

Zu Beginn des Zweiten Weltkriegs lebten in Ostpreußen, Pommern, Brandenburg, Schlesien und Danzig 9,9 Millionen Deutsche. In der Sowjetunion, in Polen, in der Tschechoslowakei, in Ungarn, in Rumänien, Jugoslawien und in den Baltischen Staaten* gab es weitere 9 Millionen Deutsche oder Deutschstämmige. Als sich die deutsche Niederlage abzeichnete, flohen ab Mitte 1944 Deutsche aus Rumänien und Jugoslawien vor den russischen Truppen. Ab Winter 1944/45 flohen viele Deutsche vor den russischen Truppen aus Ostpreußen unter teilweise katastrophalen Umständen. In einer großen Rettungsaktion gelang es, 1,5 Millionen Menschen über die Ostsee in den Westen Deutschlands zu bringen.

Aus Schlesien flohen die Menschen zunächst in die Tschechoslowakei und dann weiter nach Süddeutschland. Viele Deutsche blieben aber in ihrer Heimat.

1 *Erläutert die verschiedenen Fluchtbewegungen anhand der Karte 1. Berechnet die Zahl der betroffenen Menschen.*

Vertreibung

Bereits im Juni 1945 setzten in Polen, in den polnisch verwalteten Gebieten und in der Tschechoslowakei „wilde" Vertreibungen ein. Eine neue Flüchtlingswelle von etwa 2,5 Millionen Menschen gelangte unter schlimmen Umständen in den Westen. 1946 wurden dann, entsprechend den Absprachen der Siegermächte, fast alle Deutschen aus den Gebieten östlich von Oder und Neiße, aus Ungarn und der Tschechoslowakei planmäßig vertrieben. Die Sieger waren sich darin einig, „dass diese Überführung auf eine geregelte* und menschliche Weise erfolgen soll".

Hals über Kopf mussten die Menschen ihre Heimat verlassen und durften nur so viel mitnehmen, wie sie tragen konnten. Viele Menschen starben infolge von Hunger, Entkräftung und Kälte. Bei der Vertreibung kam es zu schweren Verbrechen und furchtbaren Racheakten durch sowjetische Soldaten.

Die westlichen Besatzungszonen nahmen etwa 8 Mio., die SBZ etwa 3,5 Mio. Flüchtlinge und Vertriebene auf.

Baltische Staaten:* die heute selbstständigen Staaten Estland, Lettland und Litauen.

Geregelte Ausweisung:* offizielle Bezeichnung tschechischer Behörden für die plötzliche und meist nicht organisierte bzw. vorbereitete Aufforderung an die verbliebene deutsche Bevölkerung, ihre bisherige Heimat zu verlassen. Der Begriff wurde so zu einer den wahren Sachverhalt verschleiernden Bezeichnung.

14

Flucht und Vertreibung

2 **Vertreibung von Deutschen aus der Tschechoslowakei.** Foto, Mai 1946.

Edvard Beneš (1884–1948), Mitbegründer, Außenminister, Regierungschef und Staatspräsident der Tschechoslowakei.

Gründe für die Vertreibung

Die Menschen in den von den Deutschen besetzten Gebieten konnten nicht vergessen, was ihnen die deutschen Besatzer angetan hatten. So sagte der Staatspräsident der Tschechoslowakei, Edvard Beneš, am 12. Mai 1945 zur Begründung der Vertreibung der Deutschen aus der Tschechoslowakei:

Q1 ... Das deutsche Volk hat in diesem Krieg aufgehört, menschlich zu sein, menschlich erträglich zu sein, und erscheint uns nur noch als ein einziges großes menschliches Ungeheuer. ... Wir haben uns gesagt, dass wir das deutsche Problem in der Republik völlig liquidieren* müssen. ...

2 *Nennt mögliche Gründe für die Aussagen von Edvard Beneš.*
3 *Unterscheidet die Begriffe „Flucht" und „Vertreibung".*

Schwierige Lebensbedingungen

Die Vertriebenen und Flüchtlinge waren meist völlig mittellos und lebten anfänglich in größter materieller Not. Vor allem fehlte es an Wohnraum und Arbeit. Die Integration der Menschen ging nur langsam voran, zu unterschiedlich waren die Lebenssituationen.

Eine Mutter erinnerte sich 1990 an die Ankunft in einem Dorf:

Q2 ... Da haben sie uns ausgeladen am Dorfplatz. Und dann haben wir dagestanden, wie die armen Sünder, mit unserem Gepäck und den Kindern. Und dann sind die gekommen und haben sie uns, haben sie ausgesucht. Na ja, und die mit den kleinen Kindern, die wollte niemand haben. ... Na ja, jedenfalls hat uns der Bürgermeister dann ja eingewiesen. Also, die mussten ja nehmen. Also sind wir eben zum Bauern gekommen. Das war halt ein ganz kleines Zimmerchen. Können Sie sich ja denken, wenn vier Leute dann, also ich und die drei Kinder, in so ein kleines Zimmerchen. ...

4 *Überlegt, was die Integration der neu angekommenen Menschen erschwert haben könnte.*
5 *Erkundigt euch, ob eure Heimatgemeinde nach dem Krieg Flüchtlinge aufnehmen musste.*
6 *Informiert euch über heutige Flüchtlingsbewegungen mithilfe des Internets. Stellt zusammen, welche Gründe sie haben und welche Probleme damit verbunden sind.*

liquidieren*: auflösen, beseitigen.

Filmtipp:
„Die Flucht" Zweiteiliger Fernsehfilm, Deutschland 2007. Regie: Kai Wessel. Darsteller u.a.: Maria Furtwängler, Angela Winkler, Hanns Zischler.

Flucht und Aufnahme in Sachsen

1 **Erschöpfte Flüchtlingskinder bei ihrer geretteten Habe, Berlin.** Foto, 1945.

Ankunft der Flüchtlinge in Sachsen

Sachsen wurde erster Anlaufpunkt der Flüchtenden. Durch das bestehende Verkehrsnetz bildete das Land zudem eine wichtige Durchgangsstation für die organisierten Aussiedlungen per Eisenbahn. Zunächst versuchten die Städte und Landkreise häufig die Aufnahme von Flüchtlingen zu verhindern.

Dies zeigt der folgende Aufruf der Stadt- und Kreisverwaltung Görlitz vom 21.6.1945:

Q1 ... Görlitz steht vor der Hungersnot! Trotz der seit Wochen bestehenden Zugangssperre in Görlitz-Stadt und Görlitz-Land steigt die Bevölkerungszahl katastrophal. Allein im Landkreis beträgt der Zustrom 20 000 Menschen. ... Mit einer Öffnung oder Lockerung der jetzigen Sperre nach dem Osten ist nicht zu rechnen. Alle Versuche, das Flüchtlingsproblem örtlich zu lösen, sind gescheitert. Rückwanderer und Flüchtlinge, sucht sofort andere Orte auf, in denen diese Not nicht herrscht! Beachtet ihr diese Warnung nicht, so setzt ihr euch der Gefahr aus, Hungers zu sterben. ...

Da dennoch Flüchtlinge und Vertriebene ankamen, wurden diese in 148 notdürftigen Auffanglagern (Fabrikhallen, Baracken ehemaliger Zwangsarbeiter) untergebracht. Die hygienischen Zustände waren katastrophal. Sowohl die Verwaltungsorgane als auch die Besatzungsmacht standen der Ankunft tausender Vertriebener vollkommen hilflos gegenüber. Auf Bitten der sächsischen Behörden wurde im August 1945 ein zentraler Flüchtlingsausschuss gebildet. Er sollte die Versorgung mit Nahrung und die Zuweisung von freiem Wohnraum regeln. Bereits am 12. Juli war ein Sofortprogramm beschlossen worden, das die Aufteilung der Flüchtlinge auf alle sächsischen Gemeinden vorsah.

Rundverfügung der SMAD vom 10. August 1945:

Q2 ... Sicher ist, dass die eigene Bevölkerung Sachsens nicht ernährt werden kann, wenn diese Flüchtlinge nicht aus Sachsen herausgeschafft werden. ... In kürzester Frist und in grossen Schüben (muss) die Gesamtheit der Flüchtlinge aus Sachsen heraus- und in ihre neuen Aufnahmegebiete hineingeführt werden. ...

Flucht und Aufnahme in Sachsen

Die Verteilung der Flüchtlinge

Sachsen war das am dichtesten besiedelte Gebiet der SBZ. Die SMAD wies daher an, den größten Teil der Flüchtlinge in die Agrargebiete Brandenburgs und Mecklenburg-Vorpommerns weiterzuleiten. Die Ende September 1945 gegründete „Zentralverwaltung für deutsche Umsiedler" übernahm die Organisation der Transporte.

1 *Erläutert, warum Sachsen nicht als Aufnahmeland dienen sollte.*

Die geregelte Umsiedlung ab 1946

Um den massenhaften Anstrom der Flüchtlinge und Vertriebenen zu steuern, wurden in Sachsen vier zentrale Auffanglager in Löbau, Pirna, Marienberg und Oelsnitz geschaffen. Auch hier blieben die Lebensbedingungen unzumutbar. Die Lager waren rasch überfüllt. Im Laufe des Jahres 1946 normalisierte sich die Situation. In den Auffanglagern wurden die Ankommenden ärztlich versorgt, ernährt und in ihre neuen Wohnorte weitergeleitet. Ende 1946 war der Großteil der Massenumsiedlung abgeschlossen. Der Anteil der Flüchtlinge und Vertriebenen an der Gesamtbevölkerung Sachsens lag schließlich bei 17 Prozent.

In einer Stellungnahme der Sächsischen Landesregierung von 1947 hieß es:

Q3 ... Die Landesregierung Sachsen steht auf dem Standpunkt, dass eine zwangsweise Erfassung (von Wohnraum, Möbeln etc.) nicht möglich ist. Wir können uns eine Verschärfung der Stimmung unter der Bevölkerung nicht leisten. ...

Integration in die Gesellschaft

Voraussetzung für die Integration der Flüchtlinge war deren rechtliche Gleichstellung mit den einheimischen Bürgern. Ab 1946 erhielt jeder Umsiedler eine einmalige Zuwendung von 300 Reichsmark. Zudem organisierten Kirchen Spendensammlungen. Mithilfe eines Gesetzes wurden alle Bevölkerungsschichten am Lastenausgleich* beteiligt. Dazu gehörten Maßnahmen wie die Umverteilung von unterbelegtem Wohnraum, von Eigentum (Möbeln, Hausrat etc.) und die kostenlose Bereitstellung von Ackerland. Vertriebene wurden bei der Vergabe von Bauvorhaben und -material bevorzugt berücksichtigt. So konnte die größte Not gelindert werden. Im April 1950 bewohnten bereits 93 Prozent der Umsiedler in Sachsen feste Häuser.

Vertreibung oder Umsiedlung?

In der SBZ wurden die Vertriebenen nicht als eine gesonderte Gruppe anerkannt. Nach einem Befehl der SMAD lauteten die offiziellen Bezeichnungen „Umsiedler" oder „Neubürger". Sie sollten nach Ansicht der Besatzungsmacht verdeutlichen, dass die Vertreibung nicht leidvoll und völkerrechtswidrig, sondern geplant und legal war und endgültig blieb. Spätestens mit der Anerkennung der Oder-Neiße-Grenze durch die DDR gegenüber Polen 1950 durfte das Thema „Vertreibung" in der DDR nicht mehr angesprochen werden.

2 *Beschreibt, welche Probleme die Aufnahme der Flüchtlinge und Vertriebenen verursachte.*

3 *Erläutert, warum in der SBZ/DDR der Ausdruck „Umsiedler" benutzt wurde und welche Folgen sich daraus ergaben.*

2 **Flüchtlingslager in Sachsen.** Foto, 1946.

Lastenausgleich*: hat zum Ziel, Deutschen, die infolge des Zweiten Weltkrieges Vermögensschäden oder besondere andere Nachteile erlitten hatten, eine finanzielle Entschädigung zu gewähren.

Die Politik der Alliierten

1 **Churchill, Truman und Stalin (v.l.) bei der Potsdamer Konferenz.** Foto, Juli 1945.

Gemeinsame Ziele der Alliierten nach 1945
Die Vereinigten Staaten von Amerika, Großbritannien und die Sowjetunion verfolgten im Zweiten Weltkrieg das gemeinsame Ziel, den Nationalsozialismus zu vernichten. Sie waren sich einig, dass nach einem militärischen Sieg eine dauerhafte neue politische Ordnung geschaffen werden müsse.

Die Ziele der USA
Die sicherheitspolitischen Ziele der Amerikaner bestanden in der Kontrolle des ganzen amerikanischen Kontinents und der angrenzenden Weltmeere. Ihr ökonomisches Ziel sahen sie in einem für den freien internationalen Handel offenen Weltmarkt. Weltfrieden und Wohlstand waren aus ihrer Sicht so am besten zu sichern. Vorrangig war es daher für sie, das vom Krieg verwüstete Europa wirtschaftlich und politisch beim Wiederaufbau zu unterstützen, um es als künftigen Handelsraum zu nutzen. Das Friedenskonzept des amerikanischen Präsidenten Roosevelt umfasste die „vier Freiheiten": die Freiheit der Meinung und der Rede, die Freiheit des Glaubens sowie die Freiheit von Not und die Freiheit von Furcht.

Die Ziele Großbritanniens
Die britische Politik unter Churchill wollte vor allem die Interessensbereiche in Europa klar abgrenzen und einen Einfluss der Sowjetunion in Westeuropa verhindern. Ein direkter Zusammenstoß amerikanischer und sowjetischer Interessen in Europa sollte vermieden werden, um den eigenen Handlungsspielraum nicht zu gefährden.

Die Ziele der Sowjetunion
Ein wichtiges Ziel der sowjetischen Politik war es, die Kriegsschäden im eigenen Lande zu beseitigen. Die Mittel dafür sollten unter anderem aus Entschädigungszahlungen Deutschlands und aus US-Krediten kommen. Ferner sollten die sowjetischen Grenzen von 1941 wiederhergestellt werden.
Außerdem strebte Stalin ein sowjetisch beherrschtes Osteuropa an. In den osteuropäischen Ländern sollten starke Zentralverwaltungen eingesetzt werden. Mit einer Boden- und Industriereform sowie einer zentral gesteuerten Staatswirtschaft sollten sozialistische Gesellschaftsordnungen* nach sowjetischem Vorbild aufgebaut werden.

Sozialistische Gesellschaftsordnung*:
Staats- und Gesellschaftsordnung, in der das private Eigentum an Produktionsmitteln (Maschinen, Fabriken) aufgehoben ist und eine kommunistische Partei im Namen der Arbeiter und Bauern die Macht ausübt.

Die Potsdamer Konferenz

2 Marschall G.K. Schukow, Generalstabschef der Roten Armee und „Eroberer Berlins" (Mitte, stehend), und weitere sowjetische Offiziere auf der Potsdamer Konferenz im Sommer 1945 in Potsdam im Schloss Cecilienhof. Foto.

1 *Stellt in einer Liste die verschiedenen Ziele der Alliierten gegenüber. Welche Konfliktpunkte zeichnen sich ab?*

Die Potsdamer Beschlüsse

Nach dem Sieg über Deutschland berieten die „Großen Drei" (s. Bild 1) in Potsdam vom 17. Juli bis zum 2. August 1945 über das Schicksal Deutschlands. Am Ende der Beratungen stand das so genannte Potsdamer Abkommen vom 2. August 1945, das u. a. folgende Beschlüsse enthielt:

Q1 ... Alliierte Armeen führen die Besetzung von ganz Deutschland durch, und das deutsche Volk fängt an, die furchtbaren Verbrechen zu büßen. ... Der deutsche Militarismus und Nazismus werden ausgerottet ..., damit Deutschland niemals mehr seine Nachbarn oder die Erhaltung des Friedens in der ganzen Welt bedrohen kann. ...

Die Oberkommandierenden der Streitkräfte der Siegermächte waren Oberbefehlshaber in ihren Besatzungszonen. Fragen, die Deutschland als Ganzes betrafen, sollten im Alliierten Kontrollrat einstimmig entschieden werden.

Die Potsdamer Beschlüsse lassen sich in den „Fünf Ds" zusammenfassen:

Demilitarisierung: Deutschland darf nicht mehr aufrüsten. Die Produktion von Waffen, Kriegsausrüstung und Kriegsmitteln sowie die Herstellung von Metallen werden untersagt.

Demontage: Die Produktionsanlagen und Maschinen insbesondere der Schwer- und Rüstungsindustrie, werden abgebaut und den Siegermächten als Entschädigung übergeben.

Demokratisierung: In Deutschland wird die Demokratie eingeführt. Es soll nie mehr den Frieden stören können.

Denazifizierung: Die nationalsozialistische Partei wird aufgelöst. Es wird verhindert, dass ein solches oder ähnliches System noch einmal entsteht. Jede nazistische Propaganda wird unterbunden.

Dezentralisierung: Es wird keine einheitliche Regierung geben. Wirtschaftlich wird Deutschland aber als Einheit gesehen.

2 *Fertigt ein Schaubild an, das die „5 Ds" zusammenfasst.*

2. August 1945: Abschluss des Potsdamer Abkommens.

Strafverfolgung und Entnazifizierung

1 Der Industrielle Friedrich Flick (Mitte) vor einem Militärgericht in Nürnberg. Foto, 1947.

Friedrich Flick (1883–1972) wurde wegen Verschleppung zur Sklavenarbeit, Ausplünderung der besetzten Gebiete und Teilnahme an Verbrechen der SS am 22. Dezember 1947 zu sieben Jahren Gefängnis verurteilt. Nach dem Absitzen der Strafe wurde Flick in den 50er-Jahren wieder erfolgreich und einer der reichsten Bürger Westdeutschlands.

Die Aufarbeitung der NS-Verbrechen

Aus den Richtlinien des Generalstabs der amerikanischen Streitkräfte an den Oberbefehlshaber der Besatzungstruppen in Deutschland vom 26.4.1945:

Q1 ... Das Hauptziel der Alliierten ist es, Deutschland daran zu hindern, je wieder eine Bedrohung des Weltfriedens zu werden. Wichtige Schritte zur Erreichung dieses Ziels sind die Ausschaltung des Nazismus und des Militarismus in jeder Form, die sofortige Verhaftung der Kriegsverbrecher zum Zwecke der Bestrafung ... und die Vorbereitung zu einem späteren Wiederaufbau des deutschen politischen Lebens auf demokratischer Grundlage. ...
Alle Mitglieder der Nazipartei, die nicht nur nominell in der Partei tätig waren, alle, die den Nazismus oder Militarismus aktiv unterstützt haben, ... sollen entfernt und ausgeschlossen werden aus öffentlichen Ämtern und aus wichtigen Stellungen in halbamtlichen und privaten Unternehmungen. ...

1 *Fasst zusammen, mit welchen Mitteln die Amerikaner eine Demokratisierung der deutschen Bevölkerung erreichen wollten.*

Die Nürnberger Prozesse 1945–1949

Die Nürnberger Prozesse umfassten den Prozess gegen die Hauptkriegsverbrecher vor dem Internationalen Militärgerichtshof 1945/46 sowie zwölf Nachfolge-Prozesse vor einem amerikanischen Militärgerichtshof. Bei diesen waren Politiker, Industrielle, Generäle, Ärzte, Juristen, Wirtschaftsführer und höhere SS-Funktionäre angeklagt. Viele wurden zum Tode bzw. zu langen Haftstrafen verurteilt, einige freigesprochen. Einige Wirtschaftsführer wie Friedrich Flick oder Alfried Krupp wurden schon nach erheblich verkürzter Haftzeit entlassen. Bis in die Gegenwart sind Gerichte mit der Ahndung von NS-Straftaten beschäftigt.

Die Bedeutung der Prozesse

In den Prozessen wurden die NS-Verbrechen in ihrem ganzen Ausmaß erstmalig einer breiten Öffentlichkeit bekannt gemacht. Außerdem hatte der Prozess gegen die Hauptkriegsverbrecher Bedeutung für die nachfolgende internationale Rechtsprechung. Nun konnten auch Staatsmänner strafrechtlich verantwortlich gemacht werden, die ein Verbrechen gegen das Völkerrecht begangen hatten.

2 *Recherchiert und berichtet über die Nürnberger Prozesse und ihre Folgen. Unterscheidet dabei nach Angeklagten, Anklagepunkten und Urteilen.*

Strafverfolgung und Entnazifizierung

Der öffentliche Kläger
beim Entnazifizierungshauptausschuß
für den Kreis Plön

Plön, den 25. Febr. 1949
Ge.

Entlastungszeugnis

Hiermit wird bestätigt, daß Herr
Vor- und Zuname   Leo de Laforgue, geb. 9.2.02
Anschrift   Laboe, Krs. Plön

auf Grund der Vorschriften des Gesetzes zur Fortführung und
zum Abschluß der Entnazifizierung als entlastet in die
Gruppe V eingestuft worden ist.

Öffentlicher Kläger   Vorsitzender

W¹ᴵᴵ W¹ᵗᵗko DF 106 Lütjenburg 3767 1000 9 48 KI A

2 Entlastungszeugnis
(„Persilschein"*), ausge-
stellt vom Entnazifizie-
rungsausschuss Plön am
25. Februar 1949.

Persilscheine*:
Entlastungszeug-
nisse, die häufig auf
eidesstattlichen Er-
klärungen beruhten,
in denen beispiels-
weise Juden, politisch
Verfolgte oder Geistli-
che jemandem unta-
deliges Verhalten in
der Nazizeit beschei-
nigten. Diese Per-
sonen waren damit –
in Anlehnung an das
Waschmittel „Persil"
– „reingewaschen".

Ausweitung der Entnazifizierung

Anfang 1946 wurde das Entnazifizierungsver-
fahren auf die gesamte Bevölkerung ausgedehnt. So musste in der US-Zone jeder einen
Fragebogen ausfüllen, der über die Mitgliedschaft in NS-Organisationen, aber auch über
entlastende Punkte Aufschluss geben sollte.
Die Urteile wurden von „Spruchkammern"
gefällt, in denen unbelastete Deutsche ohne
juristische Vorbildung saßen. Sie konnten in
fünf Abstufungen von „unbelastet" über „Mit-
läufer" bis „Hauptschuldiger" lauten.
Da in der ersten Zeit sehr viel strenger vorgegangen wurde, die „größeren Fälle" oftmals
erst später verhandelt wurden, kamen einige
der schwerer Belasteten mit relativ milden
Strafen davon.

3 *Schildert die Probleme der Entnazifizierung
in der amerikanischen Zone.*

„Ausrottung des Faschismus" in der SBZ

Mit der Parole von der „Ausrottung der Über-
reste des Faschismus" wurden die bisherigen
Führungsschichten im öffentlichen Dienst
und in der Wirtschaft in der SBZ entmachtet
und durch Sozialisten bzw. Kommunisten ersetzt. Im Unterschied zu den Westzonen lag in
der SBZ das Schwergewicht der Entnazifizierung auf der Inneren Verwaltung und der Justiz. Hier wurden sämtliche ehemalige NSDAP-

Mitglieder entfernt. Auf eine Gesamterfassung
der Bevölkerung wie in der amerikanischen
Zone wurde jedoch verzichtet. Die einfachen
NSDAP-Mitglieder sollten sich nach einem Bekenntnis zum SED-Regime wieder in das gesellschaftliche Leben einfügen können. Ihnen
wurde im Oktober 1946 sogar das aktive und
passive Wahlrecht zurückgegeben.
Bis 1948 wurden insgesamt etwa 520 000 Personen aus ihren Stellungen entfernt, besonders Richter, Staatsanwälte und Lehrer. Nach
wenigen Jahren wurden jedoch auch in der
DDR viele ehemalige Fachleute wieder in
staatlichen Funktionen (Polizei, Militär) eingesetzt, wenn sie glaubhaft die „richtige" Gesin-
nung zeigten.
Wie in allen Zonen wurden auch in der SBZ
Internierungslager für ehemalige nationalsozialistische Funktionäre eingerichtet. In der SBZ
dienten diese Lager aber auch dazu, politische
Gegner wie Sozialdemokraten, Liberale und
Konservative gefangen zu halten.

4 *Beschreibt die Unterschiede des Verfahrens
in der sowjetischen und amerikanischen Zone.*
5 *Erläutert, inwiefern die auf dieser Doppelseite beschriebenen Maßnahmen die Potsdamer
Beschlüsse umsetzen (s. S.18/19).*
6 *Erkundigt euch bei älteren Menschen nach
der Entnazifizierung in eurer Heimat.*

Die Anfänge des „Kalten Krieges"

1 Die Anti-Hitler-Koalition. Sowjetisches Plakat, 1944.

Sowjetische Einflusssicherung

Das Verhältnis zwischen den Siegermächten des Zweiten Weltkriegs verschlechterte sich schon 1945 so sehr, dass man von einem „Kalten Krieg" zu sprechen begann.

In den von der Sowjetunion besetzten Gebieten Osteuropas waren die Kommunisten zumeist schwach in der Bevölkerung verankert. Sie wurden deshalb von der Sowjetunion besonders unterstützt, antikommunistische Kräfte hingegen zumeist verhaftet. Entgegen den Vereinbarungen mit den Westmächten unterstützte die Sowjetunion die Ausdehnung des polnischen Gebietes auf Ostpreußen und Schlesien bis zur Oder-Neiße-Linie im März 1945. Auch in anderen osteuropäischen und in asiatischen Staaten versuchte sie, vollendete Tatsachen zu schaffen.

1 Beschreibt die Politik der Sowjetunion.

Ein Teil Deutschlands als Prellbock

Angesichts dieser Politik der Sowjetunion schrieb der damalige amerikanische Botschafter in Moskau, George F. Kennan, im Sommer 1945 an den US-Präsidenten:

Q1 ... Die Idee, Deutschland gemeinsam mit den Russen regieren zu wollen, ist ein Wahn. ... Wir haben keine andere Wahl, als unseren Teil von Deutschland ... zu einer Form von Unabhängigkeit zu führen. ... Besser ein zerstückeltes Deutschland, von dem wenigstens der westliche Teil als Prellbock für die Kräfte des Totalitarismus* wirkt, als ein geeintes Deutschland, das diese Kräfte wieder bis an die Nordsee vorlässt. ...

Der „Eiserne Vorhang"

Zur Politik der Sowjetunion sagte der ehemalige britische Premierminister Winston Churchill am 5. März 1946:

Q2 ... Von Lübeck an der Ostsee bis nach Triest an der Adria hat sich ein Eiserner Vorhang über den Kontinent gesenkt. Dahinter liegen die Hauptstädte der vormaligen Staaten Zentral- und Osteuropas: Warschau, Berlin, Prag, Wien, Budapest, Belgrad, Bukarest und Sofia. Alle diese berühmten Städte und die umwohnende Bevölkerung befinden sich in der Sowjetsphäre ... und unterstehen im hohen Maße der Kontrolle Moskaus. ...

2 Untersucht mithilfe von Q1, welchen politischen Weg der amerikanische Botschafter seiner Regierung bereits im Sommer 1945 empfiehlt.
3 Erklärt den Begriff „Eiserner Vorhang" (Q2).

Die Politik der Eindämmung

Die USA antworteten auf das Vorgehen der Sowjetunion mit einer Politik der Eindämmung des kommunistischen Einflusses, der „Containment-Politik"*. Im Iran, in Griechenland und in der Türkei verhinderten sie durch massive Unterstützung westlicher Gruppen eine kommunistische Machtübernahme.

Präsident Truman erklärte am 12. März 1947 vor dem US-Kongress:

Q3 ... Im gegenwärtigen Abschnitt der Weltgeschichte muss fast jede Nation ihre Wahl in Bezug auf ihre Lebensweise treffen. Nur allzu

„Freie Völker unterstützen"

2 „**Entwurf für ein Siegerdenkmal**". Karikatur der „Schweizer Illustrierten" vom 11. April 1945.

oft ist es keine freie Wahl. Die eine Lebensweise gründet sich auf dem Willen der Mehrheit und zeichnet sich durch freie Institutionen, freie Wahlen, Garantie der individuellen Freiheit, Rede- und Religionsfreiheit und Freiheit vor politischer Unterdrückung aus. Die zweite Lebensweise gründet sich auf dem Willen einer Minderheit, der der Mehrheit aufgezwungen wird. Terror und Unterdrückung, kontrollierte Presse und Rundfunk, fingierte* Wahlen und Unterdrückung persönlicher Freiheit sind ihre Kennzeichen. Ich bin der Ansicht, dass es die Politik der USA sein muss, die freien Völker zu unterstützen, die sich der Unterwerfung durch bewaffnete Minderheiten oder durch Druck von außen widersetzen. ...

4 *Vergleicht das Plakat und die Karikatur. Erklärt die Entwicklung, die zwischen ihnen liegt. Beschreibt die Politik der Großmächte im Sommer 1945.*

Ein einheitlicher Staat?
Das Deutsche Reich war nach der Kapitulation im Mai 1945 nicht aufgelöst worden. Es bestand vielmehr als Ganzes weiter, abzüglich der Ostgebiete, die Polen und der Sowjetunion zugeschlagen wurden. Die Siegermächte hatten das ganze Deutschland übernommen. Sie hatten mit dem Alliierten Kontrollrat (s. S. 12) ein Verwaltungsorgan eingesetzt, das für ganz Deutschland zuständig war. Auch die neugegründeten Parteien hatten zum Ziel, die Einheit Deutschlands zu erhalten. Damit vertraten sie die Auffassung der großen Mehrheit des deutschen Volkes. Dennoch kam es zu keinem einheitlichen deutschen Staat.

5 *Fasst die Ziele der amerikanischen Politik 1947 (Q3) kurz zusammen.*

fingiert*: scheinbar, vorgetäuscht.

23

Die Entwicklung in den Westzonen

Änderung der amerikanischen Politik

Die Kluft zwischen den Siegermächten wurde in den Jahren 1946 bis 1949 aufgrund des beginnenden Kalten Krieges immer größer. Bereits am 6. September 1946 kündigte der amerikanische Außenminister Byrnes in einer viel beachteten Rede in Stuttgart die Änderung der bisherigen amerikanischen Besatzungspolitik an. Er bot an, dass sich alle Besatzungszonen mit der amerikanischen Besatzungszone vereinigen sollten und dass eine vorläufige deutsche Regierung gebildet werden sollte. Bereits am 1. Januar 1947 vereinigten sich die amerikanische und die britische Zone zur Bi-Zone. Im Juli 1948 entstand durch den Beitritt der französischen Besatzungszone aus der Bi-Zone die Tri-Zone.

Wirtschaftliche Hilfe

Die US-Amerikaner unterstützten den wirtschaftlichen Wiederaufbau der Westzonen durch großzügige Lebensmittellieferungen und Kredite. Mit dem Marshallplan (s. S. 106/107) boten sie allen Ländern Europas günstige Kredite zum Wiederaufbau der Industrie an. Diese wurden aber nur von den westlichen Staaten und deren Besatzungszonen genutzt. Die Sowjetunion untersagte den Staaten in ihrem Herrschaftsbereich und der SBZ die Teilnahme am Marshallplan.

Auf dem Weg zum Weststaat

Ende 1947 tagten die Außenminister der vier Siegermächte in London. Der Versuch, sich auf eine gemeinsame Deutschlandpolitik zu verständigen, scheiterte endgültig. Im März 1948 kündigte die Sowjetunion die Zusammenarbeit im Alliierten Kontrollrat auf und protestierte damit gegen die Politik der Westmächte, der sie vorwarf, die Teilung Deutschlands voranzutreiben.

Nach längeren Beratungen untereinander beauftragten die USA, Großbritannien und Frankreich die Ministerpräsidenten der Westzonen am 1. Juli 1948, die Gründung eines deutschen Weststaates vorzubereiten. Dazu sollte eine verfassunggebende Versammlung von den Landtagen der Tri-Zone gebildet werden.

Provisorium*:
behelfsmäßige
Übergangslösung.

Währungsreform*:
Ersatz einer wertlos gewordenen Währung durch eine neue Währung, hier die Ablösung der Reichsmark durch die D-Mark.

1 **Verkauf ohne Marken. Mit der Einführung des neuen Geldes fiel das bisherige Markensystem weg.** Foto, 1948.

Die Ministerpräsidentenkonferenz der Tri-Zone nahm dazu am 10. Juli 1948 Stellung:

Q1 … Die Ministerpräsidenten glauben jedoch, dass … alles vermieden werden müsste, was dem zu schaffenden Gebilde den Charakter eines Staates verleihen würde; sie sind darum der Ansicht, dass … zum Ausdruck kommen müsste, dass es sich lediglich um ein Provisorium* handelt. …

1 *Fertigt eine Tabelle an mit den Ereignissen seit der Rede von Byrnes im September 1946.*
2 *Erläutert, welche Sorge hinter der Aussage in Q1 steht.*

Währungsreform

Als Folge des Krieges wurde die bisherige Währung, die Reichsmark, nach 1945 fast völlig wertlos. Die meisten Menschen tauschten nur noch Sachwerte. Die Kredite aus dem Marshallplan und andere wirtschaftliche Hilfen für die Westzonen konnten erst dann richtig wirksam werden, wenn auch das deutsche Geld wieder etwas wert war. Deswegen

Die Entwicklung in den Westzonen

2 Die Luftbrücke nach Westberlin. Berliner Kinder jubeln einem „Rosinenbomber"* zu. Foto, 1948.

Rosinenbomber*:
Spitzname der Berliner für die Flugzeuge der Luftbrücke.

DM*:
Abkürzung für Deutsche Mark.

RM*:
Abkürzung für Reichsmark.

Rationierung*:
begrenzte Zuteilung von Waren, meist aufgrund von Bezugsmarken.

führten die Westmächte eine Währungsreform* durch.

Am 20. Juni 1948 (in Westberlin am 24. Juni) trat sie in den Westzonen in Kraft. Jeder Westdeutsche erhielt zunächst 40 DM* und später noch einmal 20 DM („Kopfgeld"). Bargeld wurde im Verhältnis RM*:DM=10:1 umgetauscht, Sparguthaben in einem Verhältnis von zirka 15:1. Grundbesitz, Produktionsstätten und Aktien behielten ihren Wert und wurden weiter frei gehandelt.

Die bisherige Rationierung* vieler Produkte und die Preiskontrollen entfielen.

Der Bonner „Generalanzeiger" am 20. 6. 1958 zum 10. Jahrestag der Währungsreform:

Q2 … Die DM erwirkte schnell das erwartete Wunder. Am Montag, dem 21. Juni, war Bonn wie verwandelt. Waren, die man jahrelang nicht gesehen hatte, erschienen in den Schaufenstern, vor allem Haushaltsartikel. Wer sich seit Jahren um einen Bezugsschein für einen Topf oder eine Pfanne bemüht hatte, sah mit Erstaunen, wie sich die begehrten Dinge nun in erstaunlicher Vielzahl präsentierten. Einer der ersten Artikel, die wieder auftauchten, waren übrigens Fahrradreifen. Sie fanden Stück für Stück um 7,50 DM reißenden Absatz. …

3 *Beschreibt die Stimmung der westdeutschen Bevölkerung am Tag der Währungsreform mithilfe von Q2 und Bild 1.*

Berlinkrise

Berlin wurde seit 1945 von den vier Siegermächten gemeinsam verwaltet. Die Stadt war in vier Sektoren geteilt, allerdings war der Ostsektor nur locker von den anderen Sektoren getrennt.

Die Einführung der neuen DM in den Westteilen Berlins führte zu einer großen Krise zwischen der Sowjetunion und den Westmächten. Die Sowjetunion sperrte alle Zugangswege nach Westberlin, um auf diese Weise Druck auf die Westmächte auszuüben. Daraufhin versorgte die amerikanische Regierung Westberlin über eine Luftbrücke. Bis zum Ende der Blockade im Mai 1949 trafen täglich im Minutentakt Transportmaschinen in Westberlin ein, die die Versorgung der Stadt sicherten. Neben Lebensmitteln und Medikamenten brachten sie vor allem Kohle, um die Stromversorgung aufrechtzuerhalten. Ein Denkmal am Flughafen Tempelhof erinnert in Berlin an die 31 Amerikaner, 40 Briten und 5 Deutschen, die hierbei ihr Leben verloren.

4 *Befragt ältere Männer und Frauen nach ihren Erinnerungen an die Berlinkrise und die Luftbrücke.*

*Das 1951 eingeweihte **Luftbrückendenkmal** am Flughafen Tempelhof in Berlin erinnert an die Leistungen und Opfer der Berliner Luftbrücke. Der Berliner Volksmund nennt es die „Hungerharke". Foto.*

Die Entwicklung in der SBZ

1 Demonstration zur Bodenreform anlässlich der Aufteilung eines ehemaligen Rittergutes bei Cunnersdorf in Sachsen. Foto, September 1945.

Ein neues System in der SBZ

In der SBZ kam es zu großen politischen Veränderungen. Die Sowjetunion führte schrittweise ihr sozialistisches System ein. Noch vor Kriegsende war eine Gruppe deutscher Kommunisten unter der Leitung des früheren KPD-Reichstagsabgeordneten Walter Ulbricht (s. S. 40) in Moskau auf die Übernahme der Macht vorbereitet worden. Der Verwaltungsaufbau und das Parteiensystem der SBZ wurden ab Mai 1945 nach sowjetischem Muster umgestaltet. Die bestimmende Kraft wurde dabei die 1946 gegründete Sozialistische Einheitspartei Deutschlands (SED), ein erzwungener Zusammenschluss aus Sozialdemokraten und Kommunisten in der SBZ. Ihre Politik wurde von Moskau aus kontrolliert und weitgehend bestimmt.

Bodenreform in der SBZ

Auf wirtschaftlichem Gebiet drängten die Kommunisten schnell auf Änderungen der bisherigen Wirtschaftsordnung im Gegensatz zur Politik der Westmächte in deren Besatzungszonen.

Aus einer Verordnung der Provinz Sachsen vom 3. September 1945:

Q1 ... Folgender Grundbesitz wird ... enteignet:
a) der Grundbesitz der Kriegsverbrecher und Kriegsschuldigen ...
b) der Grundbesitz ..., der den Naziführern ... sowie den führenden Personen des Hitlerstaates gehörte. ...

Gleichfalls wird der gesamte ... Großgrundbesitz über 100 Hektar* enteignet. ...

1 Seht euch Bild 1 an. Welche Parole tragen die Bauern mit sich? Welche Ziele haben sie?

Hektar:*
1 Hektar (ha) sind 10 000 m².

Die Entwicklung in der SBZ

Das enteignete Land wurde anschließend als privates, vererbbares Eigentum neu verteilt. Ca. 120 000 landlose Bauern und Landarbeiter erhielten an Ackerland im Durchschnitt 7,8 Hektar, ca. 82 000 landarme Bauern 3,3 Hektar, etwa 92 000 Umsiedler 8,4 Hektar. Auf einem Drittel des enteigneten Landes entstanden „Volkseigene Güter" (VEGs). Von 1952 bis 1960 wurden die selbstständigen Bauern zwangsweise in Landwirtschaftliche Produktionsgenossenschaften (LPGs) eingegliedert. Diese Kollektivierung war nach den Zielen der SED die Vorstufe zum geplanten „Sieg des Sozialismus auf dem Land".

Industriereform in der SBZ
Im Oktober 1945 führte ein Befehl der Sowjetischen Militärregierung zur Beschlagnahmung aller großen Betriebe des deutschen Staates, der NSDAP und der Wehrmacht. In Sachsen gab es zu diesen Maßnahmen im Juni 1946 einen Volksentscheid. Dabei stimmten fast 78 Prozent der Abstimmenden für diese Enteignung. Nun wurden Enteignungen ohne vorherige Abstimmung auch in den anderen Ländern der SBZ durchgeführt.
Einen Teil der Betriebe übernahm die Sowjetunion, den Rest stellte die SMAD der deutschen Verwaltung zur Verfügung. Insgesamt wurden acht Prozent der Industriebetriebe enteignet. Diese lieferten fast die Hälfte der Industrieproduktion. Im April 1948 war die Verstaatlichung abgeschlossen.

2 *Beschreibt mithilfe von Bild 1, Q1 und des Textes die politischen und wirtschaftlichen Maßnahmen der Sowjetunion in der SBZ.*
3 *Erläutert die unterschiedliche Entwicklung in der SBZ und in den Westzonen (s. auch S. 24/25).*

Die Landtagswahlen 1946
Die Landtagswahlen am 20. Oktober 1946 waren die letzten weitgehend freien, allgemeinen und geheimen Wahlen auf dem Gebiet der SBZ und der DDR bis 1990. Die Besatzungsbehörde und die SED nahmen allerdings großen Einfluss auf den Wahlkampf und auf die Zulassung der Parteien und Kandidaten. Neben der SED kandidierten die Christlich-

2 Wahlplakat der SED kurz nach der Vereinigung von SPD und KPD 1946.

Demokratische Union Deutschlands (CDU), die Liberal-Demokratische Partei Deutschlands (LDP) und die Vereinigung der gegenseitigen Bauernhilfe (VdgB). Die SED wurde zwar stärkste Partei, blieb aber weit hinter ihren Erwartungen zurück. In Berlin konnte neben der SED auch die SPD antreten. Sie wurde hier mit Abstand stärkste Partei vor der weit abgeschlagenen SED. Das Wahlergebnis zeigte, dass die SED nur eine Minderheit des Volkes hinter sich hatte.
Künftig wurden in der sowjetischen Besatzungszone bei Wahlen nur noch Einheitslisten* aufgestellt.

4 *Besprecht die Folgen der Landtagswahlen 1946 für die SED.*
5 *Erklärt, warum es danach in SBZ und DDR keine freien Wahlen mehr gab.*

Landtagswahlergebnisse in Sachsen 1946:
SED 49,1 %
LDP 24,7 %
CDU 23,3 %

Einheitslisten*:
Wahlliste, auf der die zu wählenden Personen aller Parteien in einem Wahlvorschlag und auf einer einzigen Liste zusammengefasst wurden. Die Anzahl der jeweiligen Sitze im Parlament wurden vorher festgelegt. In SBZ und DDR sollte so die Vormachtstellung der SED gewährleistet werden.

Die Gründung zweier deutscher Staaten

1 Feierstunde des Parlamentarischen Rates zur Unterzeichnung des Grundgesetzes am 23. Mai 1949 in Bonn. Foto, 1949.

Zentrum*:
Die Deutsche Zentrumspartei (Kurzbezeichnung: Zentrum) war bis 1933 als Vertreterin des politischen Katholizismus eine der wichtigsten Parteien im Deutschen Reich.
Mit der Gründung der CDU im Jahr 1945 verlor sie stark an Bedeutung.

DP*:
Die konservative Deutsche Partei bestand von 1949 bis 1961.

23. Mai 1949:
Verkündung des Grundgesetzes und damit Gründung der Bundesrepublik Deutschland. Dieser Tag wird heute „Verfassungstag" genannt.

Der Parlamentarische Rat

Die Ministerpräsidenten der Länder in den westlichen Besatzungszonen setzten eine Versammlung ein, die eine Verfassung ausarbeiten sollte. Sie wurde Parlamentarischer Rat genannt. Dieser setzte sich aus 65 Abgeordneten zusammen, die von den Länderparlamenten bestimmt worden waren: CDU/CSU 27, SPD 27, FDP 5, KPD 2, Zentrum* 2, DP* 2. Am 1. September 1948 begann der Parlamentarische Rat mit seiner Arbeit. Seine Debatten waren von den Erfahrungen mit dem Nationalsozialismus geprägt. Ähnliches sollte es in Deutschland niemals wieder geben.

Debatten um das Grundgesetz

Nach längeren Beratungen verabschiedete der Parlamentarische Rat am 8. Mai 1949 eine Verfassung. Sie wurde „Grundgesetz" genannt und als Provisorium betrachtet. Diesem sollte nach der erhofften Wiedervereinigung eine gesamtdeutsche Verfassung folgen. Aus demselben Grund wurde das Grundgesetz auch keinem Volksentscheid unterworfen. Dies sollte ebenfalls später erfolgen. Die Westalliierten genehmigten das Grundgesetz,

die westdeutschen Landtage stimmten mit Ausnahme Bayerns zu.

Der bayerische Landtag lehnte das Grundgesetz mit seiner CSU-Mehrheit ab. Diese Partei empfand das Grundgesetz als Angriff auf die Eigenständigkeit Bayerns. In ihren Augen gab es dem Bund zu viel Gewicht und schmälerte die Gesetzgebungs- und Finanzhoheit der Länder. Um jedoch deutlich zu machen, dass sich Bayern nicht von der Bundesrepublik abspalten wollte, gab es im Landtag eine zweite Abstimmung. Mit ihr wurde bekräftigt, dass die Verfassung auch für Bayern rechtsverbindlich sei.

1 *Erklärt, warum das Grundgesetz als Provisorium betrachtet wurde.*

Die Gründung der Bundesrepublik

Am 23. Mai 1949 wurde das Grundgesetz verkündet.

Aus der Einleitung zum Grundgesetz:

Q1 ... Von dem Willen beseelt, seine nationale und staatliche Einheit zu wahren und als gleichberechtigtes Glied in einem vereinten Europa zu dienen, hat das deutsche Volk ..., um dem staatlichen Leben für eine Über-

Die Gründung der Bundesrepublik Deutschland

2 Bundespräsident Theodor Heuss (rechts) überreicht Konrad Adenauer die Ernennungsurkunde zum Bundeskanzler. Foto, 20.9.1949.

gangszeit eine neue Ordnung zu geben, kraft seiner verfassunggebenden Gewalt dieses Grundgesetz der Bundesrepublik Deutschland beschlossen. Es hat auch für jene Deutschen gehandelt, denen mitzuwirken versagt war. ...

2 Erklärt die rechtliche Grundlage des Grundgesetzes. Erläutert vor allem den letzten Satz des Textauszugs von Q 1.

Die ersten Bundestagswahlen

Am 14. August 1949 wurde der erste Deutsche Bundestag gewählt. Es gab eine Koalitionsregierung aus CDU/CSU, FDP und DP. Bundeskanzler wurde Konrad Adenauer (CDU). Zum ersten Bundespräsidenten wurde am 12. September 1949 Theodor Heuss (FDP) gewählt. Damit war der neue Staat mit seinen aus freien Wahlen hervorgegangenen Organen funktionsfähig.

3 Erläutert die Stationen auf dem Weg zur Gründung der Bundesrepublik Deutschland.

Konrad Adenauer (1876–1967), CDU, war von 1949 bis 1963 erster Bundeskanzler der Bundesrepublik Deutschland.

Theodor Heuss (1884–1963), FDP, war von 1949 bis 1959 erster Bundespräsident der Bundesrepublik Deutschland.

Wahlergebnisse zum ersten Deutschen Bundestag 1949 Anteile an den abgegebenen Stimmen in Prozent; die Wahlbeteiligung betrug 78,5 Prozent bei rund 31 Mio. Stimmberechtigten:	
SPD	29,2
CDU	25,2
CSU	5,8
FDP	11,9
BP*	4,2
DP	4,0
Zentrum	3,1
KPD	5,7
Andere	10,9

BP* (Bayernpartei): nur in Bayern vorkommende Regionalpartei.

4 Recherchiert in Gruppen über die einzelnen Parteien (Ziele, Zusammensetzung, Größe usw.) und berichtet in der Klasse darüber. Vergleicht mit der Zusammensetzung des heutigen Bundestages. Was ist gleich geblieben, was hat sich verändert?

Die Gründung der DDR

1 Massenveranstaltung zu den Wahlen zum III. Volkskongress am 16.5.1949 in Berlin. Foto, 1949.

Volksdemokratie*:
Staatsform kommunistischer Länder, bei der die gesamte Staatsmacht in den Händen der kommunistischen Partei liegt.

Volkskongress*:
Er bestand vor allem aus Delegierten der Parteien und Gewerkschaften.

Otto Grotewohl
(1894–1964), Mitglied von SPD und SED; 1949 bis 1964 Ministerpräsident der DDR.

Die Volkskongressbewegung

In der SBZ bereitete auch die SED die Gründung eines eigenen Staates vor – nach dem Muster kommunistischer Volksdemokratien*. Im März 1948 wurde von der SED ein Volkskongress* einberufen, der einen „Volksrat" wählte. Dieser arbeitete eine Verfassung aus und beschloss allgemeine Wahlen im Mai 1949. Bei diesen Wahlen konnte die Bevölkerung nur mit Ja oder Nein für eine Einheitsliste stimmen. Auf dieser Liste waren der SED und den von ihr beherrschten Massenorganisationen mehr als die Hälfte der Sitze im neuen Volkskongress garantiert. Dieser bestätigte am 30. Mai 1949 den Verfassungsentwurf und wählte einen neuen Volksrat.

Die „Blockparteien"

An den Volkskongresswahlen nahmen neben der SED und ihren Massenorganisationen auch die „Blockparteien" teil. Sie waren auf Initiative der KPD am 14. Juli 1945 zum „Antifaschistisch-demokratischen Block" zusammengeschlossen worden, um die politische Vorherrschaft der Kommunisten zu sichern.

„Blockparteien" waren neben KPD und SPD die Christlich-Demokratische Union (CDU) und die Liberal-Demokratische Partei Deutschlands (LDPD). Die im April 1946 neu entstandene SED löste KPD und SPD im Block ab. 1948 kamen die Demokratische Bauernpartei Deutschlands (DBD) und die Nationaldemokratische Partei Deutschlands (NDPD) hinzu. Diese Parteien waren von der herrschenden SED abhängig und standen nicht in Wahlkonkurrenz zu ihr.

Die Gründung der DDR

Am 7. Oktober 1949 erklärte sich der Volksrat zur Provisorischen Volkskammer der Deutschen Demokratischen Republik (DDR). Diese setzte die Verfassung in Kraft und bildete eine provisorische Regierung. Ähnlich wie das Grundgesetz erhob die DDR-Verfassung von 1949 den Anspruch, für ganz Deutschland zu gelten. Als Präsident der DDR wurde Wilhelm Pieck und als Ministerpräsident Otto Grotewohl, beide SED, gewählt. Die entscheidende politische Gewalt übte jedoch Walter Ulbricht, aus (s. S. 40).

Die Gründung der DDR

1 Erklärt, wie es zur Gründung der DDR kam.
2 Vergleicht, auf welche Weise die beiden deutschen Staaten gegründet wurden. Welche Rolle haben dabei die Bürger gespielt?

BRD und DDR – zweierlei Sicht

Aus einer Erklärung Ministerpräsident Otto Grotewohls (SED) zur Politik der Westmächte, 12. Oktober 1949:

Q1 … Die Entwicklung unseres deutschen demokratischen und friedlichen Staates wird am stärksten behindert von den imperialistischen Westmächten, die die Spaltung Deutschlands bis zum heutigen beklagenswerten Stand vorwärtsgetrieben haben. … Statt der im Potsdamer Abkommen vorgesehenen Demokratisierung, Entmilitarisierung und Entnazifizierung Deutschlands sind sie bestrebt, die von ihnen besetzten Teile Deutschlands in eine Kolonie zu verwandeln, die mit den traditionellen Methoden imperialistischer Kolonialherrschaft regiert und ausgebeutet wird. … Die Regierung wird sich niemals damit abfinden, dass in den westlichen Besatzungszonen Deutschlands ein jeder Rechtsgrundlage entbehrendes Besatzungsstatut* benutzt wird, um einen Teil unseres Vaterlandes in eine Kolonie zu verwandeln. Wir werden den Weg des deutschen Volkes zu einem einheitlichen, demokratischen und friedliebenden Deutschland zu finden wissen. …

Aus einer Erklärung Bundeskanzler Konrad Adenauers (CDU), 24. Oktober 1949:

Q2 … In der Sowjetzone wurden schon 1945 im Gegensatz zu den drei anderen Zonen Zentralverwaltungen eingerichtet, die den unverkennbaren Zweck hatten, die ganze sowjetische Zone staatlich einheitlich zu verwalten. …
Diese Volkskongresse sind nicht aus freien Wahlen, das heißt aus freien Wahlen, an denen jeder sich hätte beteiligen können, hervorgegangen. …
Es wird niemand behaupten können, dass die nunmehr geschaffene Organisation der Sowjetzone auf dem freien Willen der Bevölkerung dieser Zone beruht. … Ich stelle Folgendes fest: In der Sowjetzone gibt es kei-

2 Diskussionen auf dem Alexanderplatz in Berlin nach Bekanntgabe der Gründung der DDR am 7.10.1949. Foto, 1949.

nen freien Willen der deutschen Bevölkerung. … Das, was dort geschieht, wird nicht von der Bevölkerung getragen und damit legitimiert*. …
Die Bundesrepublik Deutschland stützt sich dagegen auf die Anerkennung durch den frei bekundeten Willen von rund 23 Millionen stimmberechtigten Deutschen. Die Bundesrepublik Deutschland ist somit bis zur Erreichung der deutschen Einheit insgesamt die alleinige legitimierte staatliche Organisation des deutschen Volkes. …

3 Untersucht beide Erklärungen (Q1 und Q2) auf ihre Gemeinsamkeiten und Unterschiede.
4 Arbeitet heraus, worum es Grotewohl und Adenauer jeweils geht. Nehmt selbst Stellung dazu.

Wilhelm Pieck (1876–1960), Mitglied von KPD und SED; von 1946 bis 1950 gemeinsam mit Otto Grotewohl Vorsitzender der SED und von 1949 bis 1960 Staatspräsident der DDR.

Besatzungsstatut*: die Grundregelung des Besatzungsrechts im Gebiet der Bundesrepublik Deutschland, die am 21. 9. 1949 von den drei Westalliierten in Kraft gesetzt wurde und Vorrang vor dem Grundgesetz hatte.

legitimieren*: etwas für gesetzmäßig erklären

Blockbildung

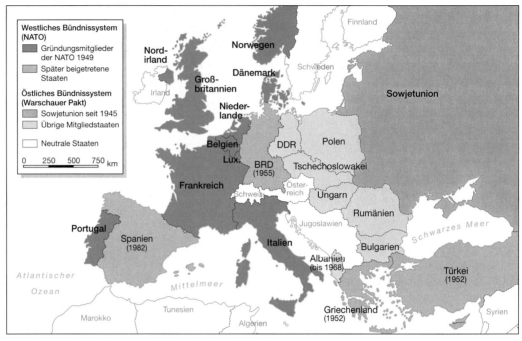

Westliches Bündnissystem (NATO)
- Gründungsmitglieder der NATO 1949
- Später beigetretene Staaten

Östliches Bündnissystem (Warschauer Pakt)
- Sowjetunion seit 1945
- Übrige Mitgliedstaaten

- Neutrale Staaten

0 250 500 750 km

Finnland · Norwegen · Nord-irland · Dänemark · Schweden · Groß-britannien · Irland · Sowjetunion · Nieder-lande · Belgien · DDR · Polen · Lux. · BRD (1955) · Tschechoslowakei · Frankreich · Schweiz · Öster-reich · Ungarn · Rumänien · Portugal · Spanien (1982) · Jugoslawien · Italien · Bulgarien · Schwarzes Meer · Albanien (bis 1968) · Türkei (1952) · Atlantischer Ozean · Mittelmeer · Tunesien · Griechenland (1952) · Syrien · Marokko · Algerien

1 Blockbildung* in Europa nach dem Zweiten Weltkrieg.

Blockbildung*:
Bildung zweier großer politischer Lager infolge des Ost-West-Konflikts, jeweils geführt von den USA und der Sowjetunion. Jede der beiden Mächte versuchte ihr System in möglichst vielen Staaten zu errichten. Dies führte zur Aufteilung der Welt in zwei Blöcke.

Benelux*:
Abkürzung für Belgien, Niederlande und Luxemburg.

Östliche Bündnisse

In der Zeit von 1945 bis 1948 schloss die Sowjetunion Freundschaftsverträge und militärische Beistandsverträge mit Polen, Rumänien, Ungarn, Bulgarien, Jugoslawien und der Tschechoslowakei. Dadurch entstand ein politisches Bündnis, der so genannte Ostblock, in dem die Sowjetunion die allein bestimmende Macht war.

Jugoslawien wurde 1949 aus diesem Bündnis ausgeschlossen, da es sich weigerte, die Vorherrschaft der Sowjetunion anzuerkennen. Mithilfe amerikanischer Kredite konnte Jugoslawien seinen Wiederaufbau zu einem eigenständigen sozialistischen Staat fortführen.

„Volksdemokratische" Umwälzung

In der Tschechoslowakei regierte seit 1945 eine Koalitionsregierung unter einem kommunistischen Ministerpräsidenten. Als diese Regierung beabsichtigte, sich am Marshallplan (s. S. 106/107) zu beteiligen, wurde sie im März 1948 auf Drängen der Sowjetunion handstreichartig durch eine rein kommunis-

tische Regierung ersetzt. Die nichtkommunistischen Parteien wurden aufgelöst. Staat, Gesellschaft und Wirtschaft wurden nach dem Muster anderer osteuropäischer Staaten „umgeformt" und in eine „sozialistische Volksrepublik" umgewandelt. Die Macht lag allein bei der kommunistischen Partei. Mit dieser politischen Strategie schuf Stalin in den folgenden Jahren in Ost- und Südosteuropa eine Gruppe von Staaten, die von der Sowjetunion abhängig waren und mit ihr den „Ostblock" bildeten. Zweiseitige „Freundschafts- und Beistandsverträge" ermöglichten dort die Stationierung sowjetischer Truppen.

Gründung der NATO

Die Ereignisse in der Tschechoslowakei im März 1948 waren der Auslöser für die Gründung einer militärischen Organisation der westlichen Staaten unter Führung der USA. Sie erweiterten ihr bisheriges militärisches Bündnis vom März 1948 (Frankreich, Großbritannien, Benelux*-Staaten) am 4. April 1949

Gründung der NATO

zur NATO (North Atlantic Treaty Organization).
Die Bundesrepublik trat am 6. Mai 1955 bei.
Aus dem NATO-Vertrag:

Q1 … Art. 3 Um die Ziele dieses Vertrags besser zu verwirklichen, werden die Parteien einzeln und gemeinsam durch ständige und wirksame Selbsthilfe und gegenseitige Unterstützung die eigene und die gemeinsame Widerstandskraft gegen bewaffnete Angriffe erhalten und fortentwickeln. …

Art. 5 Die Parteien vereinbaren, dass ein bewaffneter Angriff gegen eine oder mehrere von ihnen in Europa oder Nordamerika als ein Angriff gegen sie alle angesehen wird …

Jahr	US-Exporte	US-Importe
1947	335,3	108,2
1948	122,7	113,0
1949	61,7	67,5
1950	26,4	80,5
1951	2,7	63,8
1952	0,5	32,3
1953	0,6	29,9
1954	5,9	42,4
1955	7,2	55,5

1 Stellt mithilfe der Karte fest, welche Staaten zu welchem Zeitpunkt ein militärisches Bündnis mit der Sowjetunion hatten.

2 Untersucht mithilfe der Karte, welche Staaten 1949 zur NATO gehörten.

3 Diskutiert, ob die Gründung der NATO ein Schritt zur Blockbildung war.

2 Handelsbeziehungen der USA mit Osteuropa und der Sowjetunion (in Mio. US-Dollar).

Warschauer Pakt

Als Antwort auf die westlichen Bündnisse schlossen sich Mitte Mai 1955 acht Staaten des Ostblocks zu einem Militärbündnis unter sowjetischer Führung (Warschauer Pakt) zusammen.
Aus der Einleitung des Vertrags:

Q2 … Die vertragschließenden Seiten haben beschlossen, …
unter gleichzeitiger Berücksichtigung der Lage, die in Europa durch die Ratifizierung der Pariser Verträge* entstanden ist, welche die Bildung neuer militärischer Gruppierungen … unter Teilnahme eines remilitarisierten (wiederbewaffneten) Westdeutschlands und dessen Einbeziehung in den Nordatlantikpakt vorsehen, wodurch sich die Gefahr eines neuen Krieges erhöht und eine Bedrohung der nationalen Sicherheit der friedliebenden Staaten entsteht, …
diesen Vertrag über Freundschaft, Zusammenarbeit und gegenseitigen Beistand abzuschließen. …

4 Untersucht in Q2, wie der Warschauer Pakt begründet wurde.

5 Besprecht, ob seine Gründung zu einer Verschärfung der Lage zwischen den Blöcken geführt hat.

6 Erarbeitet, wie sich die Blockbildung in der Entwicklung der Handelsbeziehungen widerspiegelt.

Die blockfreien Staaten

Viele Staaten suchten nach Möglichkeiten, ihre Eigenständigkeit zu bewahren. Deshalb führten sie 1955 in Indonesien die erste Konferenz der blockfreien Staaten durch. An ihr nahmen 340 Delegierte aus 23 Ländern Asiens und aus sechs Ländern Afrikas teil. Sie repräsentierten zusammen rund 1,4 Milliarden Menschen, das waren ca. 55 Prozent der Weltbevölkerung. Ihr Einfluss auf die Bemühungen um Entspannung, Frieden und Entkolonialisierung war bedeutend. Sie konnten sich wegen fehlender wirkungsvoller politischer Einrichtungen jedoch nicht durchsetzen.

7 Erarbeitet anhand der Informationen auf dieser Seite die Rolle der wirtschaftlichen Faktoren für die zunehmenden Gegensätze zwischen Ost und West.

8 Schätzt die Rolle der Blockfreien für die Möglichkeiten friedlicher Konfliktlösungen ein.

Pariser Verträge: Vertragswerk aus dem Jahr 1955, das das Besatzungsstatut in Westdeutschland beendete und der Bundesrepublik die Souveränität verlieh. Diese blieb allerdings noch bis 1991 durch alliierte Vorbehaltsrechte eingeschränkt.

Jawaharlal Nehru (1889–1964), indischer Politiker und von 1947 bis 1964 erster Ministerpräsident Indiens, einer der Führer der Blockfreien-Bewegung.

Der Koreakrieg und seine Folgen

Rüstungswettlauf:
Die Rivalität des Kalten Krieges zwischen den beiden Supermächten schlug sich in einem ständig steigenden Rüstungswettlauf nieder. Beide Seiten hatten am Ende des Kalten Krieges so viele Atomwaffen, dass damit sämtliche Länder der Erde zwanzigfach hätten vernichtet werden können.

Kalter Krieg in Europa und Asien

Die USA waren nach dem Einsatz der Atombomben über Hiroshima und Nagasaki zunächst die einzige Nuklearmacht der Welt. Seit 1949 verfügte aber auch die Sowjetunion über Atombomben. Beide Großmächte versuchten, ihre Einflussbereiche schrittweise auszudehnen und den Gegner möglichst weitgehend zu behindern, ohne einen offenen Krieg zu riskieren.

Dieser „Kalte Krieg" zeigte sich zunächst in Europa und besonders in Deutschland, das in Besatzungszonen aufgeteilt war (s. S. 12). Aber auch in Asien stießen die Interessen von USA und Sowjetunion aufeinander.

1 *Beschreibt, wie sich der Kalte Krieg entwickelte.*

2 *Vermutet, warum die Supermächte eine offene militärische Konfrontation vermieden.*

Spannungen in Korea

In Korea wurde der Kalte Krieg zwischen den Großmächten zu einem „heißen" Krieg. Er war ein Ausdruck der Konfrontation zwischen den USA und der Sowjetunion, ein „Stellvertreterkrieg".

Nach der Kapitulation Japans 1945 sollte dessen vormalige Kolonie Korea unabhängig werden. Das Land wurde jedoch zunächst von den Alliierten in zwei Besatzungszonen aufgeteilt. Nördlich des 38. Breitengrades lag die sowjetische, südlich davon die amerikanische Zone. 1949 zogen die Besatzungstruppen beider Mächte ab, das Land aber blieb geteilt. Die Regierungen beider Teile waren bestrebt, ihren Einfluss auf das jeweils andere Gebiet auszudehnen. Es kam schnell zu erheblichen Spannungen.

Demarkationslinie*:
Grenzlinie.

Zu UNO und UN-Sicherheitsrat s. S. 118/119.

Einsatz von UN-Truppen

Im Juni 1950 überschritten nordkoreanische Truppen, von der Sowjetunion gut ausgerüstet und politisch unterstützt, die Demarkationslinie* am 38. Breitengrad und besetzten fast ganz Südkorea.

Der UN-Sicherheitsrat verlangte vergeblich die Einstellung der Kämpfe und beschloss schließlich den Einsatz von UN-Truppen zur Wiederherstellung des Friedens. Dieser Beschluss war nur deshalb möglich, weil die Sowjetunion zu diesem Zeitpunkt an den Sitzungen des Sicherheitsrates nicht teilnahm. Damit protestierte sie dagegen, dass die kommunistische Volksrepublik China nicht in die UNO aufgenommen wurde.

Demarkationslinie bis 25.6.1950

weitestes Vordringen nordkoreanischer Truppen bis 14.9.1950

Vordringen von UN-Truppen und Südkoreanern vom 15.9.1950 bis 2.11.1950

Vormarsch von Chinesen und Nordkoreanern bis 8.1.1951

Demarkationslinie vom 27.11.1951 seit dem Waffenstillstand vom 27.7.1953 Grenze zwischen Nord- und Südkorea

● Verhandlungsort

0   100   200 km

1 Der Koreakrieg 1950–53.

Sicherheitsbündnisse

2 Koreanische Zivilbevölkerung flieht nach Süden, während UN-Truppen nach Norden vorrücken.
Foto, September 1950.

Waffenstillstand

Nach anfänglichen Erfolgen der UN-Truppen, die mehrheitlich aus Amerikanern gebildet wurden, griff ein 300000 Mann starkes Heer der mit der Sowjetunion verbündeten Volksrepublik China ein.

Als sich die Front nach schweren Kämpfen schließlich wieder am 38. Breitengrad stabilisierte, kam es 1951 zu Waffenstillstandsverhandlungen, die sich bis zum 26. Juli 1953 hinzogen. Eine Million Zivilisten und zwei Millionen Soldaten hatten ihr Leben lassen müssen. Ein Friedensvertrag zwischen Nord- und Südkorea steht bis heute noch aus. Das Land ist weiterhin geteilt.

3 *Fasst den Verlauf des Konflikts zusammen.*

Politische Auswirkungen

Der Koreakrieg hatte wie ein Schock auf die USA und ihre europäischen Verbündeten gewirkt. Was in Asien geschehen war, befürchteten sie auch in Europa. Dies bestärkte sie in der Ansicht, dass eine Wiederbewaffnung der Bundesrepublik Deutschland unerlässlich sei,

um Westeuropa erfolgreich zu verteidigen. Deshalb wurde die Bundeswehr ab 1955 als neue Streitmacht gegründet. Die Bundesrepublik wurde im selben Jahr in die Westeuropäische Union aufgenommen und trat der NATO bei.

Bündnisse zur Sicherheit

Auch im Fernen Osten wurden als Folge des Koreakrieges Sicherheitspakte geschlossen. Die USA, Australien und Neuseeland unterzeichneten 1951 den ANZUS-Pakt. Großbritannien, Frankreich, die USA, Neuseeland, Australien, Pakistan, Thailand und die Philippinen schlossen 1954 den SEATO-Vertrag ab. Staaten des Nahen Ostens (Türkei, Iran, Irak und Pakistan) gründeten 1955 mit Großbritannien den CENTO-Pakt. Dieses Netz aus verschiedenen Sicherheitsbündnissen war ein sichtbares Zeichen der westlichen Eindämmungspolitik („Containment") und direkte Folge des Koreakrieges.

4 *Diskutiert die Folgen des Koreakrieges. Beurteilt insbesondere die Sorgen in Europa.*

Die Bundesrepublik Deutschland

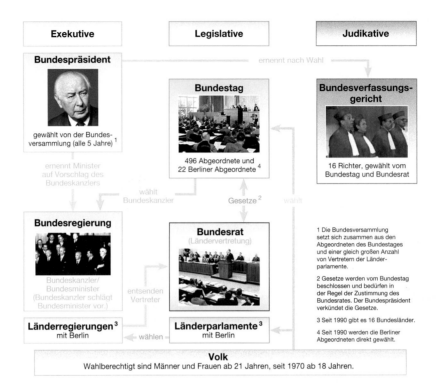

Exekutive	Legislative	Judikative

Bundespräsident

ernennt nach Wahl

gewählt von der Bundes-
versammlung (alle 5 Jahre) [1]

ernennt Minister
auf Vorschlag des
Bundeskanzlers

Bundestag

496 Abgeordnete und
22 Berliner Abgeordnete [4]

**Bundesverfassungs-
gericht**

16 Richter, gewählt vom
Bundestag und Bundesrat

Bundesregierung

wählt
Bundeskanzler

Bundeskanzler/
Bundesminister
(Bundeskanzler schlägt
Bundesminister vor.)

Gesetze [2]

wählt

entsenden
Vertreter

Bundesrat
(Ländervertretung)

Länderregierungen [3]
mit Berlin

wählen

Länderparlamente [3]
mit Berlin

1 Die Bundesversammlung
setzt sich zusammen aus den
Abgeordneten des Bundestages
und einer gleich großen Anzahl
von Vertretern der Länderparlamente.

2 Gesetze werden vom Bundestag
beschlossen und bedürfen in
der Regel der Zustimmung des
Bundesrates. Der Bundespräsident
verkündet die Gesetze.

3 Seit 1990 gibt es 16 Bundesländer.

4 Seit 1990 werden die Berliner
Abgeordneten direkt gewählt.

Volk
Wahlberechtigt sind Männer und Frauen ab 21 Jahren, seit 1970 ab 18 Jahren.

1 Staatsaufbau der Bundesrepublik Deutschland bis 1990.

Stabile Regierungen

Das Grundgesetz orientierte sich an westlichen Verfassungen. Es garantierte die Freiheit des Einzelnen und schuf eine parlamentarische Demokratie. Zusammen mit dem Parteiengesetz sorgte es in Westdeutschland – im Unterschied zur Weimarer Republik – für stabile Regierungen.

Aus dem Grundgesetz über die Bundesregierung:

Q1 ... Artikel 63: Der Bundeskanzler wird auf Vorschlag des Bundespräsidenten vom Bundestag ohne Aussprache gewählt.
Gewählt ist, wer die Stimmen der Mehrheit der Mitglieder des Bundestages auf sich vereinigt. ...
Artikel 65: Der Bundeskanzler bestimmt die Richtlinien der Politik und trägt dafür die Verantwortung. Innerhalb dieser Richtlinien leitet jeder Bundesminister seinen Geschäftsbereich selbstständig und unter eigener Verantwortung. Über Meinungsverschieden-

heiten zwischen den Bundesministern entscheidet die Bundesregierung. ...
Artikel 67: Der Bundestag kann dem Bundeskanzler das Misstrauen nur dadurch aussprechen, dass er mit Mehrheit seiner Mitglieder einen Nachfolger wählt. ...

Aus dem Bundeswahlgesetz in der Fassung von 1975:

Q2 ... §6(4) Bei der Verteilung der Sitze ... werden nur Parteien berücksichtigt, die mindestens fünf von hundert ... Zweitstimmen erhalten oder in mindestens drei Wahlkreisen einen Sitz errungen haben. ...

1 *Beschreibt anhand des Schaubildes die Aufgaben der Institutionen.*
2 *Erläutert, welches Ziel die Gesetzesbestimmungen haben (Q1 und Q2).*

Einbindung in den Westen

2 Demonstration gegen die Wiederbewaffnung, München 1954. Foto.

Westorientierung

Da die Gründung der Bundesrepublik Deutschland vor allem von den drei Westalliierten herbeigeführt worden war, lag es nahe, dass sich der erste Bundeskanzler, Konrad Adenauer, um einen dauerhaften Anschluss an den Westen bemühte.

Aus seinen Erinnerungen, 1965:

Q3 ... Sowjetrussland stand mitten in Deutschland, an der Elbe. Das Gleichgewicht in Europa war zerstört. Das bedeutete für Westeuropa, einschließlich des nicht den Sowjets übergebenen Teiles Deutschlands, eine dauernde ernste Gefahr. ... Das Sicherheitsverlangen Deutschland gegenüber war bei allen seinen Kriegsgegnern außerordentlich stark. Es galt, einen Weg zu finden, der sowohl dem Sicherheitsbedürfnis der europäischen Länder Rechnung trug, wie auch den Wiederaufbau Westeuropas einschließlich Deutschlands durchzuführen gestattete. Über diesen Weg würden wir auch, darüber war ich mir klar, Schritt für Schritt unsere Gleichberechtigung unter den freien Völkern der Welt zurückerlangen. ...

Wiederbewaffnung

Eine Zuspitzung erfuhren die Besorgnisse der westlichen Welt durch den Ausbruch des Koreakriegs 1950. Adenauer sah jetzt eine Möglichkeit, über das Angebot einer deutschen Wiederbewaffnung in einem westlichen Bündnis die erstrebte Gleichberechtigung schneller zu verwirklichen. Die SPD-Opposition und große Teile der Bevölkerung befürchteten dagegen mit der Wiederbewaffnung eine Zementierung der deutschen Teilung.

Nach schwierigen Verhandlungen wurde die Bundesrepublik Deutschland 1955 Mitglied im Nordatlantikpakt (NATO) und erlangte durch den Deutschlandvertrag mit den drei Westmächten eine eingeschränkte Souveränität*.

3 Nennt die wesentlichen Ziele Adenauers in Q3 und untersucht, wie er sie begründet.

4 Untersucht Bild 2 und arbeitet heraus, warum große Teile der westdeutschen Bevölkerung gegen die Wiederbewaffnung waren.

Souveränität:
Hoheitsgewalt eines Staates.

Wirtschaftliche Entwicklung im Westen

1 Mit dem VW-Käfer nach Italien. Eine westdeutsche Familie macht Urlaub am Gardasee. Foto, 1955.

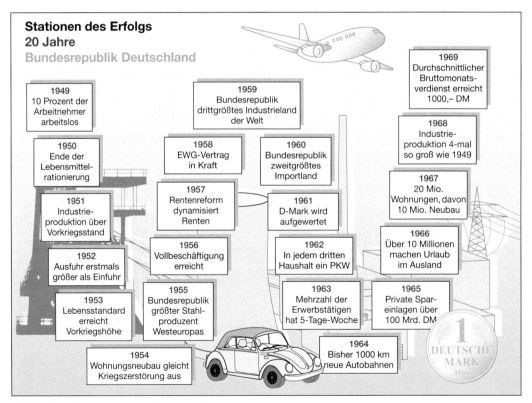

Stationen des Erfolgs
20 Jahre
Bundesrepublik Deutschland

1949
10 Prozent der Arbeitnehmer arbeitslos

1950
Ende der Lebensmittel-rationierung

1951
Industrie-produktion über Vorkriegsstand

1952
Ausfuhr erstmals größer als Einfuhr

1953
Lebensstandard erreicht Vorkriegshöhe

1954
Wohnungsneubau gleicht Kriegszerstörung aus

1955
Bundesrepublik größter Stahl-produzent Westeuropas

1956
Vollbeschäftigung erreicht

1957
Rentenreform dynamisiert Renten

1958
EWG-Vertrag in Kraft

1959
Bundesrepublik drittgrößtes Industrieland der Welt

1960
Bundesrepublik zweitgrößtes Importland

1961
D-Mark wird aufgewertet

1962
In jedem dritten Haushalt ein PKW

1963
Mehrzahl der Erwerbstätigen hat 5-Tage-Woche

1964
Bisher 1000 km neue Autobahnen

1965
Private Spar-einlagen über 100 Mrd. DM

1966
Über 10 Millionen machen Urlaub im Ausland

1967
20 Mio. Wohnungen, davon 10 Mio. Neubau

1968
Industrie-produktion 4-mal so groß wie 1949

1969
Durchschnittlicher Bruttomonats-verdienst erreicht 1000,– DM

2 Das „Wirtschaftswunder". Schaubild, 1969.

1 *Beschreibt die wirtschaftliche Entwicklung und die Entwicklung des Lebensstandards der ersten zwanzig Jahre der Bundesrepublik (Schaubild und Foto).*

Wirtschaftliche Entwicklung im Westen

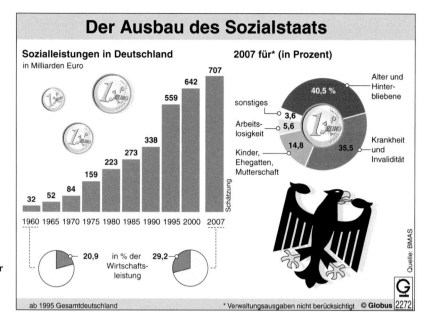

3 Die Ausgaben für Sozialleistungen in Deutschland 1960–2007.

Der wirtschaftliche Aufschwung

In den Fünfzigerjahren begann der wirtschaftliche Wiederaufstieg in Westdeutschland. Die mit westlicher Hilfe wieder aufgebauten oder neu errichteten Industrieunternehmen konnten billige und gute Waren für den Export, aber auch für das Inland produzieren. Nach den Jahren der Entbehrung seit 1945 kam es nun zu Konsumwellen: Der „Fresswelle" folgte die „Wohn- und Automobilwelle". Am Beginn der Sechzigerjahre folgte die „Reisewelle". Diesen sprunghaften wirtschaftlichen Aufschwung bezeichnete man allgemein als das deutsche „Wirtschaftswunder".

Das soziale Netz

Der wirtschaftliche Aufstieg im Rahmen der von der CDU/CSU und ihrem Wirtschaftsminister Ludwig Erhard verfolgten Politik einer „sozialen Marktwirtschaft" wurde begleitet von einem schrittweisen Ausbau des Sozialstaates. So kam es unter anderem 1957 zu einer Rentenreform, die die Rentner am gestiegenen Einkommen teilhaben ließ.
Die Lohnfortzahlung* im Krankheitsfall, die Einführung eines Kindergeldes und die Ausbildungsförderung (BAföG) für Kinder einkommensschwacher Familien waren weitere Vorhaben, mit denen das Netz des Sozialstaates immer enger geknüpft wurde. Das letzte Resultat dieser Politik war die Einführung der Pflegeversicherung*.

2 *Berichtet über den schrittweisen Ausbau des Sozialstaates und seine Kosten (Bild3).*

„Sozialpartner"

Durch ein verbessertes Betriebsverfassungsgesetz 1972 und ein Mitbestimmungsgesetz für Großunternehmen 1976 wurden die Mitwirkungsrechte der Arbeitnehmer in den Betrieben neu geordnet und wesentlich verbessert. Wegen ihrer Bedeutung für die sozialpolitische Entwicklung wurden Arbeitgeberverbände und Gewerkschaften auch „Sozialpartner" genannt. Bis heute handeln sie untereinander Löhne und Gehälter für Arbeiter und Angestellte aus.
Den Gewerkschaften gelang es schließlich, zunächst die 40-Stunden-Woche und dann in der Metallindustrie eine wöchentliche Arbeitszeit von 35 Stunden durchzusetzen.

3 *Erkundigt euch nach den heutigen Problemen der Renten- und Krankenversicherungen. Fragt eure Eltern nach den Beitragssätzen.*

Pflegeversicherung:* Alle gesetzlich oder privat Krankenversicherten müssen eine Pflegeversicherung abschließen. Mit dem Geld aus der Pflegeversicherung erhalten dann pflegebedürftige Menschen die individuell notwendigen Pflegeleistungen.

Lohnfortzahlung:* Das Lohnfortzahlungsgesetz regelt die Auszahlung des Lohns an den Arbeitnehmer, auch wenn dieser krankheitsbedingt der Arbeit fernbleiben muss.

Die politische Entwicklung in der DDR

Walter Ulbricht
(1893–1973), trat 1919 der KPD bei, 1928–33 Reichstagsabgeordneter der KPD, 1933 emigriert; ab 1938 in der Sowjetunion; stellvertretender Ministerpräsident der DDR (1949–60), Erster Sekretär des ZK der SED (1953–71) und Vorsitzender des Staatsrats (ab 1960).

Kaderpartei*:
Partei, die dem System von Befehl und Gehorsam folgt.

Arbeiter- und Bauernklasse*:
Gesellschaftliche Gruppe, die die herrschende Rolle in der sozialistischen Gesellschaft übernehmen sollte.

FDGB*:
Freier Deutscher Gewerkschaftsbund. In ihm waren 9 Millionen Arbeiterinnen und Arbeiter zwangsorganisiert.

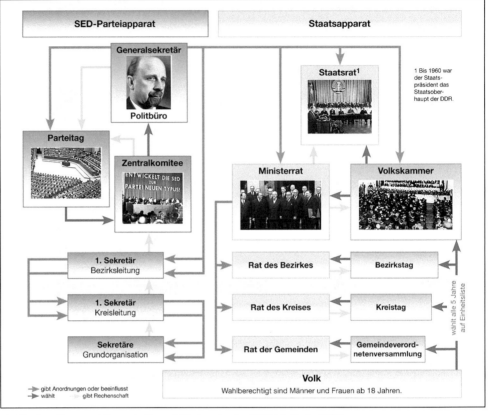

1   Staatsaufbau und Herrschaftsverhältnisse in der DDR bis Ende 1989.

Der Machtanspruch der SED

Die SED wurde zu einer Kaderpartei* nach sowjetischem Vorbild geformt (s. S. 26). Getreu dem Beispiel der Sowjetunion plante die SED die Errichtung einer sozialistischen Gesellschaftsordnung.

Die wichtigen Entscheidungen in Staat, Wirtschaft und Kultur lagen in der Hand des Zentralkomitees der SED. Dieses regelmäßig tagende Leitungsgremium der Partei hatte den Anspruch, im Namen der Arbeiter- und Bauernklasse* eine neue und gerechte Gesellschaftsordnung aufzubauen und damit ein Gegenmodell zum Westen zu errichten.

Dabei stützte sie sich auf die sowjetischen Truppen und den streng kontrollierten Polizeiapparat. Wahlen wurden nur auf Einheitslisten durchgeführt, die die Mehrheit der SED garantierten. Bei den Wahlen galten Ergebnisse von 98 Prozent für diese Einheitsliste als normal. Eine geheime Stimmabgabe war praktisch nicht möglich.

Eine wichtige Rolle in der Gesellschaft spielten auch die Massenorganisationen wie etwa der FDGB*, die von der SED gelenkt wurden.

1 *Untersucht Bild 1 und erläutert die Einflussmöglichkeiten der SED auf politische Entscheidungen. Erklärt die Unterschiede zum politischen System der Bundesrepublik (siehe S. 36).*

Sozialistische Umgestaltung

Im Juli 1952 wurden die Länder aufgelöst. Die DDR wurde zu einem zentralistisch gelenkten Staat, der in Bezirke gegliedert war. Auf dem Gebiet des Landes Sachsen waren dies die Bezirke Leipzig, Dresden und Chemnitz.

Chemnitz wurde am 10. Mai 1953 ohne öffentliche Debatte in Karl-Marx-Stadt umbenannt. So sollte die Abkehr von „überlebten" Traditionen dokumentiert werden.

2 *Befragt ältere Menschen, ob sie solche Umbenennungen erlebt haben und was sie davon gehalten haben.*

Der Stasi-Staat

Die Staatssicherheit

Das Ministerium für Staatssicherheit (MfS) galt als „Schwert und Schild" der Partei. Die Stasi* bereitete Terrorkampagnen und Schauprozesse mit fingierten Vorwürfen vor. Wer sich – vor allem vor 1961 – ihrem Zugriff nicht durch Flucht entziehen konnte, hatte langjährige Haft, gesundheitsschädigende Zwangsarbeit oder den Tod zu fürchten. Zuständiger Minister war von 1957 bis 1989 Erich Mielke. Er ließ das Bespitzelungssystem in der gesamten DDR immer weiter ausbauen. Zuletzt arbeiteten 90 000 fest angestellte und weit über 100 000 „inoffizielle* Mitarbeiter" (IM) als Spitzel für die Staatssicherheit. In der zentralen Datenbank wurden Angaben über 6 Millionen DDR-Bürger gespeichert. Zu den Aufgaben der Abteilungen des MfS gehörten u.a.:

- frühzeitiges Erkennen von „Republikflucht",
- Einschleusung von Spionen in den Westen,
- Überwachung westlicher Besucher, vor allem westlicher Journalisten,
- Überwachung des Post- und Telefonverkehrs,
- Überwachung von DDR-Bürgern im Ausland.

Eine Abteilung beschäftigte sich mit den „Andersdenkenden". Für sie galten drei Grundsätze: „Jeder ist ein mögliches Sicherheitsrisiko. Um sicher zu sein, muss man alles wissen. Sicherheit geht vor Recht." Stasi-Spitzel unterwanderten Kirchen und Sportvereine, waren in Jugendverbänden, Krankenhäusern, Schulen und Betrieben tätig. Der Aufstieg im Beruf, die Zulassung zum Studium, die Ausstellung eines Gewerbescheins oder die Genehmigung von Auslandsreisen waren in der Regel nur mit Zustimmung des MfS möglich.

„Geheime Verschlusssache"

In einer Richtlinie legte Stasi-Chef Mielke im Januar 1976 fest, wie „oppositionelle Gruppen und Personen" bearbeitet werden sollten:
Q1 ... „Zersetzung von Gruppen und Personen":
- Systematische Diskreditierung* des öffentlichen Rufes, des Ansehens und des Prestiges auf der Grundlage ... wahrer, überprüfbarer und diskreditierender sowie unwahrer,

2 Zeichen des Ministeriums für Staatssicherheit.

glaubhafter, nicht widerlegbarer und damit ebenfalls diskreditierender Angaben;
- systematische Organisierung beruflicher und gesellschaftlicher Misserfolge zur Untergrabung des Selbstvertrauens einzelner Personen; ...
- Erzeugen von Misstrauen und gegenseitigen Verdächtigungen innerhalb von Gruppen, Gruppierungen und Organisationen;
- Erzeugen ... von Rivalitäten innerhalb von Gruppen, Gruppierungen und Organisationen durch zielgerichtete Ausnutzung persönlicher Schwächen einzelner Mitglieder. ...

3 Fasst kurz zusammen, wie Gegner des SED-Staates mundtot gemacht werden sollten.
4 Informiert euch über die Praxis der Verfolgung und über die Opfer des MfS (Internet: www.bstu.de).

Erich Mielke
(1907–2000), seit 1925 Mitglied der KPD, baute ab 1948 die Stasi-Strukturen in der SBZ auf und leitete das MfS von 1957 bis November 1989.

Stasi*:
Abkürzung für Staatssicherheitsdienst. Dies bezeichnete den Apparat der Geheimpolizei (MfS = Ministerium für Staatssicherheit).

inoffiziell*:
nichtamtlich, vertraulich.

diskreditieren*:
jemanden in Verruf bringen, verleumden.

Filmtipp:
Das Leben der Anderen. Deutschland, 2006 (s. S. 54).

Die Stasi in Sachsen

1 Freiganghöfe für Einzelhäftlinge im ehemaligen Stasi-Gefängnis in Bautzen. Foto, 2006.

„Inoffizielle Mitarbeiter" (IM)

Wie Jugendliche als „inoffizielle Mitarbeiter" (IM) gewonnen wurden, zeigt das folgende Beispiel einer Schülerin:

Q1 ... „Wie ich IM Bärbel wurde"

An einem Tag im April 1986 ließ mich mein Direktor in sein Dienstzimmer holen. Ich habe erst mal krampfhaft überlegt, was ich denn nun schon wieder angestellt haben könnte. ... Aber der Direktor meckerte nicht, sondern stellte mir stattdessen Herrn A. vor und ging. ... Dieser Herr sagte, dass er sich mit mir über die Situation der Jugendlichen in unserem Ort unterhalten wollte. ... Er meinte, ich hätte doch überall ein bisschen meinen Fuß in der Tür und würde mich doch bestens auskennen. ... Anstatt ihm zu sagen, was ich alles schlecht finde in unserer Heimatstadt, habe ich vorsichtshalber erzählt, was ich dachte, was er hören wollte. Immer so harmlose Sachen, mit denen ich nicht anecken konnte. ... Am Ende des Gesprächs sagte er mir dann, dass er vom Ministerium für Staatssicherheit sei und ich mit niemandem, auch nicht mit meinen Eltern, über unser Zusammentreffen und das Gespräch reden dürfte. ... (Zum zweiten Gespräch bin ich) mit dem Zug ... in die Stadt gefahren. Wir waren hinterm Bahnhof verabredet, in einem Auto. Dann sind wir aus der Stadt rausgefahren. ... Nachdem wir uns eine Weile über dies und das unterhalten hatten, kamen die ersten konkreten Fragen nach unserem Jugendkeller im Gemeindehaus und nach dem Pastorenehepaar. Ich bin ja bei ihnen ein und aus gegangen und war fast täglich dort. Er fragte nach den Leuten im Keller, was wir dort und in der Jungen Gemeinde machten, fragte, was der Pastor sagt, was er uns anbietet, ob er Literatur verbreitet, etwas Staatsfeindliches passiert. ...

1 *Die Schülerin hat sich auf die Spitzeltätigkeit für die Stasi eingelassen. Diskutiert ihr Verhalten.*

Die Verfolgung von Andersdenkenden

In den 1980er-Jahren erstarkte die Opposition gegen das Regime. Vor allem unter dem Dach der evangelischen Kirche fanden sich Gruppen zusammen, die für die Verwirklichung der Menschenrechte, für Frieden und gegen Umweltzerstörung kämpften. Wie die Stasi Aktivisten dieser Bewegung bekämpfte, zeigt das Beispiel von Michael Paschold aus Zwickau. Michael Paschold, geb. 1958, war Küster und Kirchner am Dom St. Marien in Zwickau. Er kümmerte sich um die Probleme von Jugend-

Die Stasi in Sachsen

2 Tücher als „Geruchsspurenträger" in Weckgläsern, um 1985. Damit wurde der Individualgeruch von Bürgern konserviert. So konnten Spürhunde verdächtige Personen identifizieren, wenn sie an einer „Tatgeruchskonserve" Witterung erhalten hatten.

lichen und Gescheiterten. 1983 gründete er einen unabhängigen Ökoarbeitskreis.

Im Jahr 1983 fand eine Hausdurchsuchung bei Michael Paschold statt, an die sich der damalige Dompfarrer Edmund Käbisch erinnerte:

Q2 ... Es klingelte an der Wohnungstür. Beim Öffnen standen zwei Uniformierte davor. ... Ohne zu fragen, drangen sie in die Wohnung ein, durchsuchten alle Räume, kontrollierten die Ausweise der Anwesenden und machten sich entsprechende Notizen. ... Im Frühjahr 1984 wurde Herr Paschold zu den Bausoldaten* der Nationalen Volksarmee (NVA) einberufen, und sein Freundeskreis besaß keine Bleibe mehr. So lud ich die ökologisch Interessierten ins Domgemeindehaus ein. Sie nahmen das Angebot an, weil ich schon vorher bei ihnen ein und aus ging. ... Die Jugendlichen hatten sich zur Aufgabe gestellt, die Bevölkerung auf die schlimmen Umweltprobleme, die totgeschwiegen wurden, aufmerksam zu machen und sie dafür zu sensibilisieren. ...

Informationen über Michael Paschold auf einer Karteikarte der Staatssicherheit, Kreisdienststelle Zwickau, 2.3.1984:

Q3 ... P. [Paschold] brachte am 14.02.84 ein Plakat in der Größe 35 x 50 cm an. Links oben mit gelber Wasserfarbe das Wort Leben, in Druckbuchstaben, und ein Fragezeichen.

Darunter bunt gemalt: eine untergehende Sonne vor einer Landschaft.

Rechts unten: Reste einer Atomrakete, aus welcher ein Atompilz hervorsteigt.

Das Haus, an welchem das Plakat angebracht wurde, ist das Wohnhaus des P. Es ist Eigentum der Kirche. ...

1985 wurde Michael Paschold aus der NVA vorzeitig entlassen und arbeitete als Pfleger in einem Seniorenheim in Zwickau. 1987 nahm er sich das Leben.

2 Ermittelt aus Q2 und Q3, welche Tätigkeiten Michael Paschold vorgeworfen wurden.

3 Diskutiert den Charakter eines Staates, der aus diesen Gründen gegen seine Bürger vorgeht. Zieht auch Bild 2 hinzu. Vergleicht ihn mit einem Rechtsstaat.

4 Beurteilt das Verhalten der evangelischen Kirche bei der Verfolgung Andersdenkender durch die Stasi.

5 Recherchiert zum Stasigefängnis Bautzen II (s. Bild 1) und berichtet darüber in der Klasse in Form eines Referats (s. S. 94/95).

Bausoldat*:
Angehöriger der Nationalen Volksarmee (NVA) der DDR, der keinen Dienst an der Waffe leisten musste. Er wurde vor allem für Bauarbeiten eingesetzt.

Planwirtschaft in der DDR

1 Bekanntmachung einer LPG im Kreis Meißen (Sachsen). Foto, undatiert.

Sozialistische Planwirtschaft

Schon in der SBZ trat an die Stelle des privaten Eigentums der Unternehmer das „gesellschaftliche Eigentum" der Genossenschaften und des Staates. Dies wurde in der DDR fortgesetzt. Während 1949 etwa 38 Prozent der DDR-Betriebe verstaatlicht waren, lag diese Zahl 1987 bei 89 Prozent. Im gleichen Zeitraum fiel die Zahl der privaten Betriebe von 38 Prozent (1949) auf 11 Prozent 1987. Jedem Betrieb wurde von zentralen staatlichen Planungsbehörden genau vorgeschrieben, was er innerhalb eines bestimmten Zeitraums zu produzieren hatte („Fünfjahrplan", s. Bild 2). Aufgrund der langfristig erstellten Planvorgaben konnten die Betriebe nur sehr schwerfällig auf veränderte wirtschaftliche Forderungen reagieren.

Festlegung der Kosten

Wirtschaftliche Entscheidungen wurden nicht in erster Linie nach wirtschaftlichen Gesichtspunkten (Kosten-Nutzen, Angebot-Nachfrage) gefällt. Bestimmend war die politische Entscheidung der SED. Weil sie ihre wahren Kosten nicht kannten, mussten die Betriebe zwangsläufig unwirtschaftlich produzieren.

Deutlich wurden die Probleme vor allem im Vergleich zum Westen. Um im Export eine West-Mark einzuhandeln, musste die DDR 1980 etwa 2,50 Ost-Mark, Anfang 1990 aber 4,40 Ost-Mark aufwenden.

Festlegung der Preise

Auch die Preise wurden vom Staat festgesetzt. Sie richteten sich oft nicht nach den tatsächlichen Kosten. So waren die Preise z. B. für Wohnungsmieten, Brot, Strom oder Fahrtkosten der öffentlichen Transportmittel deutlich niedriger als die Kosten und konnten nur mit erheblichen Zuschüssen des Staates aufrechterhalten werden.

1 Erklärt, wie in der DDR Kosten und Preise festgelegt wurden und welche Folgen dies für den Staatshaushalt hatte.

2 Vermutet, welche Folgen die Verstaatlichungen für die Wirtschaft hatten.

Planwirtschaft in der DDR

Planwirtschaft – Anspruch und Wirklichkeit

Die DDR stieg bis 1966 zwar zum zweitgrößten Industriestaat des Ostblocks nach der Sowjetunion auf, zur Bundesrepublik Deutschland wurde der Abstand des Lebensstandards jedoch immer größer.

Auf dem Parteitag der SED 1958 hatte Walter Ulbricht gefordert:

Q1 ... Die Volkswirtschaft der Deutschen Demokratischen Republik ist innerhalb weniger Jahre so zu entwickeln, dass die Überlegenheit der sozialistischen Gesellschaftsordnung der DDR gegenüber der Herrschaft der imperialistischen Kräfte im Bonner Staat eindeutig bewiesen wird und infolgedessen der Pro-Kopf-Verbrauch unserer werktätigen Bevölkerung mit allen wichtigen Lebensmitteln und Konsumgütern den Pro-Kopf-Verbrauch der Gesamtbevölkerung in Westdeutschland erreicht und übertrifft. ...

1961 schrieb Ulbricht an den sowjetischen Staats- und Parteichef Chruschtschow:

Q2 ... Die Entwicklung in Westdeutschland erreichte im Jahr 1960 den allergrößten Zuwachs in der Produktion und im Konsum der gesamten Nachkriegsjahre. ... Diese Bedingungen zwangen und zwingen uns ständig, für die individuelle Konsumtion* mehr bereitzustellen, als unsere eigene Volkswirtschaft in der Lage ist zu geben, um wenigstens allmählich den Abstand im Lebensniveau zwischen der Deutschen Demokratischen Rebublik und Westdeutschland zu vermindern. ...

Der Eisenhüttenarbeiter Lothar Ritter erinnert sich an Parteisitzungen, 1994:

Q3 ... Ich saß als Vorzeigearbeiter mit da drin, damals war ich Lokführer und hab von der Ökonomie nicht allzu viel verstanden. Aber ich wusste: Wenn drei, vier Tage vor Ultimo* noch 10 000 Tonnen Roheisen gefehlt hatten, und am 31. wurde dann Planerfüllung gemeldet, dann war da irgendwas manipuliert* worden! Das hat sich dann gesteigert. ... Da stimmte die gemachte Erfahrung nicht mehr mit dem überein, was als Ideologie verkündet wurde. ...

Der Aufbau geht so schnell voran, daß keine Lüge folgen kann.

2 DDR-Plakat zum Fünfjahrplan, 1950er-Jahre. Mit dem Fünfjahrplan regelte die DDR-Führung den Aufbau der Planwirtschaft.

Die DDR-Wirtschaft bleibt zurück

Die DDR-Wirtschaft blieb im Vergleich mit der Weltwirtschaft immer stärker zurück. Ihr fehlten auch Mittel zur Erneuerung der Betriebe und Geld für Investitionen in den Umweltschutz. So produzierten viele DDR-Betriebe unter übergroßem Energieaufwand mit zerstörerischen Folgen für die Umwelt.

3 Beschreibt, wie in den Betrieben mit der Planerfüllung umgegangen wurde (Q 3).

4 Schreibt einen Bericht über die Folgen der Planwirtschaft.

5 Erklärt das Plakat (Bild 2).

6 Vergleicht die Planwirtschaft mit der Sozialen Marktwirtschaft (S. 38/39).

Konsumtion*:
Verbrauch.

Ultimo*:
Monatsende.

manipulieren*:
gezielt und verfälschend beeinflussen.

Der Volksaufstand vom 17. Juni 1953

1 Demonstration am 17. Juni 1953 am Brandenburger Tor. Foto.

HO*:
Abkürzung für „Handelsorganisation"; staatliche Kette von Einzelhandelsgeschäften in der DDR.

Arbeitsnorm*:
Bestimmung über die innerhalb einer bestimmten Frist zu erzeugenden Produktmengen.

Pankow*:
Die Regierung der DDR hatte ihren Sitz im Ostberliner Stadtteil Pankow.

Verschlechterung der Lage

1952 beschloss die SED, den Sozialismus verstärkt aufzubauen. In der Folgezeit wurden zahlreiche Gewerbetreibende und Unternehmer verhaftet und enteignet. Die Schwerindustrie wurde auf Kosten von Konsumgüterindustrie und Landwirtschaft vorrangig ausgebaut. Im Frühjahr 1953 kam es zu einer Verschlechterung bei der Versorgung der Bevölkerung mit Lebensmitteln. Im Mai erhöhte die SED die Arbeitsnormen* in den volkseigenen Betrieben bei gleichbleibendem Lohn. Das bedeutete für die Arbeiter praktisch erhebliche Lohnkürzungen.

Der 16. Juni 1953

An diesem Tag formierten sich 3000 Bauarbeiter auf der Stalinallee in Berlin zu einem Demonstrationszug. Bald war der Zug auf 10000 Menschen angewachsen. Am Haus der Ministerien forderte der Zug zunächst das Erscheinen Walter Ulbrichts, des 1. Sekretärs des Zentralkomitees der SED, und des Ministerpräsidenten Otto Grotewohl, am Ende aber den Rücktritt der Regierung und freie und geheime Wahlen.

Auf Transparenten und in Sprechchören formulierten die Demonstranten ihre Forderungen in unmissverständlicher Form:
Q1 ... Bauarbeiter fordern Normsenkung! – Wir wollen keine Sklaven sein! – Fort mit der Normerhöhung! – Die HO* macht uns tot! – Keine Volksarmee – wir brauchen Butter! – Weg mit Ulbricht! Wir wollen freie Wahlen! – Räumt euren Mist in Bonn jetzt aus, in Pankow* säubern wir das Haus! ...

Der 17. Juni 1953

Für diesen Tag wurde der Generalstreik ausgerufen. In ca. 270 Orten der DDR, darunter auch Leipzig, wurde gestreikt und demonstriert. Die geschlossen aufmarschierenden Arbeiter der Großbetriebe (z.B. Leuna, Buna) waren das Rückgrat der Erhebung. Parteibüros der SED gingen in Flammen auf, die Regierung verkündete den Ausnahmezustand. Die Volkspolizei war nicht mehr Herr der Lage. Da griff die Sowjetarmee ein. Mit Panzern warf sie die Unruhen nieder. Dabei kamen landesweit vermutlich 300 Menschen ums Leben. In der Folge ging die Regierung mit aller Härte gegen „Schuldige" vor; es gab sogar Todesur-

Unterschiedliche Sichtweisen

2 Ostberlin, 17. Juni 1953. Auf dem Potsdamer Platz fliehen Aufständische vor den Schüssen sowjetischer Panzer. Foto.

teile. Die Normerhöhungen wurden allerdings zurückgenommen, die Preise gesenkt und die Renten erhöht. An den 1952 beschlossenen Zielen hielt die SED aber unverändert fest.

1 *Beschreibt, was ihr auf den Abbildungen erkennen könnt.*

2 *Fertigt anhand der Texte eine Tabelle der Ereignisse an.*

3 *Untersucht die Forderungen der Demonstranten (Q1). Welche Entwicklung lässt sich aus ihnen ablesen?*

Deutung der Ereignisse

Aus einem DDR-Geschichtsbuch, 1971:

Q2 ... Am 17. Juni 1953 gelang es Agenten verschiedener imperialistischer Geheimdienste, die von West-Berlin aus massenhaft in die Hauptstadt und einige Bezirke der DDR eingeschleust worden waren, ... einen kleinen Teil der Werktätigen zu zeitweiligen Arbeitsniederlegungen und Demonstrationen zu verleiten. ... Durch das entschlossene Handeln der fortgeschrittensten Teile der Arbeiterklasse und ihrer Verbündeten, gemeinsam mit sowjetischen Streitkräften und bewaffneten Organen der DDR, brach der konterre-

volutionäre Putsch innerhalb von 24 Stunden zusammen. ...

Christoph Kleßmann, ein westdeutscher Historiker, 1986 zu diesen Ereignissen:

Q3 ... Der 17. Juni (war) von seinen auslösenden und tragenden Kräften her unzweifelhaft ein Arbeiteraufstand, der freilich in Ansätzen bereits einen möglichen Umschlag in einen politischen Volksaufstand erkennen ließ. Bevor es jedoch dazu kommen konnte, wurde er von sowjetischen Truppen gewaltsam niedergeschlagen. ... Ohne zentrale Leitung und klare Zielsetzung und meist unabhängig voneinander entwickelten sich ... in etwa 270 Orten der DDR Streikbewegungen und Demonstrationen, an denen sich zwischen 300 000 und 400 000 Arbeiter beteiligten. Bauern, Angehörige des Bürgertums und der Intelligenz waren unter den Aufständischen ... nur ganz vereinzelt zu finden. ...

4 *Sammelt zusätzliche Informationen (z.B. im Inernet) und nehmt zu den unterschiedlichen Deutungen der Ereignisse in Q2 und Q3 Stellung.*

Der 17. Juni 1953 in Sachsen

1   Demonstranten werfen Akten aus den Fenstern des FDJ-Hauptquartiers in Leipzig, 17.6.1953. Foto.

Leipzig: „Weg mit dem Spitzbart"

In Leipzig versammelten sich am 17. Juni um 10 Uhr die Arbeiter in der Wildmühlenstraße und zogen zum Augustusplatz (1945 in Karl-Marx-Platz umbenannt). Nach SED-Angaben waren es 40 000, laut Augenzeugen 100 000. Transparente mit den Aufschriften: „Mehr Butter – Keine Kanonen", „Freie Wahlen", „Weg mit dem Spitzbart" waren zu lesen. Überall standen die Kioske der Nationalen Front in Flammen, SED-Transparente wurden verbrannt und die Bilder Ulbrichts auf die Straßen geworfen.

Ein Augenzeuge berichtet aus Leipzig:

Q2 ... Über der Innenstadt lag der schwarze Rauch des brennenden „Pavillon der Nationalen Front", das war ein beachtliches Gebäude, wer weiß, wie es zu dem heiteren Namen gekommen war, die Bibliothek brannte wohl so intensiv. Als wir uns unter die Menschenmenge am Markt mischten, da bahnte sich mit Sirengeheul ein Löschfahrzeug der Feuerwehr seinen Weg; das Sirengeheul der Rettungswagen lag den ganzen Tag über der Stadt. Die Feuerwehrmänner kamen aber gar nicht zum Schläucheausrollen; sie wurden mit Pflastersteinen empfangen. ...

Dresden: Warnschüsse der Polizei

In Dresden begannen die Unruhen um 8.30 Uhr im Sachsenwerk Niedersedlitz. Etwa 2000 Arbeiter versammelten sich zu einer Protestkundgebung und marschierten in Richtung Innenstadt. Ihnen schlossen sich die Arbeiter der Werke Hutfabrik Niedersedlitz, Gardinenfabrik Dobritz, Kamerawerke Zeiss-Ikon und die Berufsschule Mügelner Straße an. Am Theater- und Postplatz versuchten sie, das Telegrafenamt zu stürmen. Die Polizei reagierte mit Warnschüssen.

Görlitz: Ein Stadtkomitee wird gegründet

In Görlitz kam es als einziger Stadt der DDR zur Absetzung des Oberbürgermeisters. Auf der Mittagskundgebung mit ca. 30 000 Teilnehmern auf dem Obermarkt wurden Forderungen nach Preissenkungen bei der HO, Senkung der Normen und Revision der Oder-Neiße-Grenze gestellt. Anschließend er-

2 Sowjetische Panzer in Leipzig, 17.6.1953. Foto.

klang das Deutschlandlied. Eine neue Stadtverwaltung, das „Stadtkomitee", wurde eingesetzt. Dieses aus Arbeitern, Handwerkern, Ärzten und Rechtsanwälten bestehende Gremium rief eine „Arbeiterwehr" ins Leben, die Plünderungen verhindern sollte.

Die Gebäude der SED- und FDJ-Kreisleitung sowie staatliche Gebäude wurden gestürmt. Bilder und Büsten wurden demoliert, aber niemand schwerer verletzt. Ferner wurden zwei Gefängnisse besetzt und 416 Personen befreit.

Der Aufstand wird niedergeschlagen

Gegen 15 Uhr wurde der Ausnahmezustand über die Bezirke der DDR verhängt, sowjetische Truppen rückten mit Panzern gegen 16 Uhr an und schlugen den Aufstand nieder. Aber nicht nur durch das sowjetische Vorgehen kamen Menschen ums Leben. In Leipzig gab es beim Sturm auf die Untersuchungshaftanstalt der Staatssicherheit einen Toten. Der 19-Jährige wurde von Arbeitern auf eine Bahre gelegt und durch die Innenstadt getragen. Zwei weitere Menschen starben vor dem Gebäude der Bezirksbehörde der Deutschen Volkspolizei. Vor dem HO-Kaufhaus in der Petersstraße erschoss der Betriebsschutz eine 65 Jahre alte Rentnerin. In Delitzsch kamen beim Versuch, das Volkspolizeikreisamt zu stürmen, zwei Arbeiter durch gezielte Kopfschüsse ums Leben, zwei weitere wurden schwer verletzt. Eine einsetzende Verhaftungswelle brachte in Leipzig über 480, in Dresden über 200 Personen ins Gefängnis.

1 Erkundet, wie der Aufstand in eurer Heimatstadt oder in eurer Gemeinde verlief.

2 Informiert euch vor Ort oder im Internet zu Gedenkstätten und Hinweisen zum 17. Juni 1953 in Sachsen und berichtet in der Klasse.

Internettipps:
Bürgerkomitee Leipzig: http://www.runde-ecke-leipzig.de/cms/17___

Mauerbau 1961

1   Am 13. August 1961 begann die DDR auf Ostberliner Gebiet mit der Errichtung der Mauer. Foto, 13. August 1961.

Nikita Chruschtschow (1894–1971), setzte sich nach Stalins Tod (1953) als dessen Nachfolger durch. Im Oktober 1964 wurde er seiner Staats- und Parteiämter enthoben.

Abstimmung mit den Füßen

Insgesamt flohen von 1948 bis 1961 rund 2,6 Millionen Menschen aus der DDR, die Einwohnerzahl verringerte sich in diesem Zeitraum auf 17,1 Millionen. Das SED-Regime nannte dieses Verhalten „Republikflucht". Die Ursachen für die Flucht waren unterschiedlich: Viele wollten nicht weiter in Unfreiheit leben, andere erhofften sich im Westen einen gut bezahlten Arbeitsplatz und Wohlstand. Bauern wollten sich der Zwangskollektivierung* nicht unterwerfen. Fast überall in der DDR war das Westfernsehen zu empfangen. Es vermittelte der Bevölkerung der DDR ein Bild vom „goldenen Westen" und des „Wirtschaftswunders" als Alternative zum oft tristen DDR-Alltag.

1 *Schreibt einen Bericht über die Gründe der „Republikflucht". Nutzt auch das Internet.*

Zuspitzung der Lage

Im Sommer 1961 hatte sich die Lage dramatisch zugespitzt. In Ostberlin fehlten ungefähr 45 000 Arbeitskräfte. 53 000 Ostberliner fuhren jeden Tag zur Arbeit nach Westberlin, da sie mit ihrem Lohn in West-DM praktisch dreimal so viel verdienten wie im Osten. Teile der Ernte blieben auf den Feldern, da Arbeitskräfte fehlten. Auf dem Land war die medizinische Versorgung stark gefährdet. Walter Ulbricht und die SED-Führung beschlossen in Abstimmung mit dem sowjetischen Staats- und Parteichef Chruschtschow, den Ostteil Berlins vom Westteil abzuriegeln.

Die Mauer – Symbol der Teilung

Die DDR-Führung ließ in der Nacht vom 12. auf den 13. August 1961 auf ihrem Gebiet eine Mauer durch Berlin errichten. Diese prägte

Mauerbau 1961

28 Jahre lang das Bewusstsein der Deutschen von der Spaltung ihres Landes. Erst mit der Öffnung der Mauer im November 1989 wurde der Weg zu einer Vereinigung der beiden deutschen Staaten frei.

Regierungserklärungen
Beschluss des Ministerrats der DDR vom 12.8.1961 zum Mauerbau:

Q1 ... Zur Unterbindung der feindlichen Tätigkeit der revanchistischen und militaristischen Kräfte Westdeutschlands und Westberlins wird eine solche Kontrolle an den Grenzen der Deutschen Demokratischen Republik einschließlich der Grenze zu den Westsektoren von Groß-Berlin eingeführt, wie sie an den Grenzen jedes souveränen Staates üblich ist. ...

Erklärung von Bundeskanzler Konrad Adenauer vom 13. August 1961:

Q2 ... Die Machthaber der Sowjetzone haben heute Nacht damit begonnen, unter offenem Bruch der Viermächtevereinbarungen West-Berlin von seiner Umgebung abzuriegeln. Diese Maßnahme ist getroffen worden, weil das der mitteldeutschen Bevölkerung von einer auswärtigen Macht aufgezwungene Regime der inneren Schwierigkeiten in seinem Machtbereich nicht mehr Herr wurde. ...

2 *Diskutiert Standpunkte und Handeln von DDR und BRD (Q1, Q2).*

Reaktionen der Westmächte
Die Westmächte reagierten auf den Bau der Grenzbefestigung nur mit diplomatischen Protesten. Sie hielten den Mauerbau zwar für einen Beweis für das Scheitern des DDR-Regimes, wollten aber keine weitergehenden Maßnahmen ergreifen. Nach ihrer Auffassung war der Bau der Mauer nur durch Krieg rückgängig zu machen.
3 *Erläutert die Position der Westmächte in der Berlinkrise.*

2 Flucht aus einem Haus an der Bernauer Straße in Berlin, 13. August 1961. Das Haus gehörte zum Ostteil, die Straße zum Westteil der Stadt. Foto.

Angst bewirkt Anpassung
Joachim Gauck, bis 1989 Pfarrer in Rostock und Mitglied der Bürgerrechtsbewegung* der DDR, schrieb 1991:

Q3 ... Die Vorstellung der SED, im Besitz der absoluten Wahrheit zu sein, ihr Anspruch auf die absolute Macht bestimmten von nun an das Leben der DDR-Bürger buchstäblich von der Wiege bis zur Bahre. ... In dieser Situation wirkte die Angst gleichsam als ein Signalsystem, das ein unauffälliges Alltagsleben durch Anpassung gewährleistete. Sie wurde für mehrere Generationen zum ständigen Ratgeber, ja geradezu zum Motor, der vieles in Gang setzte: Angst bewirkte Anpassung oder sogar Überanpassung. ...

4 *Erläutert, wie der Mauerbau das Verhalten der Menschen in der DDR veränderte (Q3).*

Bürgerrechts-
bewegung:*
eine Gruppe von Menschen, die sich für die Wahrung der individuellen Freiheitsrechte einsetzt.

Leben mit der Mauer

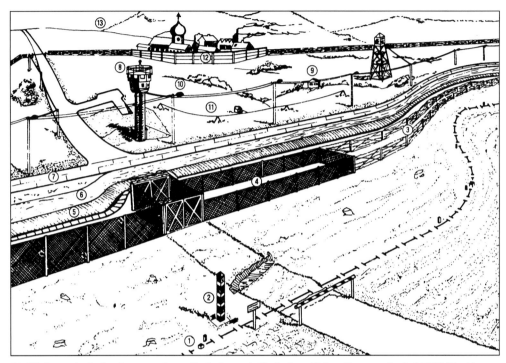

1 Die innerdeutsche Grenze schematisch dargestellt: 1 eigentlicher Grenzverlauf; 2 DDR-Markierungssäule; 3 Stacheldraht, zweireihig; 4 Metallgitterzaun (mit Selbstschussanlage bis 1983); 5 Spurensicherungsstreifen (6 m breit); 6 Kolonnenweg; 7 Kfz-Sperrgraben; 8 betonierter Beobachtungsturm; 9 Betonbeobachtungsbunker; 10 Lautsprecher und Lichtanlagen; 11 Hundelaufanlage; 12 Betonsperrmauer/Sichtblende; 13 Sperrgebiet (15 km tief).

Der Ausbau der innerdeutschen Grenze

Eine Mauer wie in Berlin wurde auch an anderen Stellen der innerdeutschen Grenze errichtet, etwa in Mödlareuth in Thüringen. Die gesamte deutsch-deutsche Grenze wurde nach dem Mauerbau immer stärker ausgebaut. Es wurden Grenzbefestigungen angelegt, die insgesamt 870 km lang waren (s. Bild 1). Diese wurden auf ostdeutscher Seite teilweise vermint und mit Signalzäunen und Hundelaufanlagen versehen. An der Grenze wurden etwa 30 000 Soldaten stationiert.

Selbstschussanlagen

Von 1970 bis 1983 wurde die Grenze außerdem mit Selbstschussanlagen ausgestattet, die auf den geräumten Grenzstreifen der DDR hin ausgerichtet waren. Die Bewohner der grenznahen Höfe und Dörfer wurden gegen ihren Willen umgesiedelt. Auf Druck der Bundesregierung wurden 1983 die Selbstschuss-anlagen und Hundelaufanlagen abgebaut und die Erdminen gesprengt.

Alltag im Schatten der Mauer

Klaus W., der im September 1961 in einen Vorort von Berlin zog, erinnerte sich 1999:

Q1 ... Unser Grundstück lag genau an der Mauer. Die Nachbarn auf der Westseite kannten wir nicht mehr. Man konnte zwar rübergucken oder mit Steinen schmeißen, kennen gelernt haben wir sie aber erst nach dreißig Jahren. ... Meine ganze Kindheit und Jugend habe ich also an der Mauer verbracht. Das war nicht immer einfach; wir durften zum Beispiel keine Kinder mit nach Hause bringen, mein eigener Kumpel, mein Klassenkamerad, konnte mich nicht besuchen, weil unser Haus im Grenzgebiet lag. ... Die Verwandtschaft musste, wenn Geburtstag oder Ähnliches war, vier bis sechs Wochen vorher einen Antrag stellen. ...

Leben mit der Mauer

1 *Fragt Zeitzeugen nach ihren Erlebnissen an der Mauer bzw. Grenze.*

Mauer- und Grenzopfer

Die Soldaten der DDR hatten Anweisung, sofort auf jeden Flüchtling zu schießen. Im August 1961 wurden die ersten Flüchtlinge in Berlin von Grenzsoldaten getötet. Insgesamt starben an der innerdeutschen Grenze zwischen Ost und West bis 1989 fast 1000 Menschen, über 700 wurden schwer verletzt, 75 000 wurden bei Fluchtversuchen verhaftet und zu langjährigen Haftstrafen verurteilt. Die Familien der Flüchtlinge („Republikflüchtige") wurden in der DDR verfolgt und schikaniert.

Der Schießbefehl

Albert Norden, von 1958 bis 1981 Mitglied des Politbüros der SED, 1963 vor Grenzsoldaten:

Q2 ... Ich sage, jeder Schuss aus der Maschinenpistole eines unserer Grenzsicherungsposten zur Abwehr solcher Verbrechen rettet in der Konsequenz Hunderten von Kameraden, rettet Tausenden von Bürgern der DDR das Leben und sichert Millionenwerte an Volksvermögen. Ihr schießt nicht auf Bruder und Schwester, wenn ihr mit der Waffe den Grenzverletzer zum Halten bringt. Wie kann der euer Bruder sein, der die Republik verrät, der die Macht des Volkes antastet! Auch der ist nicht unser Bruder, der zum Feind desertieren* will. ... Verrätern gegenüber menschliche Gnade zu üben, heißt unmenschlich am ganzen Volk handeln. ...

Die Mauer im Kopf

Die Journalistin Margret Boveri schrieb 1962:

Q3 ... Ebenso schlimm wie die Mauer aus Steinen, Mörtel und Zement, die am 13. August quer durch Berlin gebaut worden ist, scheint mir die Mauer zu sein, die sich im Laufe der letzten fünfzehn Jahre fast unmerklich in der Vorstellungswelt der Deutschen auf beiden Seiten der Trennungslinie gebildet hat. Vielleicht ist sie sogar noch schlimmer, weil die Steinmauer sich einmal, wenn die politischen Voraussetzungen gegeben sein werden, ... von einem Tag auf den anderen abtragen lässt. ... Dagegen die immaterielle* und doch so undurchdringliche Mauer, von der hier die Rede sein soll, kann nicht aufgrund von Beschlüssen der verantwortlichen Regierenden einfach abgebaut werden. ... Es wird schwer sein, sie abzutragen. ...

2 Gedenkstein in Berlin für Chris Gueffroy, das letzte Maueropfer. Foto 2009.

Hier wurde am
5. Februar 1989
der zwanzigjährige
Chris Gueffroy
(*21.6.1968)
getötet.

Er war der letzte
Flüchtling,
der erschossen wurde,
als er versuchte,
die DDR-Grenzanlagen
zu überwinden.

2 *Bewertet die Haltung von Albert Norden (Q2). Vermutet Gründe für eine solche Haltung (s. S. 50/51).*

3 *Erläutert, was Margret Boveri mit der „Mauer im Kopf" meint (Q3). Welche Folgen hatte dies für das Verhältnis von Ost- und Westdeutschen?*

desertieren*: fahnenflüchtig werden, zum Feind überlaufen.

immateriell*: nicht körperlich, geistig.

1 Szenenfotos aus dem Spielfilm „Das Leben der Anderen", 2006.

Spielfilme als Quellen

Spielfilme können bei vielen historischen Untersuchungen behilflich sein. So können sie in besonderem Maße bereits bekannte Sachverhalte veranschaulichen. Sie können auch dazu provozieren, diese Sachverhalte von neuen Seiten zu beleuchten. Dadurch dienen sie als Entscheidungshilfen für Fragen, die sich im Laufe des Unterrichts zu bestimmten Problemen ergeben haben. Spielfilme können aber auch dazu veranlassen, sich mit ganz neuen Themen zu befassen.
Vor allem können sie als Arbeitsmittel und Materialgrundlage dienen, um aus ihnen Kenntnisse, Einsichten und Informationen zu beziehen. Dies betrifft sowohl die Zeit, die in den Filmen behandelt wird, als auch die Zeit, in der der Film entstanden ist.

Spielfilme sind nie objektiv

Man darf allerdings die filmische Darstellung nie für die geschichtliche Wirklichkeit halten. Filme stellen ihren Inhalt nie völlig objektiv dar, sondern liefern immer eine bewusste oder unbewusste Ansicht des Filmemachers mit. Daher ist nicht nur die Untersuchung des Filminhalts von Bedeutung, sondern auch die der gestalterischen Mittel des Films, der so genannten Filmsprache.

„Das Leben der Anderen" – ein Spielfilm über die DDR

In Deutschland gibt es seit 1990 viele Versuche, mit den Mitteln des Spielfilms die Zeit der DDR darzustellen und Lehren daraus zu ziehen. Solche Filme sind etwa „Sonnenallee" (1999), „Good bye Lenin" (2003) oder „Der rote Kakadu" (2006).
Auch der Film „Das Leben der Anderen" (2006) beschäftigt sich mit der DDR-Vergangenheit. Der Film war ein weltweiter Publikumserfolg und erhielt im Jahr 2007 einen „Oscar" für den besten ausländischen Film.
„Das Leben der Anderen" stammt von Florian Henckel von Donnersmarck (Regie und Drehbuch). Der Film schildert die Machenschaften der Staatssicherheit und den Alltag der Bürger in der DDR, die täglich und rund um die Uhr unter Beobachtung standen. Außerdem setzt er sich allgemein mit der Geschichte der DDR auseinander. In den wichtigsten Rollen sind Ulrich Mühe, Sebastian Koch, Martina Gedeck und Ulrich Tukur zu sehen.

Methode: Einen Spielfilm analysieren

1. Schritt:
Kurzbeschreibung

Wo und wann ist der Film produziert worden? Wo und wann spielt die Handlung? Sollen tatsächliche historische Ereignisse dargestellt werden oder geht es um eine erfundene Geschichte, die in die betreffende Zeit gerückt wird? Kann man den Inhalt kennzeichnen, z. B. als Liebesfilm, Abenteuerfilm, Kriminalfilm oder Kriegsfilm?

2. Schritt:
Den Inhalt zusammenfassen

Erzählt die Handlung des Films nach oder schreibt eine kurze Inhaltsangabe. Achtet darauf, wer die Haupt- und Nebenpersonen sind und wie sie dargestellt werden. Wird der Film aus dem Blickwinkel einer bestimmten Person erzählt? Welche Lösung findet der Film für das Problem oder den Konflikt, der im Mittelpunkt steht?

3. Schritt:
Die Filmsprache untersuchen
a) Ausstattung

Wie sind im Film die Rollen besetzt? Wie werden die Rollen unterstützt? Welche Bedeutung haben z. B. Art und Farbe der Kleidung? Werden Tiere oder besondere Requisiten eingesetzt?

b) Bildgestaltung

Handelt es sich um einen Farb- oder Schwarzweißfilm, und hat das Bedeutung für den Film? Erzählt der Film in ruhigen Bildern oder in raschem Wechsel? Welche Bildausschnitte werden häufig gewählt: Totale oder Nahaufnahme? Wird ein Wechsel in der Blickrichtung (Kameraperspektive, z. B. Vogel- oder Froschperspektive) deutlich? Welche

Kamerabewegungen werden vollzogen? Wie werden die Personen gefilmt? Eine Person kann frontal, im Halbprofil, im Profil oder von hinten gefilmt werden. Die Person kann sich vom Zuschauer wegbewegen oder auf ihn zu oder am Zuschauer vorbei.

c) Musik, Sprache, Geräusche, Beleuchtung

Wie sind Bilder und Musik aufeinander abgestimmt? Erkennt man den Auftritt bestimmter Personen und Gruppen bereits an der Musik? Wie unterstützt die Musik die Filmhandlung? Wirkt sie beruhigend, spannend, lustig, traurig? Wie wird im Film mit Sprache umgegangen? Wird z. B. Sprache benutzt, um Menschen als ungebildet darzustellen? Bleiben Fremdsprachen im Film erhalten und werden durch Untertitel übersetzt?
– Wann dominieren Geräusche? Wann dominiert Sprache?
– Wie werden Personen im Film „in Szene gesetzt"? Personen können diffus oder kontrastreich erscheinen. Von unten auftretendes Licht wirkt dramatisierend, von oben auftreffendes Licht verleiht dem Dargestellten etwas Besonderes.

4. Schritt:
Auswertung

Welche Informationen konntet ihr aus dem Film zu dem historischen Thema, das euch interessiert, gewinnen? Sind diese Informationen glaubwürdig, stimmen sie mit Informationen aus anderen Quellen überein? Vermittelt der Film diese Informationen beiläufig oder haben sie für die Handlung des Films eine wichtige Funktion? Wie wird die

Vermittlung dieser Informationen durch die Filmsprache unterstützt? Ihr könnt eure Auswertung zusammenfassen, indem ihr eine Filmkritik verfasst, aus der hervorgeht, warum man sich den Film nach eurer Meinung anschauen sollte – oder auch lieber nicht ansehen sollte. Wenn ihr mit der Darstellung nicht einverstanden seid, könnt ihr beispielsweise auch einzelne Dialoge umschreiben oder einen anderen Schluss erfinden.
Ihr könnt den Film aber auch auswerten, indem ihr
– Bilder einzelner Personen oder Szenen erstellt;
– ein Filmplakat entwerft;
– einzelne Szenen nachspielt und selbst filmt (z. B. auf DVD).

Einen gesamten Film zu analysieren, ist im Unterricht kaum möglich. Einigt euch daher darauf, welche Ausschnitte ihr untersuchen wollt.

1 *Legt fest, worauf ihr bei der Analyse des Filmausschnitts besonders achten wollt, und bildet Arbeitsgruppen.*
2 *Tragt nach der Betrachtung des Ausschnitts eure Ergebnisse zusammen und ordnet sie.*
3 *Stellt eure Arbeitsergebnisse vor.*
4 *Sucht Informationen zu den anderen, auf S. 54 genannten Filmen.*

Ein Tipp:

Weitere Informationen und Hinweise zur Untersuchung des Films „Das Leben der Anderen" findet ihr u. a. unter:
http://de.wikipedia.org/wiki/Das_Leben_der_Anderen
http://www.bpb.de/publikationen/OLS9BA,0,Das_Leben_der_Anderen.html

Wichtige Begriffe

✓ Besatzungszonen
✓ Vertreibung
✓ Entnazifizierung
✓ Kalter Krieg
✓ Stellvertreterkriege
✓ Marshallplan
✓ Gründung zweier
   deutscher Staaten
✓ soziale Marktwirtschaft
✓ Planwirtschaft
✓ Volksaufstand in der DDR
✓ Mauerbau 1961

2 Ankunft von Flüchtlingen in Bebra. Foto, 1946.

Was wisst ihr noch?

1 Beschreibt den Alltag der Menschen nach Kriegsende.
2 Erläutert die Ursachen von Flucht und Vertreibung.
3 Nennt wichtige Stationen des politischen Neubeginns in den Westzonen und der Ostzone.
4 Wozu diente und was bewirkte der Marshallplan?
5 Beschreibt die unterschiedlichen Wirtschaftssysteme in beiden deutschen Staaten.
6 Was bedeutete der Mauerbau 1961 für die Menschen in der DDR?

1 Karikatur 1949.

3 Zerstörtes Wohnhaus. Foto, 1945.

4 Ländergründungen in den Besatzungszonen Deutschlands.

5 Am 13. August 1961 begann die DDR auf Ostberliner Gebiet mit der Errichtung der Mauer. Foto.

Ein Quiz in Deutschland

1. In welchem Jahr wurde die Bundesrepublik gegründet?
   a) 1945
   b) 1949
   c) 1948
   d) 1989

3. Bringt die folgende Begriffe in ihre zeitliche Reihenfolge:
   a) Fall der Berliner Mauer
   b) Gründung der DDR
   c) Einführung der D-Mark
   d) Bau der Mauer

2. Welches Wirtschaftssystem hat die Bundesrepublik?
   a) Planwirtschaft
   b) Soziale Marktwirtschaft
   c) Dreifelderwirtschaft
   d) Wirtschaftswunder

4. Wofür steht die Abkürzung „DDR"?
   a) Demokratisches Deutsches Reich
   b) Deutsche Demokratische Republik
   c) Demokratische Deutsche Republik
   d) Demokratischer Deutscher Rechtsstaat

5. Wann fiel die Berliner Mauer?
   a) 1945
   b) 1949
   c) 1961
   d) 1989

6. Was bedeutet „SED"?
   a) Soziale Einheitspartei
   b) Soziale Einheitspartei für Demokratie
   c) Sozialistische Einheitspartei Deutschlands
   d) Sicherheitsexperten für Deutschland

Lösung: 1b, 2b, 3c-b-d-a, 4b, 5d, 6c.

2. Europa im Aufbruch

Was 1945 niemand zu hoffen wagte, ist eingetreten: Viele europäische Staaten haben sich zusammengeschlossen und arbeiten in politischen und wirtschaftlichen Fragen eng zusammen. Der Weg zur
Europäischen Union war weit und schwierig, und viele Aufgaben
sind noch zu bewältigen. Dazu gehört auch die hohe Verschuldung
einiger EU-Staaten.
Seit dem Zusammenbruch des Kommunismus nehmen auch die
osteuropäischen Staaten am europäischen Einigungsprozess teil.
Große Bedeutung für Europa hat die deutsche Wiedervereinigung,
die das politische und wirtschaftliche Gewicht Deutschlands in Europa verstärkt hat.
In diesem Kapitel könnt ihr zunächst die Geschichte der europäischen Einigung untersuchen. Danach könnt ihr erfahren, wie die
Europäische Union funktioniert und wie sie Probleme und Konflikte
löst.

Wunsch nach europäischer Einheit

1 **Kriegszerstörungen im Zentrum von Magdeburg.** Foto, 1945.

2 **Die zerstörte Kathedrale von Coventry.** Foto, 1945.

3 **Zerstörungen in Le Havre.** Foto, 1945.

Bundesstaat*:
Verbindung mehrerer Staaten, die wichtige Zuständigkeiten an eine gemeinsame Bundesregierung abtreten.

1 *Beschreibt mithilfe der Bilder 1–3 das Gemeinsame in Europa im Jahre 1945.*

Widerstand fordert vereintes Europa

Vertreter der wichtigsten Widerstandsbewegungen Frankreichs gründeten im Juni 1944, noch vor Beendigung des Zweiten Weltkrieges, ein „Französisches Komitee für die europäische Föderation". In seiner Erklärung hieß es:

Q1 … Es ist unmöglich, ein blühendes, demokratisches und friedliches Europa wieder aufzubauen, wenn es bei der zusammengewürfelten Existenz nationaler Staaten bleibt, die durch politische und durch Zollgrenzen getrennt sind.
Europa kann sich nur dann in Richtung auf wirtschaftlichen Fortschritt, Demokratie und Frieden entwickeln, wenn die Nationalstaaten sich zusammenschließen und einem europäischen Bundesstaat* folgende Zuständigkeiten überantworten: die wirtschaftliche und handelspolitische Organisation Europas, das alleinige Recht zu bewaffneten Streitkräften und zur Intervention gegen jeden Versuch der Wiederherstellung autoritärer Regime, die Leitung der auswärtigen Angelegenheiten, die Verwaltung der Kolonialgebiete, die noch nicht bis zur Unabhängigkeit herangereift sind, die Schaffung einer europäischen Staatsangehörigkeit, die neben die nationale Staatsangehörigkeit träte. Die europäische Bundesregierung muss das Ergebnis nicht einer Wahl durch die Nationalstaaten, sondern einer demokratischen und direkten Bestimmung durch die Völker Europas sein. …

2 *Schreibt aus Q1 die wichtigsten Forderungen in eine Liste „Forderungen nach einem vereinigten Europa 1944" in euer Arbeitsheft.*
3 *Prüft, ob es heute einen europäischen Bundesstaat mit einer europäischen Bundesregierung gibt.*

Auf dem Weg zu einem einigen Europa

Der Zweite Weltkrieg (1939–1945) und seine Folgen weckten besonders bei jungen Leuten Kräfte, sich für eine Überwindung der Gren-

Europa ohne Grenzen?

4 Grenzpfahlverbrennung 1950. Foto.

zen in Europa einzusetzen, um einen erneuten Krieg zu vermeiden.

Am 7. August 1950 trafen sich 300 Studenten aus acht Ländern an der deutsch-französischen Grenze bei St. Germannshof und Weißenburg.

Darüber hieß es in einer Reportage eines Nachrichtenmagazins vom 10. August 1950:

Q2 ... Der französische Zöllner René Rieffel im Zollhaus von Weiler-Weißenburg an der elsässisch-pfälzischen Grenze schwankte zwischen Bestürzung und Entzücken: Am Sonntagnachmittag, kurz vor 17 Uhr, fiel ihm die 23-jährige Berner Studentin Jeanette Luthi ohnmächtig in die Arme. Er kümmerte sich um sie. Erst später merkte er, dass Jeanettes schwache Stunde als Ablenkungsmanöver nur Punkt 1 des strategischen Planes der von Westen anrückenden jungen Grenzschrankenstürmer war. Draußen riss unterdes die erste Stoßgruppe der Europa-Einheits-Verfechter die französischen Grenzpfähle und -schranken aus. Auf der deutschen Seite geschah zur gleichen Minute etwas Ähn-

liches. ... „Zum ersten Mal in der Geschichte marschieren Europäer nicht an die Grenze, um sich gegenseitig zu töten, sondern um die Beseitigung der Grenzen zu verlangen", stand in der Europa-Proklamation der 300 grenzstürmerischen Studenten von hüben und drüben. ... Europäisches Parlament, europäische Regierung und europäische Kennkarten wurden gefordert. ...

4 *Erläutert anhand der Abbildung 4 und der Reportage (Q2) die Forderungen der Studenten nach einem „Europa ohne Grenzen" 1950.*
5 *Erkundigt euch, inwieweit die Forderung „Europa ohne Grenzen" zum Beispiel zwischen Deutschland und Polen verwirklicht ist.*

Schritte zur Versöhnung

1 **Werbung für Europa.** Plakat, 1955.

Deutsch-französische Annäherung

In einer Rede kurz nach Ende des Zweiten Weltkriegs sagte der ehemalige britische Premierminister Winston Churchill am 19. September 1946 in Zürich:

Q1 … Ich spreche jetzt etwas aus, das Sie in Erstaunen setzen wird. Der erste Schritt bei der Neuordnung der europäischen Familie muss eine Partnerschaft zwischen Frankreich und Deutschland sein. Nur auf diese Weise kann Frankreich die moralische Führung Europas wieder erlangen. Es gibt kein Wiederaufleben Europas ohne ein geistig großes Frankreich und ein geistig großes Deutschland. …

1 *Untersucht, wie Churchill ein Zusammengehen Frankreichs und Deutschlands begründet.*

Der Schumanplan – die Montanunion

Der Außenminister Frankreichs, Robert Schuman, verkündete am 9. Mai 1950 einen Vorschlag der französischen Regierung:

Q2 … Europa lässt sich nicht mit einem Schlage herstellen und auch nicht durch eine einfache Zusammenfassung: Es wird durch konkrete Tatsachen entstehen. … Die Vereinigung der europäischen Nationen erfordert, dass der jahrhundertealte Gegensatz zwischen Frankreich und Deutschland ausgelöscht wird. Das begonnene Werk muss in erster Linie Deutschland und Frankreich erfassen. … Die französische Regierung schlägt vor, die Gesamtheit der französisch-deutschen Kohle- und Stahlproduktion unter eine gemeinsame oberste Aufsichtsbehörde … zu stellen, in einer Organisation, die den anderen europäischen Ländern zum Beitritt offensteht. … Die Solidarität* der Produktion … wird bekunden, dass jeder Krieg zwischen Frankreich und Deutschland nicht nur undenkbar, sondern materiell unmöglich ist. …

1952 vereinbarten Frankreich, Belgien, die Niederlande, Italien, Luxemburg und die Bundesrepublik Deutschland nach dem Vorschlag Frankreichs in der „Montanunion"* eine enge Zusammenarbeit auf dem Gebiet des Bergbaus und der Stahlproduktion.

Die Europäische Wirtschaftsgemeinschaft entsteht

Am 25. März 1957 wurde in Rom ein Vertrag über eine Europäische Wirtschaftsgemeinschaft (EWG)* unterzeichnet. Wiederum waren es Frankreich, Belgien, Holland, Italien, Luxemburg und die Bundesrepublik Deutschland, die eine neue Wirtschaftsgemeinschaft begründeten, aus der 1992 die Europäische Union (EU) entstehen sollte. (s. auch S. 64/65) Am selben Tag unterschrieben diese Länder auch einen Vertrag über eine Europäische Atomgemeinschaft (EURATOM), mit der die neu entdeckte Atomkraft gemeinsam entwickelt werden sollte.

2 *Beschreibt, welche Rolle die wirtschaftliche Zusammenarbeit seit 1952 für die politische Einigung der Staaten in Westeuropa hatte.*

Schritte zur Versöhnung

Zusammenarbeit in Europa	
1952	Montanunion
1957	EWG
1957	EURATOM
1963	Deutsch-französischer Freundschaftsvertrag

2 **Präsident Charles de Gaulle (links) und Bundeskanzler Konrad Adenauer.** Foto, 1965.

Deutsch-französischer Freundschaftsvertrag 1963

Seit den Fünfzigerjahren arbeiteten die Bundesrepublik Deutschland und Frankreich immer enger zusammen. Beide Staaten waren Mitglied im westlichen Bündnis. Der französische Staatspräsident Charles de Gaulle und der deutsche Bundeskanzler Konrad Adenauer vertieften seit 1958 die Zusammenarbeit beider Staaten weiter. 1963 wurde ein deutsch-französischer Staatsvertrag abgeschlossen, der regelmäßige Beratungen beider Regierungen vorsah.

Kernstück der deutsch-französischen Freundschaft wurden das deutsch-französische Jugendwerk und die Städtepartnerschaften zwischen den kleinen sowie großen Gemeinden in Frankreich und der Bundesrepublik Deutschland. Der regelmäßige Schüleraustausch und die Begegnungen zwischen Deutschen und Franzosen im Rahmen der Städtepartnerschaften ermöglichten es, dass innerhalb von dreißig Jahren alte Vorurteile auf beiden Seiten abgebaut werden konnten. Ein festes Band von Beziehungen zwischen Deutschen und Franzosen, zwischen deutschen und französischen Vereinen, Universitäten und Schulen und die Zusammenarbeit der Industrien beider Länder festigten die deutsch-französische Freundschaft.

3 *Erfragt bei der Gemeindeverwaltung, ob es in eurer Stadt oder Gemeinde eine deutsch-französische Städtepartnerschaft gibt und wie sie ausgestaltet wird.*

3 **Bundeskanzler Helmut Kohl (links) und Präsident François Mitterand.** Foto, 1985.

4 **Bundeskanzlerin Angela Merkel und Präsident Nicolas Sarkozy.** Foto, 2012.

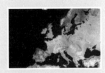

Wirtschaftliche und politische Einheit

Gründungsmitglieder der EWG
Beitritt 1973
Beitritt 1981
Beitritt 1986
Beitritt 1995
Beitritt 2004
Beitritt 2007
Beitritt 2013
Beitritts-kandidaten
Euro-Länder
0 250 500 750 km
Finnland
Schweden
Estland
Lettland
Litauen
Irland
Dänemark
Groß-britannien
Nieder-lande
Polen
Belgien
Deutsch-land
Lux.
Tschechien
Frankreich
Slowakei
Öster-reich
Ungarn
Slowenien
Rumänien
Kroatien
Italien
Spanien
Bulgarien
Portugal
Mazedonien
Griechen-land
Türkei
Malta
Zypern

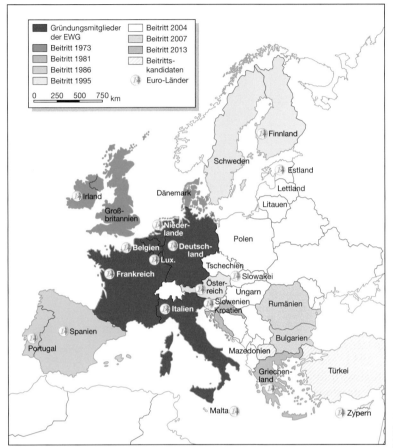

1 Der Ausbau der Europäischen Union. 2012.

Von der EWG über die EG zur EU

1 *Beschreibt anhand der Karte die Erweiterung der EU. Notiert Vermutungen, welche Gründe die Beitrittsländer und -kandidaten zum Aufnahmewunsch in die EU bewogen haben könnten.*

Im Jahr 1967 wurden die drei europäischen Zusammenschlüsse Montanunion, EWG und EURATOM zur Europäischen Gemeinschaft (EG) vereint. 1968 wurde die Zollunion innerhalb der EG-Staaten verwirklicht. Bis 1971 steigerte sich die Kaufkraft* der EG-Bürger um 74 Prozent. In Großbritannien, das noch nicht der EG angehörte, betrug die Steigerungsrate 31 Prozent. Auch in anderen Bereichen der Wirtschaft und der sozialen Sicherung verlief die Entwicklung günstig. Im Laufe der Siebziger- und Achtzigerjahre schlossen sich deshalb immer mehr Staaten der Gemeinschaft an.

Wege zur Einheit

Der Prozess der europäischen Einigung verlief stockend und langsam, aber beständig. Lange Zeit waren die wirtschaftlichen Interessen der Mitgliedsländer der Motor der Einigung:

- Der einheitliche Binnenmarkt brachte 1993 den Fortfall der Zölle im damaligen EU-Raum.
- Ihm folgte mit dem Schengener Abkommen* der Wegfall der Passkontrollen in den meisten EU-Mitgliedsländern.
- Die schrittweise Einführung des Euros als allgemeinem Zahlungsmittel in zwölf der 15 EU-Staaten am 1. Januar 2002 machte die wirtschaftliche und politische Einigung im Alltag sichtbar.
- Nach dem Ende des Kalten Krieges wurde die EU nach Ost- und Südosteuropa hin erweitert.

Kaufkraft*:
Bezeichnung für die Warenmenge, die man für bestimmte Geldsummen kaufen kann.

Schengener Abkommen*:
Vereinbarung, die 1985 im Grenzort Schengen (Luxemburg) geschlossen wurde. Sie beinhaltet den Abbau von Personenkontrollen an den Binnengrenzen.

Stationen der Einigung

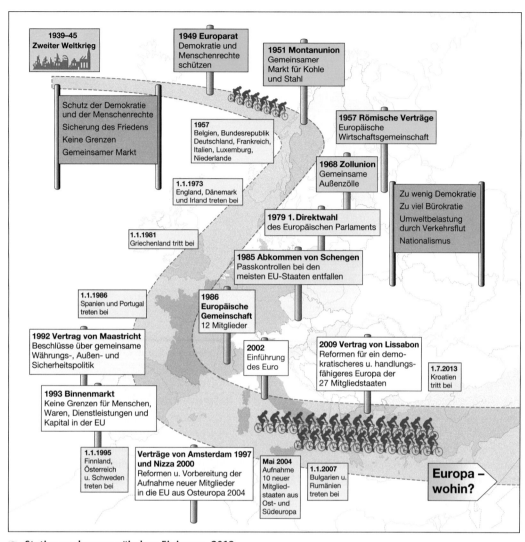

2 Stationen der europäischen Einigung, 2012.

Der Vertrag von Lissabon

Das schrittweise Zusammenwachsen Europas machte immer wieder neue rechtliche Vereinbarungen der Staaten untereinander notwendig. Der Vertrag von Maastricht 1992/1993 machte die Erweiterung der Union möglich und schuf die Voraussetzungen für die Einführung einer gemeinsamen Währung in der EU. Ein neuer Vertrag zwischen den Staaten, der Vertrag von Lissabon, trat im Dezember 2009 nach langen Verhandlungen in Kraft. Er machte die EU der 27 Mitgliedsländer demokratischer und handlungsfähiger. Eine stärkere Beteiligung des Europäischen Parlaments und veränderte Abstimmungsverfahren, die ab 2014 gelten, waren das Kernstück dieser Reform der EU.

2 *Beschreibt mithilfe des Schaubildes 2 den Weg der europäischen Einigung.*

Internettipp:
Informationen für Jugendliche zur EU findet ihr unter:
www.eiz-nieder sachsen.de/eu-jugend.html

Die Organe der EU

1 Die drei Säulen der Europäischen Union.

Europäische Union

Europäische Gemeinschaft	Gemeinsame Außen- und Sicherheits- politik	Zusammen- arbeit in der Innen- und Rechtspolitik
Zollunion, Binnenmarkt, gemeinsame Agrarpolitik, Strukturpolitik, Wirtschafts- und Währungsunion		

2 Bevölkerung in Europa. Stand 2011.

Wer regiert die EU?

Die grundsätzlichen Entscheidungen in der Europäischen Union werden im Europäischen Rat von den Staats- und Regierungschefs der Mitgliedsländer (s. S. 67) gefällt. Auf dieser Ebene muss immer Übereinstimmung aller Mitgliedsländer erzielt werden.

Die Verabschiedung von Gesetzen (in der Sprache der EU: Verordnungen und Richtlinien) und des Haushalts erfolgt durch den Ministerrat und durch das Europäische Parlament (s. S. 67). Mit dieser Festlegung im Vertrag von Lissabon (2009) wurde die Stellung des Parlaments weiter gestärkt, nachdem es lange auf eine nur beratende Funktion beschränkt war. Die Ausarbeitung der Gesetzentwürfe und ihre Einbringung im Parlament ist Aufgabe der Europäischen Kommission. Diese ist auch für die Umsetzung und Kontrolle der verabschiedeten Gesetze zuständig. In Streitfällen entscheidet der Gerichtshof der EU. Für die Außen- und Sicherheitspolitik gelten besondere Regelungen.

1 *Beschreibt mithilfe des Textes und Bild 3 die Aufgaben der EU-Organe.*

Mehrheitsprinzip*: Vorher waren nur einstimmige Beschlüsse möglich.

Der Refomvertrag von Lissabon

Mit dem Vertrag von Lissabon (2009) wurden die komplizierten Verfahren im Europa der 27 Mitgliederländer vereinfacht:

– Ab 2014 kann der Ministerrat nach dem Mehrheitsprinzip entscheiden*. Ein Beschluss gilt, wenn 55 Prozent der Staaten zustimmen, diese Mehrheit muss 65 Prozent der EU-Bevölkerung vertreten.

– Der Europäische Rat wird für zweieinhalb Jahre von einem Ratspräsidenten geleitet. Bisher wechselte der Vorsitz alle halbe Jahre.

– Ein für fünf Jahre bestellter Hoher Vertreter für Außen- und Sicherheitspolitik (Außenminister) leitet die Außenpolitik der EU.

– Bei der Gesetzgebung der EU wirkt das EU-Parlament in allen Fragen mit.

– Ein Land kann die EU verlassen, wenn es dies will.

2 *Verfolgt in den Medien Berichte über politische Entscheidungen der EU und erläutert sie der Klasse.*

3 *Informiert euch über die Rechte des Bundestags und vergleicht sie mit denen des Europäischen Parlaments.*

Die Organe der EU

Die **EU-Kommission** in Brüssel ist der Motor der Europäischen Union. Ihr gehören Fachvertreter aus den einzelnen Ländern an. Nur sie hat das Recht, neue Verordnungen und Richtlinien, also die Gesetze der EU, auf den Weg zu bringen. Gleichzeitig sorgt die Kommission für die Ausführung bestehender Verordnungen.

Vorschläge

Entscheidungen

Die Staats- und Regierungschefs fällen im **Europäischen Rat** die grundsätzlichen Entscheidungen. Die Gesetzgebung erfolgt durch den Rat der jeweils zuständigen Fachminister (gemeinsam mit dem Parlament). Europäischer Rat und der **Rat der Minister** bestimmen die Außen- und Sicherheitspolitik.

Kommt es über Verträge, Verordnungen und Richtlinien zu Streitfällen, entscheidet der **Europäische Gerichtshof** in Luxemburg.

Anfragen, Kontrolle

Anhörung, Mitwirkung bei der Gesetzgebung

Das **EU-Parlament** wird alle fünf Jahre von der Bevölkerung der 27 Mitgliedstaaten gewählt. Es ist (gemeinsam mit dem Rat der Fachminister) als Gesetzgeber tätig und beschließt den Haushalt. Es wirkt beratend gegenüber dem Rat der Minister und übt eine Kontrollfunktion gegenüber der Kommission aus. Das Parlament wählt den Vorsitzenden der Kommission.

3 Die Organe der EU nach dem Reformvertrag von Lissabon.

Schuldenkrise in der EU

1 Krisensitzung der Europäischen Union in Brüssel, Dezember 2011. Foto.

Bruttoinlandsprodukt*:
Summe aller Waren und Dienstleistungen, die in einem Land in einem Jahr erwirtschaftet werden.

Der Euro – die gemeinsame Währung

Im Vertrag von Maastricht, der 1993 in Kraft trat, wurde die Zusammenarbeit in der Europäischen Union auf neue Bereiche ausgedehnt. Der Vertrag sah eine gemeinsame Währungs-, Außen- und Sicherheitspolitik vor. Die Regelungen traten ab 1993 schrittweise in Kraft: keine Grenzen mehr für Menschen, Waren, Dienstleistungen und Kapital in der EU. Ergänzt wurden diese vier Vereinbarungen durch die Regelung, dass alle Bürgerinnen und Bürger der EU in jedem Mitgliedsstaat arbeiten und wohnen durften.

Kernstück der Vereinbarungen war die Einführung einer gemeinsamen Währung, des Euro, die am 1.1.2002 verwirklicht wurde. Bis dahin galten im europäischen Wirtschaftsraum noch viele verschiedene Währungen. Das war nicht nur bei Reisen hinderlich, sondern wirkte sich auch nachteilig auf den Handel und den Zahlungsverkehr innerhalb des gemeinsamen Marktes aus. Nicht alle Länder der Europäischen Union wollten oder durften sich an der neuen gemeinschaftlichen Währung beteiligen; heute gilt der Euro in 17 der 27 Länder der EU.

Regeln für die Einführung des Euro

Für den Beitritt zum Euro galten strenge Bedingungen, die sichern sollten, dass die neue Währung stabil blieb und weltweit anerkannt wurde. Das sollte dadurch erreicht werden, dass die alten Schulden eines Staates und das Eingehen neuer Schulden begrenzt wurden. Alle Länder, die den Euro einführen wollten, mussten sich verpflichten,

– dass ihre Staatsverschuldung nicht mehr als 60 Prozent ihres Bruttoinlandsproduktes* ausmachen würde (vgl. Grafik 2) und

– dass die Neuverschuldung des Haushaltes eines Landes, also die Finanzierung der Staatsausgaben durch Kredite, nicht drei Prozent des Bruttoinlandsproduktes übersteigen würde.

Nach der Einführung des Euro verstießen viele Euro-Staaten gegen diese Regeln, auch Deutschland.

Schuldenkrise der Euro-Staaten

Die hohen Schulden vieler Euro-Staaten und die Nichteinhaltung der selbst gesetzten Regeln führte 2010 zu einem großen weltweiten Vertrauensverlust in die Stabilität des Euro. Internationale Banken und Firmen bezweifelten, dass die verschuldeten europäischen Staaten ihre Schulden zurückzahlen könnten.

Staatsschulden und Haushaltsdefizite

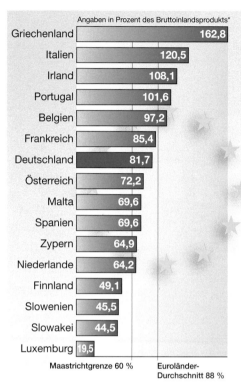

2 Staatsschulden der Euro-Länder 2011.

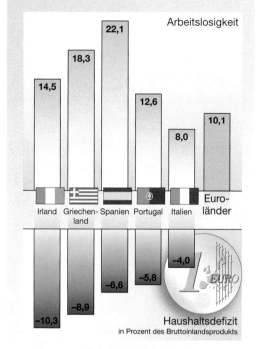

Quelle: EU-Kommission, Stand: November 2011;
Arbeitslosigkeit: Eurostat, Stand August 2011

3 Arbeitslosigkeit und Haushaltsdefizite* einiger Euro-Staaten 2011.

1 *Untersucht Grafik 2 und beschreibt die Verschuldung europäischer Staaten im Verhältnis zur ihrem Bruttoinlandsprodukt.*
2 *Stellt fest, welche Staaten 2011 die Verschuldungsgrenze des Vertrages von Maastricht einhielten.*

Wege aus der Krise

Um das Vertrauen in den Euro zurückzugewinnen, beschlossen die Euro-Staaten 2011 Hilfsmaßnahmen für die besonders stark verschuldeten Länder wie Griechenland, Irland und Italien in zahlreichen Konferenzen.
Schon im Mai 2010 hatte Bundeskanzlerin Angela Merkel gesagt:
M1 ... Die Krise um die Zukunft des Euro ist nicht irgendeine Krise. Sie ist die größte Bewährungsprobe, die Europa seit 1990, wenn nicht sogar in den 53 Jahren seit Verabschiedung der Römischen Verträge, zu bestehen hat. Diese Bewährungsprobe ist existenziell*. Sie muss bestanden werden. Gelingt das nicht, dann sind die Folgen für Europa und

darüber hinaus unabsehbar. Gelingt es aber, dann wird Europa stärker sein als zuvor. ...
Aber mehr noch: Europa wird die Probleme ehrlicher beim Namen nennen müssen, Europa wird vertragliche Konsequenzen ziehen und sich stärker wirtschafts- und finanzpolitisch verzahnen müssen, als es das heute ist. ...

Am 31.12.2011 sagte die Bundeskanzlerin:
M2 ... Heute nun können Sie darauf vertrauen, dass ich alles daran setze, den Euro zu stärken. Gelingen aber wird das nur, wenn Europa Lehren aus Fehlern der Vergangenheit zieht. Eine davon ist, dass eine gemeinsame Währung erst dann wirklich erfolgreich sein kann, wenn wir mehr als bisher in Europa zusammenarbeiten. ...

3 *Wertet Grafik 3 aus und bewertet sie aus der Sicht einer nichteuropäischen Bank.*
4 *Verfolgt in den Medien aktuelle Berichte zur Schuldenkrise in Europa.*

Haushaltsdefizit*
Von einem Haushaltsdefizit spricht man, wenn ein Staat weniger Einnahmen als Ausgaben hat.

existenziell*:
das Dasein betreffend, grundlegend.

Methode: Karikaturen entschlüsseln

Karikaturen

Karikaturen kennt ihr aus Tageszeitungen oder Zeitschriften. Meist reizen sie spontan zum Lachen, obwohl beim Nachdenken über den Inhalt vielleicht gar kein Grund zum Lachen besteht. Karikaturen sind Bilder, die zu einem aktuellen Ereignis oder Problem Stellung beziehen. Sie arbeiten mit bestimmten Stilmitteln. Dazu gehört oft die Übertreibung, z. B. von körperlichen Eienschaften bestimmter Personen (übergroße Ohren, lange Nasen …). Dabei geht es dem Zeichner darum, seine Meinung zu einer Sache darzustellen. Eine Karikatur beschreibt nicht nur, sie urteilt. Außerdem soll der Betrachter unterhalten, belehrt oder zu einer Stellungnahme aufgefordert werden.

Die folgenden Arbeitsschritte helfen euch, eine Karikatur zu entschlüsseln:

1. Schritt:
Der erste Eindruck

Notiert, was euch beim Betrachten zuerst auffällt. Welche Personen und Gegenstände sind zu sehen?
Wie sind sie dargestellt (realistisch, übertrieben, lächerlich, aggressiv, gefährlich…)? Gibt es einen Text zu der Karikatur?

2. Schritt:
Ideen sammeln

Sammelt alle Ideen und Gedanken, die euch beim Betrachten der Karikatur einfallen.

3. Schritt:
Die Bedeutung verstehen

Welche Bedeutung haben die dargestellten Personen, Tiere oder Gegenstände?
Welches Problem oder welche Situation ist dargestellt?

1   „Ökonomische Disziplin". Karikatur aus der International Herald Tribune, Nachdruck Süddeutsche Zeitung v. 13.12.2011.

4. Schritt:
Den Zusammenhang und die Absicht des Karikaturisten benennen

In welchem Zusammenhang ist die Karikatur zu sehen?
Was muss man wissen, um die Karikatur zu verstehen? (geschichtliches Hintergrundwissen)
Was will der Zeichner verdeutlichen und eventuell kritisieren?

5. Schritt:
Die Karikatur beurteilen

Welche Position bezieht der Karikaturist?
Haltet ihr die Karikatur für gelungen?
Stimmt ihr der Kritik des Karikaturisten zu?

1 *Wendet die Musterlösung auf Karikatur 1 an und ergänzt sie.*
2 *Untersucht die Abbildungen 2–4 mit Hilfe der fünf Schritte.*

2   „Gigantisch! Dieses niedliche Köpfchen." Karikatur, 1989.

3 „**Erfolgreicher EU-Gipfel**". Karikatur aus der Frankfurter Allgemeinen Sonntagszeitung v. 11.12.2011.

4 „**Festung Europa**". Karikatur, 1992.

Mögliche Lösungen zu den Schritten von Karikatur 1

zu 1: Der amerikanische Karikaturist zeigt Bundeskanzlerin Merkel, wie sie die Front der vor ihr stramm stehenden Regierungschefs der EU abschreitet. Diese zeigen ihr Budget, ihren Haushaltsplan, vor, der damalige französische Präsident hält die Fahne und salutiert. Der lange Schatten Merkels zeigt ihre Macht.

zu 3: Es geht um die Schuldenkrise der EU und die deutsche Forderung zu sparen, die auf zahlreichen EU-Konferenzen besprochen wurde.

zu 4: Um die Karikatur zu verstehen, muss man wissen, dass seit 2010 der Euro als gemeinsame Währung der EU in eine Krise geraten ist und die EU versucht, durch eine gemeinsame Politik diese Krise zu bewältigen.

zu 5: Der Zeichner kritisiert, dass die anderen EU-Staaten dem deutschen Kommando folgen. Aus Sicht der USA kritisiert er die „Macht" der Bundeskanzlerin. Die Karikatur zeigt diese Position sehr gut.

Reformversuche in Ost und West

1 Ein verzweifelter Prager stellt sich in KZ-Kleidung einem sowjetischen Panzer entgegen. Foto, 21. August 1968.

Alexander Dubček (1921–1992), von 1963–1969 Mitglied des Politbüros der tschechoslowakischen KP, war der politische Kopf des tschechoslowakischen Reformversuchs.

Manifest*: öffentliche Erklärung grundsätzlicher Natur.

Leonid I. Breschnew (1906–1982) war von 1966–1982 Generalsekretär der KPdSU.

Prager Frühling 1968

1968 versprach die neugewählte Führung der Kommunistischen Partei der Tschechoslowakei unter Alexander Dubček einen „Kommunismus mit menschlichem Antlitz". Das Reformprogramm enthielt u. a. Garantien für Rede-, Presse- und Versammlungsfreiheit, Reisefreiheit und vor allem Reformen in der Wirtschaftspolitik.

Der neue Kurs machte auch offene Kritik an der Kommunistischen Partei möglich. In einem Manifest* 70 prominenter Bürger hieß es im Juli 1968:

Q1 … Noch schlimmer aber war, dass wir einander, einer dem anderen, so gut wie gar nicht mehr vertrauen konnten. Die persönliche und die gemeinsame Ehre ging verloren … Es war die Macht einer kleinen Gruppe, die mithilfe des Parteiapparates von Prag aus hineinwirkte. … Dieser Apparat bestimmte, wer was tun durfte oder nicht. … Keine Organisation, auch keine kommunistische, gehörte in Wirklichkeit ihren Mitgliedern. Die Hauptschuld und der allergrößte Betrug dieser Herrscher ist es, dass sie ihren Willen für den Willen der Arbeiterschaft ausgegeben haben. …

Der Einmarsch in die Tschechoslowakei

Der neue Kurs der Reformkommunisten und deren offene Kritik veranlassten die Führer der Sowjetunion und der übrigen Ostblockstaaten zum Handeln. Am 21. August 1968 marschierte eine Armee des Warschauer Paktes unter Beteiligung der DDR, jedoch ohne Rumänien, in die Tschechoslowakei ein und beendete die Reformen gewaltsam.

Leonid Breschnew, rechtfertigte sich im November 1968:

Q2 … Und wenn die inneren und äußeren, dem Sozialismus feindlichen Kräfte die Entwicklung irgendeines sozialistischen Landes auf die Wiederherstellung der kapitalistischen Ordnung zu wenden versuchen, wenn eine Gefahr für den Sozialismus in diesem Land, eine Gefahr für die Sicherheit der gesamten sozialistischen Staatengemeinschaft entsteht, ist das … ein allgemeines Problem, um das sich alle sozialistischen Staaten kümmern müssen. …

1 Beschreibt, welche Veränderungen in der Tschechoslowakei 1968 versucht wurden.
2 Erläutert, wie Breschnew den Einmarsch der Truppen begründet.

Polen 1980

2 Papst Johannes Paul II. in Warschau. Foto, 1979.

3 Der Elektriker Lech Walesa führt den Streik auf der Danziger Lenin-Werft an. Foto 1980.

Johannes Paul II. (Karol Józef Wojtyła), 1920–2005, war von 1978 bis zu seinem Tod über 26 Jahre Papst der römisch-katholischen Kirche. Er war der erste polnische Papst. Schon als Bischof von Krakau hatte er das kommunistische Regime Polens bekämpft.

Polen – Veränderungen aus eigener Kraft

In den Jahren 1944/45 hatten sowjetische Truppen Polen besetzt und es von der NS-Herrschaft befreit. Mit dem Ende des Zweiten Weltkrieges wurde Polen, dessen Grenzen auf sowjetischen Druck nach Westen verschoben wurden, ein kommunistisch regiertes Land. Seit 1949 übte eine kommunistische Einheitspartei die alleinige Macht nach sowjetischem Vorbild aus. Im Unterschied zu anderen Ostblockstaaten gab es in Polen aber stets eine starke innenpolitische Gegenkraft, die katholische Kirche.

Die schlechte wirtschaftliche Lage Polens führte in den Jahren 1956, 1970 und 1976 zu großen Streikbewegungen der polnischen Arbeiter, die jeweils durch drastische Preiserhöhungen ausgelöst wurden. Diese Streiks wurden mit Waffengewalt blutig unterdrückt, zahlreiche Arbeiter starben, viele wurden zu hohen Haftstrafen verurteilt.

Kirche stärkt die Opposition

Die Wahl des Polen Karol Wojtyla zum Papst (Johannes Paul II.) im Jahre 1978 stärkte die Position der Kirche und der Oppositionsbewegungen in besonderer Weise. Bei seinem Besuch in Polen übernahm der Papst viele Forderungen der Opposition. In seinen Predigten forderte der Papst die Polen auf, keine Angst zu haben. Die meisten Polinnen und Polen verstanden dies als Aufforderung zum Widerstand gegen das kommunistische System.

„Solidarność" – „Solidarität"

1980 wurde die unabhängige Gewerkschaft „Solidarität" unter der Führung von Lech Walesa gegründet. Ihr gelang es im Bunde mit Hochschulangehörigen und der katholischen Kirche Polens, gegenüber der kommunistischen Führung wirtschaftliche Verbesserungen und eine freiere Informationspolitik durchzusetzen.

Am 13. Dezember 1981 verhängte das polnische Militär unter General Jaruzelski auf Druck der Sowjetunion das Kriegsrecht in Polen und verbot die Gewerkschaft „Solidarność". Zwei Jahre lang galt das Kriegsrecht in Polen. Die wirtschaftlichen Schwierigkeiten des Landes konnten aber dadurch nicht behoben werden und die Gewerkschaft „Solidarität" blieb auch nach Aufhebung des Kriegsrechts 1983 verboten, wirkte aber trotz aller Verfolgungen im Untergrund weiter.

3 *Berichtet über die Oppositionsbewegung in Polen und zeigt, wodurch sie unterstützt wurde.*

Neue Ostpolitik

*Willy Brandt
(1913–1992) emi-
grierte 1933 auf der
Flucht vor den Nazis
nach Norwegen.
1947 kehrte er nach
Deutschland zurück.
Als Mitglied der SPD
stieg er politisch
auf: 1957–1966
Regierender Bürger-
meister von Berlin,
1966–1969 deut-
scher Außenminister,
1969–1974 Bundes-
kanzler. 1971 erhielt
er den Friedensnobel-
preis für seine euro-
päische Versöh-
nungspolitik. 1974
trat er wegen einer
Spionage-Affäre im
Bundeskanzleramt
zurück.*

Kubakrise
(Oktober 1962 bis
Januar 1963): Aus-
löser der Krise zwi-
schen den USA und
der Sowjetunion war
die Stationierung nu-
klearer Mittelstre-
ckenraketen der USA
1959 in der Türkei.
Die Sowjetunion, die
sich davon bedroht
fühlte, begann 1962
mit der Stationierung
sowjetischer Raketen
auf Kuba und drohte
bei einem US-Angriff
auf die Insel mit ei-
nem Atomkrieg. US-
Präsident Kennedy
ordnete daraufhin ei-
ne Seeblockade Ku-
bas an und erhöhte
damit die Gefahr
eines Atomkrieges. In
Geheimverhandlung-
en wurde die Krise
schließlich beigelegt.*

1 „**Entschärfung**". Karikatur, 18. März 1970.

Internationale Entspannungspolitik

Der Mauerbau in Berlin führte 1961 zu einer Verschärfung des Ost-West-Konflikts. Ermutigt durch ihren „Erfolg" in Berlin, versuchte die Sowjetunion, das globale Kräfteverhältnis zu ihren Gunsten zu verändern.

Die Kubakrise* im Jahre 1962, die in der Welt die Angst vor einem dritten Weltkrieg ausgelöst hatte, führte dazu, dass in Ost und West über die Erhaltung des Weltfriedens verstärkt nachgedacht wurde.

Neue Ostpolitik: „Wandel durch Annäherung"

Egon Bahr (s. S. 110) über die Chancen der deutschen Wiedervereinigung, 15. 7. 1963:

Q1 … Die Voraussetzungen zur Wiedervereinigung sind nur mit der Sowjetunion zu schaffen. Sie sind nicht in Ostberlin zu bekommen, nicht gegen die Sowjetunion, nicht ohne sie. … Die Wiedervereinigung ist ein außenpolitisches Problem. … Die amerikanische Strategie des Friedens lässt sich auch durch die Formel definieren, dass die kommunistische Herrschaft nicht beseitigt, sondern verändert werden soll. …

1 Gebt mit euren Worten wieder, was Egon Bahr 1963 sagte. Was meinte er mit „Wandel durch Annäherung"?

Die 1969 aus SPD und FDP gebildete Bundesregierung unter Bundeskanzler Willy Brandt und Außenminister Walter Scheel (FDP) griff diese Ideen auf und entwarf eine „neue Ostpolitik". Man wollte das bisher gespannte Verhältnis zwischen Sowjetunion und Bundesrepublik und zwischen den beiden deutschen Staaten verändern.

Der Moskauer Vertrag

Nicht nur in der Bundesrepublik, sondern auch in der Sowjetunion gab es Bedenken gegenüber der neuen deutschen Politik.
Der Generalsekretär der KPdSU, Leonid Breschnew, erklärte gegenüber dem späteren Generalsekretär der SED, Erich Honecker, dass es zu keiner Annäherung zwischen den beiden deutschen Staaten kommen dürfe.
Nach langwierigen Verhandlungen kam 1970 aber doch der Vertrag von Moskau zwischen BRD und Sowjetunion zustande, weil beide Seiten zueinander Vertrauen gefasst hatten.

Im Vertrag mit der Sowjetunion heißt es in Artikel 3:

Q2 … Die Bundesrepublik Deutschland und die Union der Sozialistischen Sowjetrepubliken (stimmen) in der Erkenntnis überein, dass der Friede in Europa nur erhalten werden kann, wenn niemand die gegenwärtigen Grenzen antastet. …
Sie betrachten heute und künftig die Grenzen aller Staaten in Europa als unverletzlich … einschließlich der Oder-Neiße-Linie … und der Grenze zwischen der Bundesrepublik Deutschland und der Deutschen Demokratischen Republik. …

2 Nennt die Zielsetzung des Vertrags.

Der Warschauer Vertrag

Noch im Dezember desselben Jahres wurde auch ein Vertrag mit der Volksrepublik Polen abgeschlossen:

Neue Ostpolitik

2 **Bundeskanzler Brandt vor dem Mahnmal im ehemaligen Warschauer Getto.** Foto, 7. Dezember 1970.

Q3 … Die Bundesrepublik Deutschland und die Volksrepublik Polen, in der Erwägung, dass mehr als 25 Jahre seit Ende des Zweiten Weltkriegs vergangen sind, dessen erstes Opfer Polen wurde und der über die Völker Europas schweres Leid gebracht hat; … in dem Bewusstsein, dass die Unverletzlichkeit der Grenzen … eine grundlegende Bedingung für den Frieden ist, sind wie folgt übereingekommen: …

… (2) Sie bekräftigen die Unverletzlichkeit ihrer bestehenden Grenzen jetzt und in der Zukunft.

(3) Sie erklären, dass sie gegeneinander keinerlei Gebietsansprüche haben und solche auch in Zukunft nicht erheben werden. …

3 *Erarbeitet, worin sich dieser Vertrag von dem Moskauer Vertrag unterscheidet.*
4 *Erklärt, was mit dem ersten Absatz von Q3 gemeint ist.*

Der Grundlagenvertrag
Parallel zu den Ostverträgen einigten sich die ehemaligen Besatzungsmächte über ein Berlinabkommen, das 1971 unterzeichnet wurde. Darin garantierte die Sowjetunion den ungehinderten Verkehr zwischen Westberlin und der Bundesrepublik Deutschland. Schließlich regelte die sozialliberale Koalition im sog. Grundlagenvertrag auch die Beziehungen zur DDR.
Darin hieß es 1972 u. a.:
Q4 … Artikel 1: Die Bundesrepublik Deutschland und die Deutsche Demokratische Republik entwickeln normale gutnachbarliche Beziehungen auf der Grundlage der Gleichberechtigung. …
Artikel 6: … Sie respektieren die Unabhängigkeit und Selbstständigkeit jedes der beiden Staaten in seinen inneren und äußeren Angelegenheiten. …

5 *Nennt die wichtigsten Punkte von Q3 und Q4.*
6 *Erläutert, was das „Neue" an der Ostpolitik der Regierung Brandt war.*

Umbruch in Osteuropa

Michail Gorbatschow *(geb. 1931), von 1985 bis August 1991 Generalsekretär des Zentralkomitees der Kommunistischen Partei der Sowjetunion und von März 1990 bis Dezember 1991 Präsident der Sowjetunion.*

KPdSU*: *Kommunistische Partei der Sowjetunion.*

Glasnost*: *(russ.) politische Offenheit.*

Perestroika*: *(russ.) Umbau, Umbildung des politischen und wirtschaftlichen Systems.*

Prinzipien*: *Grundsätze.*

Integrität*: *Unbescholtenheit, moralische Verlässlichkeit. Hier: Unverletzlichkeit.*

1 Der österreichische Außenminister Alois Mock (l.) und sein ungarischer Kollege Gyula Horn (r.) durchtrennen am 27.6.1989 symbolisch den „Eisernen Vorhang" an der österreichisch-ungarischen Grenze. Foto.

Wandel in der Sowjetunion

1985 wurde Michail Gorbatschow zum Generalsekretär der KPdSU* gewählt. Er versuchte, mit umfassenden innenpolitischen Reformen das kommunistische System zu modernisieren. Die Leitbegriffe seiner Politik lauteten „Glasnost*" und „Perestroika*" und meinten die marktwirtschaftliche und demokratische Öffnung der sowjetischen Gesellschaft.

Neue Außenpolitik seit 1985

In seinen Begegnungen mit den amerikanischen Präsidenten Reagan und Bush war es Generalsekretär Gorbatschow seit 1985 gelungen, westliches Misstrauen gegenüber der Sowjetunion abzubauen. Skeptisch betrachtete man aber noch, wie sich die Sowjetunion zukünftig gegenüber ihren „Satellitenstaaten" im Ostblock verhalten würde.

Dazu erklärte Gorbatschow 1987:

Q1 … Wichtigste Rahmenbedingung der politischen Beziehungen zwischen den sozialistischen Staaten muss die absolute Unabhängigkeit dieser Staaten sein. … Die Unabhängigkeit jeder Partei, ihr souveränes Recht, über die Probleme des betreffenden Landes zu entscheiden …, sind Prinzipien*, die über jede Diskussion erhaben sind. …

Bei einem Treffen mit Bundeskanzler Kohl in Bonn im Juni 1989 bekräftigte Gorbatschow in einer gemeinsamen Erklärung seine früher schon abgegebenen Erklärungen zur Politik der sozialistischen Staaten:

Q2 … Das Recht aller Völker und Staaten, ihr Schicksal frei zu bestimmen und ihre Beziehungen zueinander auf der Grundlage des Völkerrechts souverän zu gestalten, muss sichergestellt werden. … Bauelemente des Europas des Friedens und der Zusammenarbeit müssen sein: die uneingeschränkte Achtung der Integrität* und der Sicherheit jedes Staates. Jeder hat das Recht, das eigene politische und soziale System frei zu wählen. …

1 *Vergleicht die Haltung Gorbatschows (Q1, Q2) mit der Reaktion der Sowjetunion 1968 (s. S. 72).*

1989 – das Jahr der Reformen

Die Reformen des sowjetischen Generalsekretärs Gorbatschow in der Sowjetunion ermutigten auch Reformer in den osteuropäischen Ländern. Wie in der Sowjetunion wurden Forderungen nach Demokratisierung laut. 1989 wurde zum Jahr der politischen Veränderung in Osteuropa. Wiederum war Polen das Vorbild.

Umbruch in Osteuropa

2 Gespräche am „Runden Tisch" in Warschau zwischen Regierung und Opposition am 5.4.1989. Foto.

Entwicklung in Polen 1989

Die sich stetig verschlechternde Wirtschaftslage zwang die polnischen Kommunisten, unter Vermittlung der Kirche im Jahr 1989 doch mit der weiterhin verbotenen Gewerkschaft Solidarność zu verhandeln.

Ergebnisse der Verhandlungen waren:
– die Wiederzulassung der Solidarność,
– die Einführung demokratischer Freiheiten,
– die Umgestaltung der Planwirtschaft und
– die Abhaltung freier Wahlen.

Die als Zeichen der Gleichberechtigung der Teilnehmer an einem runden Tisch durchgeführten Verhandlungen wurden zum Symbol und Ausgangspunkt aller Veränderungen im Ostblock im Jahr 1989. Die Sowjetunion verhinderte diesen Wandel im Rahmen der neuen Politik Michail Gorbatschows nicht.

In den ersten freien Wahlen Polens nach 1945 errangen die Kandidaten der Solidarność im Juni 1989 einen großen Erfolg. Einer ihrer Führer, Tadeusz Mazowiecki, wurde im August zum ersten nichtkommunistischen Ministerpräsidenten Polens ernannt. Im Dezember 1990 wurde Lech Walesa in freien Wahlen zum Staatspräsidenten Polens gewählt. Mit dieser Wahl und den Wahlen zum polnischen Parlament im Jahr 1993 war die friedliche Umwandlung der polnischen Gesellschaft in eine demokratische Gesellschaft abgeschlossen.

2 Erläutert, warum der „runde Tisch" zum Modell einer friedlichen Konfliktlösung wurde.

DDR: Abgrenzung nach Ost und West

Auf die Vorgänge in Polen reagierte die DDR-Führung schon im Herbst 1980 mit der Aufhebung des freien Reiseverkehrs zwischen Polen und der DDR. Die SED fürchtete das Überschwappen der „antisozialistischen Pläne und Machenschaften" aus Polen auf das Gebiet der DDR.

Bürgerrechtler der DDR, die sich mit der polnischen Gewerkschaft Solidarność solidarisierten, wurden von der Stasi verfolgt. Der Apparat des Ministeriums für Staatssicherheit wurde massiv ausgebaut.

Die DDR-Führung unter Erich Honecker ging auch gegenüber der Sowjetunion nach dem Amtsantritt von Generalsekretär Gorbatschow auf Distanz. Sie lehnte eine Übernahme der Politik von „Glasnost" und „Perestroika" für die DDR strikt ab.

Honecker forderte für die DDR einen Sozialismus eigener Art. Reformen hielt die SED-Führung für gefährlich. Der Parteiideologe Kurt Hager meinte 1987 in einem Interview mit der Zeitschrift „Stern", man müsse doch nicht seine Wohnung neu tapezieren, nur weil es der Nachbar tue.

3 Beschreibt, wie die DDR-Führung auf Forderungen nach Reformen reagierte.

Erich Honecker (1912–1994), seit 1929 Mitglied der KPD, saß unter den Nationalsozialisten von 1937 bis 1945 in Haft. Seit 1971 Generalsekretär der SED und seit 1976 Vorsitzender des DDR-Staatsrates, wurde er 1989 aller Ämter enthoben und ging 1990 ins Exil nach Chile.

Die friedliche Revolution in der DDR

1 Überfülltes Botschaftsgelände in Prag. Foto, 29. September 1989.

2 Ankunft der Sonderzüge mit DDR-Flüchtlingen aus Prag im bayerischen Hof. Foto, 5. Oktober 1989.

Unzufriedenheit in der DDR

1 *Betrachtet die Abbildungen. Überlegt, was in den Menschen vorgegangen sein mag.*

Über lange Jahre war die Unzufriedenheit der DDR-Bürger stetig gestiegen. Zuletzt schienen sich auch die Hoffnungen auf Reformen nach dem Vorbild der Sowjetunion unter Gorbatschow zu zerschlagen (s. S. 76). Nach Kommunalwahlen am 7. Mai 1989 ließ die DDR-Führung 98,85 Prozent Zustimmung zur Einheitsliste als angebliches Ergebnis bekannt geben. Doch diesmal nahmen die Oppositionellen die Fälschung nicht hin, sondern forderten Untersuchungen und die Bestrafung der Verantwortlichen. Von nun an rissen die Proteste nicht mehr ab.

Forderung nach Reisefreiheit

In Leipzig bildeten sich nach den traditionellen Montagsgebeten in der Nikolaikirche allwöchentlich Demonstrationen, die von der Volkspolizei zunächst eingekesselt wurden. Seit Anfang September forderten die Demonstranten auf Transparenten beispielsweise Reisefreiheit. Die Volkspolizei vermied unter den Augen der internationalen Messebesucher ein härteres Durchgreifen.

Massenflucht

Ungarn hatte ab Mai 1989 im Zuge des Reformkurses die Zäune an der Grenze zu Österreich abgebaut. Viele DDR-Bürger hielten sich damals als Touristen in Ungarn auf. Am 10. September reisten etwa 10 000 von ihnen ungehindert durch Österreich in die Bundesrepublik. Andere besetzten die bundesdeutschen Botschaften in Prag, Warschau und Budapest. In der Prager Botschaft lebten zeitweise über 6000 Menschen unter katastrophalen Bedingungen. Ende September durften die Flüchtlinge in Prag und Warschau die Botschaften in Richtung Bundesrepublik verlassen. Mehr als die Hälfte der Flüchtlinge waren junge Leute zwischen 18 und 30 Jahren. Als Gründe für ihre Ausreise gaben sie an:
– fehlende Meinungsfreiheit und fehlende Reisemöglichkeiten (74 %),
– den Wunsch, das Leben nach eigenen Vorstellungen zu gestalten (72 %),
– fehlende Zukunftsaussichten (69 %),
– die ständige Kontrolle durch den Staat (65 %) und
– die schlechte Versorgungslage (56 %).

2 *Nennt die Fluchtgründe der DDR-Bürger und erläutert sie.*

Der 40. Jahrestag der DDR

3 Die Militärparade zum 40. Jahrestag der DDR auf der Berliner Karl-Marx-Allee. Foto, 7. Oktober 1989.

Spontane Kundgebungen

Bundesaußenminister Genscher hatte mit der DDR-Führung die Ausreisemodalitäten ausgehandelt. Danach sollten die Flüchtlinge in Sonderzügen über das Gebiet der DDR gefahren werden, um die Erteilung der Ausreiseerlaubnis als freiwilligen Akt der DDR-Führung erscheinen zu lassen. Als die Züge durch Dresden fuhren, bildeten sich dort jedoch spontane Kundgebungen von DDR-Bürgern, die ebenfalls die Ausreiseerlaubnis forderten.

Der 40. Jahrestag der DDR

Die DDR-Führung wollte den 7. Oktober 1989 als 40. Jahrestag der Gründung der DDR in feierlicher Weise begehen. Zufriedenheit, Zustimmung und Zukunftsbegeisterung der Bevölkerung wurden in den offiziellen Medien vorgeführt, bis das Jubiläum in einem mehrtägigen Festprogramm in Ostberlin seinen Höhepunkt finden sollte. Die offizielle Presse berichtete mit keinem Wort über die oppositionellen und kritischen Stimmen. Einziger offizieller Kommentar: Man könne im Grunde froh sein, die Flüchtlinge loszuwerden, und weine ihnen kein Träne nach. Das steigerte die Erbitterung der Opposition noch.

Berlin, 7. Oktober 1989

Mit Pomp, Fahnenschmuck und Marschmusik huldigte die Armee der Staatsführung (Bild 3). Auch die FDJ* demonstrierte mit einem Fackelzug die vorgesehene Begeisterung.

Wirklich begeistert empfangen wurde aber der sowjetische Reformer und Ehrengast Michail Gorbatschow. Die Rufe „Gorbi, hilf uns!" beantwortete er zunächst mit Hinweisen auf die Entscheidungsfreiheit der souveränen DDR. Von Journalisten nach der Entwicklung in der DDR befragt, sagte er dann aber sinngemäß: „Wer zu spät kommt, den bestraft das Leben." In den vorangegangenen Jahrzehnten hatte die Sowjetunion alle echten Reformversuche im Ostblock direkt oder indirekt unterdrückt. Die Durchsetzung der Reformforderungen war mit Gorbatschows Worten zu einer inneren Angelegenheit der DDR geworden, in die sich die Sowjetunion jedenfalls nicht einmischen würde. Bereits am Abend des 7. Oktober und am folgenden Tag kam es in Ostberlin zu größeren Demonstrationen, die man von staatlicher Seite brutal auseinandertreiben ließ.

3 *Notiert stichpunktartig die Entwicklung in der DDR bis zum 7. Oktober.*

Hans-Dietrich Genscher (geb. 1927), FDP, 1952 aus der DDR in die Bundesrepublik übergesiedelt, amtierte von 1974 bis 1992 als Außenminister der BRD.

FDJ (= Freie Deutsche Jugend): kommunistischer Jugendverband der DDR.*

79

Der Fall der Mauer

1 **Montagsdemonstration in Leipzig vom 9. Oktober 1989.** Foto.

Eine Revolution?

1 *Schildert die Stimmung, das Bild 1 vermittelt.*

Die Demonstrationen in Ostberlin am 7. und 8. Oktober waren auseinandergetrieben worden. Auch in Leipzig war es am 2. Oktober zu brutalen Schlagstockeinsätzen gegen Demonstranten gekommen. Doch jeder wusste: Am 9. Oktober würde in Leipzig die nächste Montagsdemonstration stattfinden. Die Staatsführung hatte die Stadt durch Volkspolizei und Militär mit Panzerfahrzeugen umstellen lassen. In den Krankenhäusern der Stadt wurden Zusatzpersonal und Blutkonserven bereitgestellt. Wollte die Staatsführung die Demonstration niederwalzen lassen? Gewandhauskapellmeister Kurt Masur, der Kabarettist Bernd-Lutz Lange und Pfarrer Peter Zimmermann genossen in Leipzig hohes Ansehen. Sie verhandelten fieberhaft mit drei SED-Bezirkssekretären, um das Schlimmste abzuwenden. Schließlich formulierten sie einen gemeinsamen Aufruf zur Gewaltlosigkeit, der in kurzen Abständen immer wieder über die Lautsprecher des Stadtfunks verbreitet wurde. Doch niemand wusste, welchen Erfolg ihre Bemühungen haben würden.
Um 18 Uhr endete das Friedensgebet in der Nikolaikirche. Die Teilnehmer verließen die Kirche, brennende Kerzen in den Händen. Draußen wurden sie von beklemmender Stille empfangen, nur der Glockenschlag hallte durch den trüben Abend. Doch schweigend hatten sich Tausende eingefunden. Auf dem Augustusplatz – damals Karl-Marx-Platz – wuchs der Zug auf mindestens 70 000 Menschen an. Die meisten von ihnen hatten noch nie an einer ungenehmigten Demonstration teilgenommen. Nun setzten sie sich über die Furcht für Leib und Leben hinweg. Beim Zug über den Ring um die Innenstadt ertönten Sprechchöre: „Wir sind das Volk!", „Keine Gewalt!".

Das befürchtete Blutbad blieb schließlich aus. Von nun an „gehörte" Leipzig den Demonstranten, die sich Montag für Montag in größerer Zahl zusammenfanden. Und auch in anderen Städten der DDR, zum Beispiel in Potsdam, fanden nun – wie schon in Ostberlin und Dresden – regelmäßig Demonstrationen statt, um gewaltlos die Forderungen vorzutragen.

2 *Beschreibt die Ereignisse in Leipzig. Schätzt die Anstrengungen von Masur, Lange und Zimmermann ein.*

3 *Schlagt in einem Lexikon den Begriff „Revolution" nach und prüft, ob die Ereignisse des Herbstes 1989 der Definition einer „Revolution" entsprechen.*

Filmtipp:
Das Wunder von Leipzig. Deutschland, 2009.

Der Fall der Mauer

2 In der Nacht vom 9. auf den 10. November 1989 an einem Grenzübergang in Berlin. Foto, 1989.

Die Bewegung geht weiter

Seit September entstanden die ersten Organisationen der Opposition: Neues Forum, Demokratischer Aufbruch, Demokratie Jetzt. Auch die Neugründung der SPD in der DDR fand in diesen Tagen statt. Am 18. Oktober verlor Honecker seine Ämter, Egon Krenz übernahm die Nachfolge. Die SED schaffte es jedoch nicht, mit der Oppositionsbewegung Schritt zu halten. Am 9. November 1989 erfüllte sich im allgemeinen Durcheinander die bisher wichtigste Forderung der Demonstranten: Die Ausreise in die Bundesrepublik und nach Westberlin wurde freigegeben.

Ein Journalist hat die Ereignisse in der Nacht des 9. November 1989 am Berliner Grenzübergang Friedrichstraße, dem Checkpoint Charlie, miterlebt:

Q1 … Knapp 5000 mögen es sein, die jetzt am Checkpoint versammelt sind. Sektkorken knallen. Bald, heißt es, wird die Grenze geöffnet.

Das passiert kurz nach Mitternacht. Die ersten DDRler kommen zu Fuß, viele sind verwirrt, sagen: „Hoffentlich kann ich auch wieder zurück." Die große Metalltür ist immer noch zu. … Rechts neben dem großen Tor befindet sich ein Gatter. … Hier hindurch drängen sie in den Westen, bejubelt von der wartenden Menge. Sie werden umarmt und mit Sekt übergossen. … Wir versuchen, zum Brandenburger Tor zu kommen. … Es ist etwa 3 Uhr. Das Brandenburger Tor ist grell erleuchtet – von den Scheinwerfern der TV-Teams. … Auf der Mauerbrüstung stehen die Leute bereits dicht an dicht. … „Das Geilste von allem war", schreit jemand im roten Skianorak neben uns, „wie wir vorhin durchs Brandenburger Tor jeloofen sind – ick hab det Ding sogar anjefasst." … Inzwischen sind unbewaffnete Grenzsoldaten aufmarschiert. … Verunsichert, aber mit guten Worten versuchen sie, die Heruntergekletterten zurückzuhalten. …

Egon Krenz *(geb. 1937) amtierte vom 18. Oktober 1989 bis 3. Dezember 1989 als Honeckers Nachfolger im Amt des Generalsekretärs der SED.*

4 *Beschreibt die Stimmung und nehmt dazu aus heutiger Sicht Stellung.*

1 **9. November 1989: Fall der Berliner Mauer.** Foto, 1989.

1 *Stellt euch vor, ihr wärt in der Nacht vom 9. auf den 10. November 1989 an der Berliner Mauer gewesen. Schildert mithilfe des Bildes eure Eindrücke.*

2 *Schreibt für eine ausländische Zeitung eine Reportage über die Ereignisse an der Berliner Mauer.*

Der schwierige Weg zur Einheit

Hans Modrow (geb. 1928), SED, war von November 1989 bis April 1990 Ministerpräsident der DDR.

1 **Am 3. Oktober 1990 vereinigten sich die beiden deutschen Staaten. Vor dem Reichstag in Berlin wurde unter dem Jubel der Menschen die Bundesflagge gehisst.** Foto.

Lothar de Maizière (geb. 1940), CDU, war von April bis Oktober 1990 der letzte Ministerpräsident der DDR.

3. Oktober 1990: Tag der Deutschen Einheit.

Die ersten freien Wahlen

Die am 13. November gebildete DDR-Regierung unter Ministerpräsident Modrow (SED) einigte sich mit den Oppositionsvertretern am „Runden Tisch" (s. auch S. 77) auf Volkskammerwahlen am 18. März 1990. Bei einer Wahlbeteiligung von 97 Prozent entfielen auf CDU 40,9, DSU (sächsische Schwester der CSU) 6,3, SPD 21,8, Liberale 5,3, Bündnis 90 (Bürgerbewegungen, u.a. Neues Forum, Demokratie Jetzt) 4,9 und die PDS (Partei des Demokratischen Sozialismus, früher SED) 16,3 Prozent der Stimmen.

Nach den Volkskammerwahlen bildete sich als Regierung eine Große Koalition aus CDU, DSU, Liberalen und SPD unter Führung der CDU mit Ministerpräsident Lothar de Maizière. Ziel der Regierung war die baldige Schaffung einer Wirtschafts- und Währungsunion mit der Bundesrepublik als Vorstufe zur deutschen Einheit.

Die Vereinigung

Seit dem Frühjahr 1990 hatte das Parlament der DDR, die Volkskammer, mit einigen Reformgesetzen den Übergang zu einer rechts-staatlichen Ordnung in der DDR vorbereitet und eine Anpassung an die Verhältnisse der Bundesrepublik eingeleitet.

So wurden u.a. auch fünf neue Länder gebildet: Sachsen, Sachsen-Anhalt, Thüringen, Mecklenburg-Vorpommern und Brandenburg. Westberlin und Ostberlin sollten nach der Vereinigung das Land Berlin bilden.

Am 23. August 1990 beschloss die Volkskammer den Beitritt der DDR zur Bundesrepublik. Er sollte am 3. Oktober wirksam werden. Die ersten gesamtdeutschen Wahlen wurden auf den 2. Dezember 1990 festgelegt. Das genaue Verfahren der Einigung regelte der Einigungsvertrag, der am 6. September 1990 von den Regierungen der Bundesrepublik und der DDR unterschrieben wurde und den am 20. September die Volkskammer und der Bundestag billigten.

Am 3. Oktober 1990 wurde die Einigung vollzogen. In Berlin wurde der Tag mit einem feierlichen Festakt und dem Hissen der Bundesfahne gefeiert.

1 *Beschreibt mit eigenen Worten den Weg zur Vereinigung der beiden deutschen Staaten.*

Der „Zwei-Plus-Vier-Vertrag"

2 Mitterand zu Thatcher und Bush: „Es ist die Wiedervereinigung …". Karikatur, 1990.

„Zwei-plus-Vier"-Verhandlungen

1990 wurden in Verhandlungen zwischen der Bundesrepublik, der DDR und den vier Siegermächten auch noch die letzten Vorrechte der Besatzungsmächte abgelöst. Diese Verhandlungen wurden „Zwei-plus-Vier"-Verhandlungen genannt.

Am 12. September wurde in Moskau der „Vertrag über die abschließende Regelung in Bezug auf Deutschland" von den Außenministern Großbritanniens, Frankreichs, der USA, der Sowjetunion und beider deutscher Staaten unterschrieben.

Die Vereinbarungen des Vertrags

Die wichtigsten Vereinbarungen lauteten:
– das vereinte Deutschland umfasst die Gebiete der Bundesrepublik und der DDR,
– die bestehenden Grenzen, insbesondere zu Polen, gelten weiter,
– die Streitkräfte Deutschlands werden auf 370 000 Mann festgelegt,
– die Siegermächte USA, Großbritannien, Sowjetunion und Frankreich beenden ihre seit 1945 bestehenden Verantwortlichkeiten für Deutschland, das vereinte Deutschland wird ein freier und selbstständiger Staat.

2 Erklärt, warum die Vereinigung der beiden deutschen Staaten nur mit der Zustimmung der ehemaligen Siegermächte möglich war.

3 Informiert euch über die genannten Personen (Bild 2) und erklärt die Aussage der Karikatur.

Die Einheit – Ergebnis von Mut und Unterstützung

Bundeskanzlerin Angela Merkel sagte am 3. Oktober 2009, dem Tag der Deutschen Einheit:

Q1 … Sie (die Deutsche Einheit) ist nicht vom Himmel gefallen, sondern ist das Ergebnis eines langen Prozesses. Sie ist das Ergebnis von Mut, Entschlossenheit und Zivilcourage. Die Menschen in der ehemaligen DDR haben mit ihrem Mut den historischen Weg zur Deutschen Einheit geebnet. Tausende sind zum ersten Mal auf die Straße gegangen, haben zum ersten Mal ein Plakat gemalt, zum ersten Mal eine Kirche besucht. Unterstützt wurden wir dabei von Partnern im Westen, in Europa, in den Vereinigten Staaten von Amerika. Und unterstützt wurden wir auch von unseren Nachbarn im Osten. Denn ohne die Reformer um Václav Havel in der Tschechoslowakei, ohne die Gewerkschaft Solidarnosc in Polen, ohne die Organisatoren des Paneuropäischen Picknicks oder ohne die Politik Michail Gorbatschows, der mit Glasnost und Perestroika die Fenster in seinem Land weit geöffnet hatte, wäre dies alles nicht möglich gewesen. …

4 Nennt die Voraussetzungen, die die Bundeskanzlerin 2009 für die deutsche Einheit sah.

Der Weg zur deutschen Einheit:

9. November 1989: Fall der Mauer

18. März 1990: Erste freie Wahlen in der DDR

3. Oktober 1990: Vereinigung der beiden deutschen Staaten

Methode: Zeitzeugen befragen

Zeitzeugen berichten

Nachdem am 9. November 1989 die Mauer geöffnet worden war, wollten zahllose DDR-Bürger diese Gelegenheit rasch nutzen.

Eine Zeitzeugin aus Danneberg erinnerte sich an die Grenzöffnung November 1989:

Q1 ... Ich hörte im Radio was von Grenzöffnung und die Mauer ist gefallen. ... Es war spätabends, und wir stellten schnell den Fernseher an: Wirklich! Es ist wahr! Die Grenzen zur DDR sind offen. In Berlin tanzen und jubeln die Menschen auf der Mauer. Ost und West liegen sich in den Armen! Wir sind so ergriffen von diesem Ereignis, dass auch wir uns umarmen. Am nächsten Tag ist Lüchow von den Trabis eingenommen. Auf den Bürgersteigen sieht man ganze Gruppen von Menschen, die von drüben gekommen sind. In der Lüchower Samtgemeindeverwaltung ist die Hölle los: Jeder DDR-Bürger unterschreibt den Besucherschein und bekommt 100 DM Begrüßungsgeld. ... Dieter und ich gehen abends zur Samtgemeinde und nehmen eine Familie zum Übernachten auf. Wir decken den Abendbrottisch, zwei Jungens sind dabei. Da sagt doch der eine: „Mama, und das sollen unsere Feinde sein?" Es war den Eltern peinlich und sie sagten: „Das hat man ihnen im Kindergarten eingeredet!"
...

Zeitzeugenberichte: „Geschichte von unten"

Viele Menschen erinnern sich heute noch genau an jene Novembertage. Solche „Zeitzeugen" können auf diese Weise ein persönliches und lebendiges Bild von den damaligen

1 Grenzöffnung am 11. November 1989 am Grenzübergang Helmstedt/Marienborn. Nach der Öffnung der deutsch-deutschen Grenzübergänge (9./10. November 1989) reisten Millionen DDR-Bürger zu kurzen Besuchen in die Bundesrepublik und nach Westberlin. Fotos.

Ereignissen entstehen lassen. Sicherlich können sie sich dabei nicht mehr wirklich an alles erinnern. Manchmal werden sie sich sogar im Rückblick irren und Fakten durcheinanderbringen.
Dass solche Zeitzeugenberichte bei der Geschichtsbetrachtung den-

noch eine wichtige Ergänzung zu den politischen Dokumenten und sonstigen historischen Quellen sind, liegt vor allem an einem: Sie stellen die Geschichte „von unten" dar, aus

2 Vorbereitung der Befragung. Foto.

3 Durchführung der Befragung. Foto.

dem Blickwinkel des „Durchschnitts-bürgers".
Wie eine Zeitzeugenbefragung durchgeführt werden kann, könnt ihr im Folgenden erarbeiten.

1. Schritt: Befragung vorbereiten

Thema, Probleme klären, z.B. Ereignisse um den 9. November 1989, Maueröffnung, Einheit am 3. Oktober 1990.
– Informationen zur Vorbereitung sammeln, zunächst aus diesem Kapitel; weitere Materialien heranziehen (Bücher, Zeitschriften, Zeitungen, Fernsehmitschnitte); einen ersten Überblick gewinnen.
– Fragen vorbereiten: Fragebogen. Beispielfragen: „Wie haben Sie die Maueröffnung erlebt? Was ist Ihnen am stärksten in Erinnerung geblieben? Welche Gefühle hatten Sie damals? Wie standen Sie zur Einheit? Welche Meinung haben Sie heute?"
– Befragung zur Probe einmal durchspielen; eventuell Fragen umformulieren.

2. Schritt: Kontakte mit Zeitzeugen aufnehmen

– Zeitzeugen zunächst in der Familie, Verwandtschaft, im Bekanntenkreis suchen.
– Anfragen auch bei Parteien, Gewerkschaften, Kirchen, Gemeinde- oder Stadtverwaltungen. Sinnvoll, wenn möglich: Personen aus West und Ost befragen, um Aussagen vergleichen zu können.
– Klären: Ort, Zeit, Ablauf der Befragung; wie dürfen Aussagen verwendet (ausgewertet) werden?

3. Schritt: Befragung durchführen

– Befragung gut vorbereiten: angenehme Atmosphäre schaffen, Begrüßung, Dauer der Befragung absprechen, Gesprächsleitung klären, Aufnahmegeräte oder Protokollführung sichern, Fotos anfertigen (mit dem Gast klären).
– Fragen stellen; Aussagen festhalten; gestellte Fragen auf der Liste streichen; eventuell Nachfragen stellen; dem Befragten Gelegenheit zum freien Erzählen geben.
– Dank und Verabschiedung.

4. Schritt: Ergebnisse auswerten, präsentieren und kritisch bewerten

– Nachbereitung: Wie ist die Befragung gelaufen?
– Welchen Eindruck haben Zeitzeuge oder Zeitzeugin gemacht?
– Welche Informationen haben wir erhalten?
Welche Informationen sind neu? Stimmen sie mit unseren Kenntnissen aus den Materialien (Büchern usw.) überein? Lassen sich die Unterschiede erklären? Wo sind „Lücken" zu erkennen? Wie sind sie zu schließen?
– Müssten wir etwas an unseren Befragungen ändern?
– Art der Dokumentation, Präsentation klären; mögliche Formen: Text- und Bilddokumentation („Zeitzeugen-Mappe"), Wandzeitung, Tonband- oder Video-Collage, Ausstellung, Mitarbeit des Zeitzeugen.

Das kann ich schon ...

Arbeitsbegriffe

✓ Schritte der europäischen Einigung
✓ Reformen in Osteuropa
✓ Wandel durch Annäherung
✓ Montagsdemonstrationen
✓ Fall der Mauer
✓ Freie Wahlen in der DDR
✓ 3. Oktober 1990

Was wisst ihr noch?

1 Nennt Stationen der europäischen Einigung. Ordnet hier das Plakat rechts ein.
2 Erklärt die Abkürzungen EWG, EURATOM, EU.
3 Erläutert den Begriff: „Wandel durch Annäherung".
4 Welche Veränderungen gab es in der Sowjetunion seit 1985 und was bewirkten sie?
5 Wie kam es zur friedlichen Revolution in der DDR?
6 Nennt wichtige Forderungen der DDR-Bürger während der Revolution.
7 An welchem Tag wurde die Einheit vollzogen?

Tipps zum Weiterlesen

Peter Abraham/Margareta Gorschenek: Wahnsinn.
  Geschichten vom Umbruch in der DDR. Ravensburger,
Ravensburg 1992
  Friedemann Bedürftig: Lexikon Deutschland nach 1945.
Carlsen, Hamburg 1996
  Thomas Brussig: Am kürzeren Ende der Sonnenallee.
Fischer, Frankfurt a. M. 2001

1 Schreibt zu den Bildern eine Reportage zur Geschichte der friedlichen Revolution und der Wiedervereinigung der beiden deutschen Staaten (s. auch S. 224).

2 Gestaltet ein Plakat zu den Folgen der deutschen Einheit (s. auch S. 223).

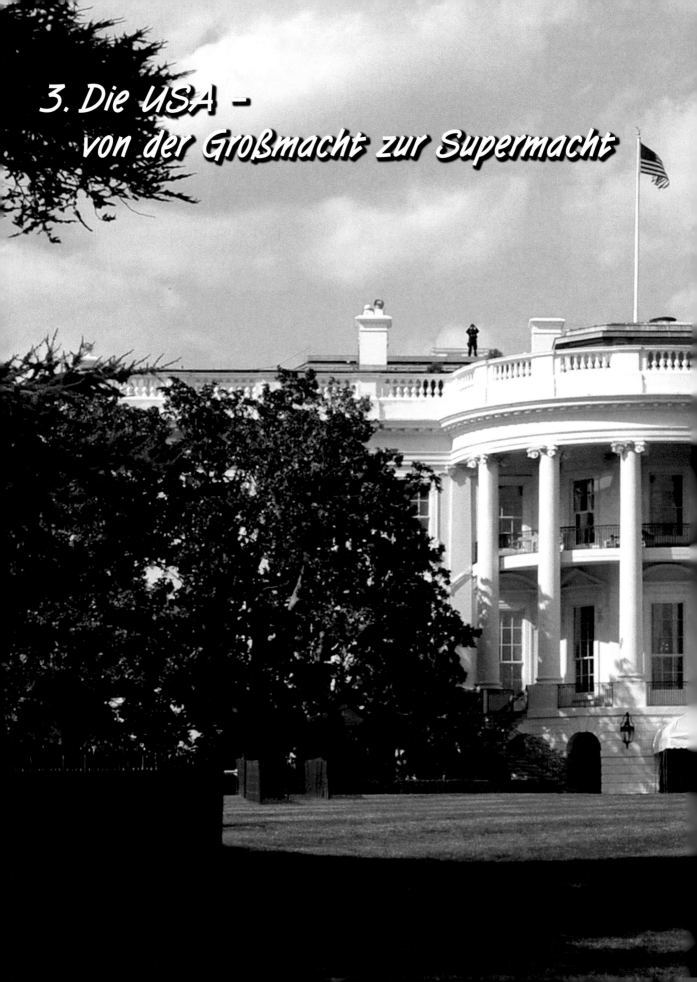

3. Die USA –
von der Großmacht zur Supermacht

Nach der Gründung der USA im 18. Jahrhundert war das Denken vieler Amerikaner von Fortschrittsglauben und Sendungsbewusstsein geprägt. Sie versuchten, Freiheit und Demokratie in der Welt zu verbreiten. Dies führte jedoch auch zur Unterdrückung von Völkern und Staaten. Im 19. Jahrhundert wurden die USA zur Großmacht.

Im Zweiten Weltkrieg waren die USA die Hauptkraft bei der Niederwerfung des nationalsozialistischen Deutschlands. Nach 1945 wurden die USA – neben der Sowjetunion – zur stärksten Wirtschafts- und Militärmacht der Welt und damit zur Supermacht. Nach der Auflösung der Sowjetunion im Jahr 1991 verbleiben sie als einzige Supermacht.

In diesem Kapitel könnt ihr den Aufstieg der USA zur Supermacht und ihre Beziehungen zu Europa untersuchen.

Die Anfänge der USA

1 **Unabhängigkeitserklärung der USA, 4. Juli 1776.** Gemälde von John Trumbull, um 1787.

George Washington (1732–1799), Führer der Unabhängig-keitsbewegung gegen England und erster Präsident der USA (1789–1797).

Englische Kolonien in Nordamerika

Im Jahr 1607 fuhren 120 Menschen auf drei Schiffen über den Atlantik zur Küste Virginias und gründeten dort Jamestown, die erste auf Dauer angelegte englische Siedlung in Amerika. Die Gründe für diese Auswanderung waren unterschiedlich: Viele der Auswanderer erhofften sich Schutz vor politischer und religiöser Verfolgung. Andere suchten der Armut in der alten Heimat zu entkommen und hofften auf ein neues, besseres Leben in Amerika. Bei einigen war Abenteuerlust die treibende Kraft. Bis 1732 entstanden so an der Ostküste der USA 13 englische Kolonien.

Die Ureinwohner des Landes, die Indianer, halfen den Einwanderern in der ersten Zeit. Sie überließen ihnen Land und schenkten ihnen Lebensmittel. So heißt es in dem Tagebuch des Siedlers E. Winfield:

Q1 ... 25. Juni 1607. Ein Indianer kam zu uns mit einer Friedensbotschaft des Häuptlings. Sie wollten unsere Freunde sein. Und wir sollten in Frieden säen und ernten können. ...

Eine neue Nation entsteht

Alle Siedler galten rechtlich als Engländer. Doch England war fern, und viele Probleme verlangten eine rasche Lösung. So gab es in den Kolonien eine Art Selbstverwaltung. In den Siedlerversammlungen berieten und beschlossen gewählte Vertreter Lösungen für die gemeinsamen Probleme. Die Selbstverwaltung, aber auch der Kampf ums tägliche Leben ließ die Menschen aus den verschiedenen Nationen bald zu einer eigenen Nation zusammenwachsen.

Ein Einwanderer schrieb 1782:

Q2 ... Was ist eigentlich ein Amerikaner, diese neue Art Mensch? Er ist kein Europäer und auch nicht Nachkomme eines Europäers. Er ist eine seltsame Mischung, die es nirgendwo auf der Welt gibt. Ich kenne einen Mann, dessen Großvater Engländer war, dessen Frau Holländerin war, dessen Sohn eine Französin heiratete, und dessen Söhne wiederum Frauen von vier verschiedenen Nationalitäten haben. Er ist ein Amerikaner. ...

Eroberung des Kontinents

2 Die wichtigsten Indianerstämme auf dem nordamerikanischen Kontinent im 18. Jahrhundert.

Die Unabhängigkeit wird erkämpft

Die 13 Kolonien fühlten sich durch britische Steuer- und Zollgesetze benachteiligt und forderten, da sie Steuern zahlten, auch im britischen Parlament vertreten zu sein. Ihre Auseinandersetzungen mit Großbritannien wurden immer heftiger. Zwischenfälle führten schließlich zum Krieg. Unter Führung George Washingtons erkämpften die Siedler, zuletzt mit französischer Unterstützung, den Sieg über Großbritannien. Im Jahr 1776 erklärten sie ihre Unabhängigkeit und gründeten die „Vereinigten Staaten von Amerika" (USA), einen republikanischen* Bundesstaat.

1 *Nennt die Gründe, die die Kolonisten dazu brachten, die Unabhängigkeit zu erklären.*

Der Kontinent wird erobert

Für die Siedler reichte das Land in den ersten Kolonien bald nicht mehr aus. Immer weiter drangen sie nach Westen vor. Durch Besiedlung, kriegerische Eroberung und Landkauf kamen neue Staaten hinzu, etwa Texas, Oregon und Kalifornien. Mit dem Kauf Alaskas von Russland für 7,2 Mio. Dollar war 1867 der Landerwerb auf dem Kontinent abgeschlossen.

Das Schicksal der Indianer

Um 1800 lebten fast 500 Indianervölker in Nordamerika. Die Indianer wurden von den Weißen aus ihren Gebieten vertrieben und gezwungen, in Reservaten* zu leben.

Über die Indianer schrieb der amerikanische Dichter und Schriftsteller Hugh Henry Brackenridge im Jahr 1872:

Q3 ... Ich bin weit davon entfernt, auch nur im Traum anzunehmen, dass die Indianer ein Recht auf Land haben könnten, von dem sie seit Jahrtausenden keinen anderen Gebrauch machen als die Tiere. Es ist deshalb undenkbar, dass sie einen Anspruch auf Land haben. Sie müssen deshalb – und das ist Gottes Wille – von diesem Land vertrieben werden. ... Indianer haben das Aussehen von Menschen ..., aber wie sie uns im Augenblick entgegentreten, erscheinen sie eher als Tiere, teuflische Tiere. ... Es gilt, sie zu dezimieren*. ...

2 *Informiert euch über die Ausbreitung der USA nach Westen im 18./19. Jahrhundert (Bibliothek, Internet).*
3 *Untersucht Q3 und nehmt zu den Aussagen Stellung.*

Methode: Ein Referat erarbeiten und halten

1 **Lena trägt ihr Referat frei und mithilfe von Notizen auf Karteikarten vor.** Foto, 2009.

Referate sind wichtig

Auch im Geschichtsunterricht haltet ihr gelegentlich ein Referat. Ihr lernt dabei einen Sachverhalt genauer kennen und könnt dadurch anderen diesen Sachverhalt zusammenfassend vermitteln. Referate müsst ihr später auch in höheren Klassen, im Beruf oder während der Weiterbildung immer wieder halten. Es lohnt sich, diese Methode zu erlernen.

Die einzelnen Schritte

Folgende Schritte helfen euch, ein Referat zu entwerfen und zu halten:

Schritt 1:
Abstimmung und Auswertung
– Wie lautet das Thema genau?
– Welchen Umfang soll das Referat haben (Vorgaben des Lehrers, der Lehrerin)?

– Wie viel Zeit habt ihr für die Erarbeitung? Wann ist der Termin des Referats?

Schritt 2:
Material mit Nachweisen sammeln
– Wo findet sich Material für das Referat (Bücher/Bibliothek, Zeitschriften, Internet/Suchmaschinen)?
– Wie kann man das gesammelte Material sammeln und ordnen?
– Wie kann man den genauen Fundort des Materials, einer Quelle, eines Zitats dokumentieren?

Schritt 3:
Referat sinnvoll gliedern
– Was gehört in die Einleitung (Aufhänger, Begründung des Themas, Eingrenzung)?

– Wie gliedert man den Hauptteil? Welche Punkte sind aufgrund des Themas zentral für das Referat?
– Wie kann man im Schlussteil das Wichtigste noch einmal knapp zusammenfassen und bewerten?

Schritt 4:
Das Referat halten
– Das Referat solltet ihr möglichst frei halten. Notiert euch wichtige Stichworte auf einen Notizzettel oder eine Karteikarte. Sprecht immer zur Klasse und nicht zur Tafel.
– Wie kann man die Kernaussagen, Daten und Skizzen veranschaulichen (z. B. mit Overheadprojektor, Powerpoint-Animation, Plakat, Tafelanschrieb/-bild)?

94

Methode: Ein Referat erarbeiten und halten

Vorschlag für die Vorgehensweise bei einem Referat

Zu Schritt 1:

Angenommen, das von euch übernommene Referatsthema lautet „Auswanderung nach Amerika", dann sollt ihr darüber berichten, warum Menschen von Europa nach Nordamerika ausgewandert sind und was sie dort erlebt haben. Das Referat soll 15 Minuten dauern.

Zu Schritt 2:

Über die Auswanderung gibt es zahlreiche Bücher, Bildbände, Zeitschriftenaufsätze, und auch im Internet gibt es viele Hinweise. Für ein Referat von 15 Minuten müsst ihr euch auf wenige Materialien beschränken.

Der Artikel „Auswanderung" in Wikipedia bietet sich als Einstieg bei der Suche nach Material an.

Bei jedem Material, z. B. Texte, die ihr vortragt oder kopiert, müsst ihr immer die Quelle genau notieren. Beispiele findet ihr unter M1.

Zu Schritt 3:
Siehe M2.

Zu Schritt 4:
Zu jedem Gliederungspunkt reichen wenige Stichworte auf dem Notizzettel/der Karteikarte. Ein Bild eines Auswandererschiffes und eine Karte der Reisewege wären nützlich. Ihr solltet sie groß an die Wand werfen (Overhead-Projektor), damit sich eure Mitschüler stets orientieren können.

Ein lebhafter, nicht abgelesener Vortrag, bei dem man die Zuhörer anschaut, erhält die Aufmerksamkeit der Zuhörer. Auf keinen Fall solltet ihr die Redezeit überschreiten.

M 1 Beispiele für Belege von Textstellen:

Quellen und Sachbücher:
Johann A. Röbling, Iris Roebling: Tagebuch meiner Reise von Mühlhausen in Thüringen über Bremen nach den Vereinigten Staaten im Jahre 1831, Halle/Saale (Mitteldeutscher Verlag) 2006.

Internet:
http://www.planet-wissen.de/alltag_gesundheit/gastarbeiter_und_migration/auswanderer/index.jsp; www.geo.de/GEOlino/mensch/50616.html, Abruf (Datum des Abrufs, z. B. 12.1.2012), Autoren: Sine Maier-Bode, Christoph Teves

M 2 Beispielgliederung

A Einleitung:
Kurzer Überblick über die Auswanderung
B Hauptteil
1 Warum wanderten Europäer in die „Neue Welt" aus?
2 Welche Probleme hatten die ersten Siedler in der „Neuen Welt"?
3 Umgang mit den Eingeborenen
4 Folgen der Einwanderung der Europäer für die Eingeborenen
5 Wie wurden aus britischen Kolonien die Vereinigten Staaten von Amerika?
C Schluss
1 Zusammenfassung
2 Auswanderung heute

Einleitung
Thema nennen, Gliederung grob umreißen,
Folie mit Gliederung einblenden

Motive
Armut
religiöse Unterdrückung

Hauptteil
Daten: hier Folie mit Bild einblenden
Jamestown, Virginia
Probleme der Siedler

2 Beispiele für Karteikarten.

Aufstieg der USA

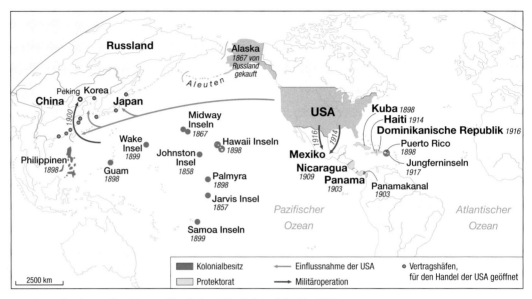

1 Die Ausbreitung des US-amerikanischen Machtbereichs bis 1917.

James Monroe (1758–1831), Präsident der USA 1817–1825. Am 2. Dezember 1823 stellte er in einer Rede die neue Außenpolitik der USA vor, die daraufhin nach ihm „Monroe-Doktrin" genannt wurde.

annektieren*:
etwas gewaltsam und widerrechtlich in Besitz nehmen.

Die „Nation der Zukunft"

Ein New Yorker Journalist, John L. O'Sullivan, formulierte in einem Zeitungsartikel 1845 ein Programm, das für lange Zeit das Denken der amerikanischen Politiker und der Mehrheit der Bevölkerung bestimmte. In diesem „Manifest design of Providence" hieß es:

Q1 … Wir können als sicher unterstellen, dass unser Land dazu bestimmt ist, die große Nation der Zukunft zu sein. … Die Vorsehung ist mit uns. … Die grenzenlose Zukunft wird das Zeitalter der amerikanischen Größe sein. In den ihr verschwenderisch gegebenen Dimensionen von Raum und Zeit ist diese Nation aus vielen Nationen bestimmt, der Menschheit die Größe der göttlichen Prinzipien aufzuzeigen und auf der Erde den vornehmsten Tempel … zu weihen. … Sein Boden soll ein ganzer Kontinent sein …, bewohnt von Hunderten, von Millionen, die niemand untertan sind, sondern regiert werden von Gottes natürlichem und moralischem Gesetz der Gleichheit, dem Gesetz der Brüderlichkeit – vom Frieden und guten Willen unter den Menschen. …

1 *Notiert die Ziele, die der Journalist für die künftige amerikanische Politik formuliert.*

„Amerika den Amerikanern"

Mit der so genannten Monroe-Doktrin von 1823 beanspruchten die Vereinigten Staaten die Vorherrschaft in Mittel- und Südamerika. Sie unterstützten die Unabhängigkeitsbewegungen der europäischen, vor allem spanischen Kolonien in Lateinamerika. Ein militärisches Eingreifen der Europäer in diese Kämpfe war nach dieser Doktrin ein unfreundlicher Akt gegenüber den USA. In Auseinandersetzungen innerhalb Europas würden sich die USA nicht einmischen.

Imperialistische Außenpolitik

Die Politik der Beschränkung auf den amerikanischen Raum gaben die USA in der zweiten Hälfte des 19. Jahrhunderts auf. In einer Mischung aus finanziellem Druck und militärischer Gewalt entwickelten sich die USA, wie die europäischen Mächte, zu einer imperialistischen Macht, die ihren Einfluss über fremde Völker direkt oder indirekt ausübte.

Expansion

1867 kauften die USA Alaska von Russland und annektierten* die Midwayinseln. Kuba geriet durch den 1898 von den USA provozierten Spanisch-Amerikanischen Krieg unter

Aufstieg der USA

Theodore Roosevelt
*(1858–1919),
Präsident der USA
von 1901–1909.*

**2 Bau des Pana-
makanals, der
Schiffsverbindung
zwischen Atlantik
und Pazifik.** Foto,
1906.

amerikanischen Einfluss, obwohl es offiziell unabhängig wurde. 1898 besiegte die US-Asienflotte eine spanische Flotte in der Bucht von Manila. Daraufhin musste Spanien Puerto Rico, Guam und die Philippinen für 20 Millionen Dollar an die USA abtreten. Ebenfalls im Jahr 1898 brachten die USA Hawaii gewaltsam in ihren Besitz. Zusammen mit den europäischen Mächten und Japan zwangen sie China zur Öffnung seiner Märkte.

2 *Sucht die im Text genannten Orte auf der Karte 1 und in einem Atlas.*

3 *Vergleicht das amerikanische Vorgehen mit der Politik der damaligen europäischen Mächte.*

Die USA als Weltpolizist

Präsident Theodore Roosevelt erweiterte 1904 in einer Erklärung vor dem Kongress die Monroe-Doktrin und den amerikanischen Anspruch der Vorherrschaft:

Q2 … Alles, was dieses Land wünscht, ist, die Nachbarländer stabil … und wohlhabend zu sehen. … Wenn eine Nation zeigt, dass sie vernünftig und mit Kraft und Anstand in sozialen und politischen Fragen zu handeln versteht, dass sie Ordnung hält und ihre Schulden bezahlt, dann braucht sie keine Einmischung vonseiten der Vereinigten Staaten zu befürchten. Ständiges Unrechttun oder ein

Unvermögen, welches hinausläuft auf eine Lockerung der Bande der zivilisierten Gesellschaft, mag in Amerika wie anderswo schließlich die Intervention durch irgendeine Nation fordern und … (die) Vereinigten Staaten … auch wider ihren Willen zur Ausübung einer internationalen Polizeigewalt zwingen. …

4 *Erklärt, wie der amerikanische Anspruch gegenüber anderen Ländern begründet wird (Q2).*

Der Panamakanal

Die USA unter Präsident Theodore Roosevelt zwangen 1903 Kolumbien mit Waffengewalt, dessen Protektorat* Panama in die Unabhängigkeit zu entlassen. Die neue Republik Panama verkaufte dann 1904 für 10 Millionen Dollar einen 16 km breiten Streifen Land zum Bau des Panamakanals an die USA. Der 1914 eröffnete Kanal blieb bis zum Jahr 2000 unter der Kontrolle der USA.

5 *Informiert euch über die Geschichte des Panamakanals in Lexika oder im Internet.*

6 *Nehmt Stellung zur Äußerung Theodore Roosevelts (Q2).*

Protektorat*:
ein unter Schutzherrschaft stehendes Gebiet. Der Begriff ist in der Geschichte nicht selten zur Beschönigung der Machtausweitung von Staaten auf international umstrittene Territorien verwendet worden.

Die USA werden Weltmacht

Thomas Woodrow Wilson (1856–1924), Präsident der USA von 1913–1921.

1 **Versenkung der „Lusitania" durch ein deutsches U-Boot im Mai 1915.** Zeitgenössisches Aquarell.

USA werden größte Wirtschaftsmacht

Von 1860 bis 1900 wuchs die Zahl der Einwohner der Vereinigten Staaten von Amerika von 31 auf 76 Millionen Menschen. Dies war vor allem eine Folge der Masseneinwanderung, die in mehreren Wellen verlief. Der farbigen Bevölkerung blieb allerdings auch nach der Abschaffung der Sklaverei in den Südstaaten die gesellschaftliche Gleichberechtigung faktisch verwehrt.

In relativ kurzer Zeit war das Land seit der Mitte des 19. Jahrhunderts zur größten Wirtschaftsmacht der Welt geworden. Die schnelle Entwicklung von Industrie und Transportwegen (Eisenbahn), bahnbrechende Erfindungen und der Abbau von Rohstoffen im großen Maßstab waren Kennzeichen einer beispiellosen wirtschaftlichen Entwicklung.

1 *Beschreibt mithilfe des Textes die amerikanische Gesellschaft um 1900.*

Abkehr vom Isolationismus

Seit der Monroe-Doktrin (s. S. 96) verfolgten die USA außenpolitisch eine Politik des Isolationismus*. Auch der 1913 zum Präsidenten gewählte Woodrow Wilson hielt sich daran. Zu Beginn des Ersten Weltkriegs 1914 erklärten sich die USA neutral, sie unterstützten je-

doch die Entente* durch umfangreiche Wirtschaftshilfen und Lieferung von Kriegsmaterial. Präsident Wilson bemühte sich um eine Einhaltung der völkerrechtlichen Bestimmungen für den Seekrieg, um die internationalen Schifffahrtslinien und überseeischen Wirtschaftsverbindungen der neutralen Staaten zu sichern.

Der Kriegseintritt der USA

Am 7. Mai 1915 versenkte ein deutsches U-Boot den britischen Passagierdampfer „Lusitania", weil der auch Munition transportierte. Dabei starben 1198 Menschen, unter ihnen 128 Amerikaner. Nach dem energischen Protest der amerikanischen Regierung schränkte Deutschland den U-Boot-Krieg vorerst ein. Trotz amerikanischer Warnungen eröffnete Deutschland am 1. Februar 1917 dann dennoch den uneingeschränkten U-Boot-Krieg. Zahlreiche Handelsschiffe wurden durch die U-Boote versenkt.

Dies war der letzte Anstoß für den Kriegseintritt der USA gegen Deutschland am 6. April 1917. Diesem Schritt schlossen sich fast alle Staaten Südamerikas an. Damit war der Krieg zum Weltkrieg geworden.

Entente*:
Bündnis zwischen dem Vereinigten Königreich und Frankreich, das 1904 geschlossen worden war.

Isolationismus*:
Politische Tendenz, sich vom Ausland abzuschließen.

Die USA im Ersten Weltkrieg

2 US-Truppen marschieren auf ihrem Weg zur Front durch Paris. Foto, 1917.

Zum Kriegseintritt der USA äußerte sich Wilson am 2. April 1917:

Q1 ... Neutralität ist nicht länger durchführbar oder wünschenswert, wo es um den Frieden der Welt und die Freiheit der Völker geht. ... In diesem Moment sind wir dabei, den Fehdehandschuh dieses natürlichen Feindes der Freiheit aufzunehmen und werden, wenn nötig, die ganze Stärke unserer Nation darauf verwenden, seine anmaßenden Ansprüche und seine Macht zu brechen und zu vernichten. Wir sind froh, jetzt, da wir die Tatsachen ohne einen Schleier trügerischen Scheins sehen, für den endgültigen Weltfrieden und für die Befreiung aller Völker, das deutsche Volk eingeschlossen, zu kämpfen. ...

1 Nennt die grundsätzlichen Überlegungen, die Wilsons Äußerungen bestimmen.

Von einer Regional- zur Weltmacht

Mit ihrem Kriegseintritt wollten die USA langfristig den Weltfrieden sichern, der für ihre aufstrebende Wirtschaft und ihren weltweiten Handel von großer Bedeutung war. Damit entwickelten sich die USA von einer Regionalmacht im amerikanischen Raum zu einer Weltmacht.

Wilsons 14 Punkte

Im Januar 1918, noch vor Ende des Ersten Weltkriegs, verkündete Präsident Wilson in 14 Punkten ein Friedensprogramm für Europa und die ganze Welt nach Kriegsende.

Die USA beanspruchten für sich das Recht, über diese Friedensordnung zu wachen:

Q2 ... Unser Programm ist also ein Programm des Weltfriedens. ...
1. Alle Friedensverträge sind öffentlich und werden öffentlich geschlossen. ...
2. Vollkommene Freiheit der Schifffahrt auf den Meeren. ...
3. Beseitigung aller wirtschaftlichen Schranken. ...
4. Angemessene Beschränkungen der Rüstungen eines jeden Landes. ...
5. Eine freie, weitherzige und unbedingt unparteiische Beilegung aller kolonialen Ansprüche ... unter Beachtung der Interessen der betroffenen Völker. ...
14. Eine allgemeine Gesellschaft der Nationen muss gebildet werden zur gegenseitigen Sicherheit, für die politische Unabhängigkeit der ... Nationen. ...

2 Erläutert die einzelnen Punkte von Präsident Wilsons Friedensprogramm.

US-Waffenexporte an Krieg führende Staaten (in US-Dollar; Veränderungen der Zahlen von 1916 in Prozent gegenüber denen von 1914):

Großbritannien
1914:
594 271 863
1916:
1 526 685 102
(+257)

Frankreich
1914:
159 818 924
1916:
628 851 988
(+393)

Italien
1914:
74 235 012
1916:
269 246 105
(+364)

Die USA im Innern – vom Boom zur Krise

1 An einem Sonntagnachmittag in St. Louis (Missouri). Foto, 1920.

Völkerbund und neuer Isolationismus

Auf Drängen von Präsident Wilson arbeitete die Pariser Friedenskonferenz am Ende des Ersten Weltkriegs die Satzung für den Völkerbund* aus. Am 15. November 1920 nahm dieser seine Arbeit auf. Seine Ziele waren: Förderung der Zusammenarbeit unter den Staaten und Gewährleistung des internationalen Friedens und der Sicherheit.

Nach Kriegsende verbreitete sich jedoch in den USA erneut eine Stimmung, die von dem Wunsch nach Nichteinmischung in weltpolitische Angelegenheiten geprägt war. Dementsprechend lehnte der US-Senat den Beitritt zum Völkerbund ab. Die USA traten außenpolitisch erneut in eine Phase der Isolation ein. Sie wandten sich von Europa ab und verfolgten vor allem ihre handelspolitischen Interessen in Mittel- und Südamerika.

Die USA im Boom

„Roaring Twenties", „wilde Zwanziger": Mit diesem Begriff sollten der explosionsartige Aufschwung der US-Wirtschaft und die turbulenten Veränderungen im Leben in den amerikanischen Großstädten zum Ausdruck gebracht werden.

Zwischen 1921 und 1929 kam es annähernd zu einer Verdoppelung der Industrieproduktion. Die führende Rolle dabei spielte die Automobilindustrie, die Autos am Fließband produzierte. Sie fanden massenhaft Käufer, weil die Realeinkommen beträchtlich stiegen. Für 290 Dollar konnte man 1925 das Modell „Tin Lizzy" von Ford erwerben, das war etwa ein Zehntel des jährlichen Mindesteinkommens einer amerikanischen Familie. Warenhäuser mit einem gigantischen Warenangebot, Wolkenkratzer als Symbol des Reichtums der Städte und die Entwicklung einer Massenkultur in den Städten (Jazz, Musical, Shows, Filme) verbanden sich mit völlig neuen Lebensformen.

Der Historiker Erich Angermann beschrieb diese Revolution so:

M1 … Der Alltag in Beruf, Haushalt und Freizeit wurde ganz und gar umgestaltet durch neue Konsumgüter wie Kühlschränke, Staubsauger und andere Haushaltsgeräte, durch elektrisches Licht, Telefon, Radio und Kino – gar nicht zu reden von den Veränderungen in der Ernährungsweise, die durch verbesserte Transportmöglichkeiten für frisches Obst und Gemüse, mehr noch durch die ausgiebige Verwendung von Konserveb zum Guten wie zum Schlechten vor sich gingen. Alle diese Annehmlichkeiten waren mehr und mehr auch dem kleinen Mann zugänglich. …

1 *Nennt wichtige Elemente des neuen Lebensstils.*

Völkerbund:*
die erste weltweite Organisation zur Erhaltung des Weltfriedens. Sie wurde am 10. Januar 1920 auf der Versailler Friedenskonferenz auf Initiative des amerikanischen Präsidenten Wilson gegründet. Der Völkerbund konnte aber nicht den Zweiten Weltkrieg (1939–45) verhindern. Nach der Gründung der UNO wurde er daher 1946 aufgelöst.

Die USA im Innern – vom Boom zur Krise

2 Schlange von Arbeitslosen, die in Chicago nach einer warmen Mahlzeit anstehen. Foto, 1931.

Überproduktion und Wirtschaftskrise

Es schien keine Grenzen des Wachstums zu geben. Die Aktienkurse an der Börse stiegen auf Rekordhöhen. Schulden wurden gemacht, um schneller zum Reichtum zu kommen. Niemand fragte, ob die Aktienkurse überhaupt noch dem Wert der Unternehmen entsprachen. Doch Mitte 1929 begann der unerhörte Wirtschaftsaufschwung in den USA zu versiegen. Der Absatz an hochwertigen Verbrauchsgütern wie Kühlschränken und Radioapparaten stockte. Aufgrund der großen Ungleichheiten bei den Einkommen und in der Vermögensverteilung gab es kaum einen Haushalt ohne hohe Abzahlungsschulden. Die Massenproduktion ging zurück, da die Menschen nicht genügend Geld zum Kaufen hatten. Die Industrie blieb auf ihren Waren sitzen. Jeder dritte Arbeitnehmer wurde arbeitslos.

Am 24. Oktober 1929 begann schließlich der Zusammenbruch der New Yorker Börse. Aktien verloren in Windeseile 90 Prozent ihres Wertes. Banken mussten ihre Kredite abschreiben, Sparer verloren ihr Geld.

In einer „Weltgeschichte des 20. Jahrhunderts" heißt es über die Folgen:

M2 … Inmitten eines erdrückenden Überflusses – das wirkte besonders verbitternd – kam es so zu einer regelrechten Hungersnot breiter Schichten: Hunderttausende hielten sich wochenlang nur mit Abfällen, Brennnesseln und anderer Behelfsnahrung am Leben oder standen Schlange um ein bisschen Suppe und Brot.

Weil sie ihre Mieten oder Hypotheken nicht mehr bezahlen konnten, wurden Zehntausende von Familien aus ihren Wohnungen oder von ihren Farmen vertrieben. Weit über eine Million Menschen soll damals Arbeit suchend von Ort zu Ort getrampt sein. … Aber das eigentlich Gefährliche … war die Stimmung dumpfer, lähmender Hoffnungslosigkeit bei den Massen. …

2 Beschreibt den Stimmungsumschwung in der Bevölkerung.

„New Deal" – die neue Rolle des Staates

1 Der Hoover-Staudamm am Colorado (Fertigstellung 1935). Ein Projekt des New Deal. Foto.

New Deal*:
Der Begriff stammt aus der englischen Sprache und bedeutet so viel wie „Neuverteilung der Karten".

spekulativ*:
auf riskante Aktiengewinne ausgerichtet.

marode*:
ermattet, morsch.

Der „New Deal" als Antwort auf die Krise

In den USA war durch die Wirtschaftskrise (s. S. 101) der Glaube an das „freie Spiel der Kräfte" tief erschüttert. Bei den Präsidentschaftswahlen im September 1932 kämpfte der Herausforderer, der demokratische Kandidat Franklin D. Roosevelt, für eine neue Politik als Antwort auf die Wirtschaftskrise, den so genannten New Deal*. Dies war ein Bündel von Wirtschafts- und Sozialreformen und von staatlichen Arbeitsbeschaffungsprogrammen. Dazu zählten Hilfen für die Arbeitslosen und Armen, Reformen des Bankensystems und die Einführung des Sozialversicherungssystems.

Umverteilung der Einkommen

Zur Finanzierung dieses Programms sagte Roosevelt im September 1932:

Q1 ... Was auch immer wir tun, um unserer maroden* Wirtschaftsordnung Leben einzuhauchen, wir können dies nicht längerfristig erreichen, solange wir nicht eine sinnvollere, weniger ungleiche Verteilung des Nationaleinkommens erreichen. ... Die Entlohnung für die Arbeit eines Tages muss – im Durchschnitt – höher sein als jetzt, und der Gewinn aus Vermögen, insbesondere spekulativ* angelegtes Vermögen, muss niedriger sein. ...

Die Haltung des Amtsinhabers

Demgegenüber erklärte der republikanische Amtsinhaber Herbert C. Hoover in einer Wahlkampfrede:

Q2 ... Betrachten wir die Staatsordnung, das soziale und wirtschaftliche Leben Amerikas, die wir nun, wie unsere Gegner es möchten, verändern sollen. ... Es ist eine Ordnung, die ... auf der Vorstellung (beruht), dass nur ... durch Freiheit und gleiche Möglichkeiten für alle die Initiative und der Unternehmungsgeist so angeregt werden, dass sie jeden Einzelnen dazu bringen, den Fortschritt noch schneller voranzutreiben. ...

„New Deal" – die neue Rolle des Staates

2 Wer fordert einen New Deal? Karikatur, 1931.

3 Trojanisches Pferd. Karikatur, 1935.

1 *Vergleicht die Ziele Roosevelts und Hoovers (Q1 und Q2) und nennt die Unterschiede.*

Vordringlich: Arbeitsbeschaffung

Im Jahr 1933 wurde Franklin D. Roosevelt zum Präsidenten gewählt. Zu dieser Zeit gab es in den USA fast 15 Millionen Arbeitslose. Das bedeutete: Ein Drittel der Berufstätigen hatte kein Einkommen.

Bei seiner Vereidigung sagte Roosevelt:

Q3 ... Unsere vordringliche Aufgabe ist es, der Bevölkerung Arbeit zu geben. Das ist kein unlösbares Problem, wenn wir es klug und mutig anpacken. Dieses Problem ist zum Teil zu bewältigen durch direkte Anwerbung von Arbeitskräften durch die Regierung selbst. Diese Arbeitskräfte werden wir einsetzen, um dringend benötigte Projekte für unser Land durchzuführen. ...

Staatliche Arbeitsprojekte

Für über 250 000 arbeitslose junge Männer zwischen 18 und 25 Jahren wurde ein freiwilliger Arbeitsdienst geschaffen. Unter der Leitung von Offizieren arbeiteten sie an Projekten der Wiederaufforstung, der Anlage von Nationalparks, an Flussregulierungen usw. Als Ent-lohnung erhielten sie freie Unterkunft, Verpflegung und einen Dollar pro Tag.

Millionen weitere Arbeitsplätze wurden durch den Bau von Straßen, Brücken, Flugplätzen, Schulen und Krankenhäusern geschaffen.

Den größten Erfolg aber stellte die Erschließung des Tennessee-Tales dar. Der Tennessee und seine Nebenflüsse durchfließen sieben US-Staaten in einem Gebiet, das fast so groß ist wie die Bundesrepublik Deutschland. Dieses Gebiet, das von Überschwemmungen ebenso bedroht war wie von Dürreperioden, sollte im Auftrag der Regierung wirtschaftlich erschlossen und entwickelt werden: 200 000 Beschäftigte bauten hier 21 Staudämme mit Kraftwerken, einen Kanal von 650 Meilen Länge, 1120 Meilen Straßen und 140 Meilen Eisenbahnschienen.

2 *Besprecht, warum Roosevelts Programm als „New Deal" bezeichnet wird.*

3 *Interpretiert die Karikaturen: Welche drückt eher die Auffassung Roosevelts, welche eher die Hoovers aus? Klärt, was ein „Trojanisches Pferd" ist.*

4 *Beurteilt den New Deal unter Einbezug der Karikaturen. Diskutiert, ob der Staat nach eurer Meinung in Wirtschaftskrisen eingreifen sollte.*

Franklin D. Roosevelt (1882–1945), Präsident der USA 1933–45, legte die Grundlagen für die Wirtschafts- und Sozialpolitik des „New Deal", unterstützte im Zweiten Weltkrieg die Kriegführung der Alliierten schon vor dem Kriegseintritt der USA und war maßgeblich an der Gründung der UNO beteiligt.

Weltmacht USA

1 **Neutralität oder Kriegseintritt?** Karikatur, 1939.

Das Ende der Zurückhaltung

Die anhaltenden wirtschaftlichen Probleme waren ein Auslöser für eine wieder aktivere außenpolitische Betätigung der USA. Zudem stellte die aggressive Außenpolitik der faschistischen* Staaten Deutschland und Italien in Europa eine Herausforderung für die USA dar.

Präsident Roosevelt in seiner „Quarantäne-Rede" am 5. Oktober 1937 in Chicago:

Q1 … Friede, Freiheit und Sicherheit von neunzig Prozent der Menschheit werden von den übrigen zehn Prozent gefährdet, durch die der Zusammenbruch aller Ordnung und allen Rechts im internationalen Leben droht. … Wenn eine Krankheit sich epidemisch* ausbreitet, beschließt die Gemeinschaft, die Patienten in Quarantäne* zu legen, um sich vor Ansteckung zu schützen. Der Krieg ist eine Seuche, ob er nun erklärt ist oder nicht. … Am allerwichtigsten ist, dass der Wille zum Frieden vonseiten der friedliebenden Völker so deutlich zum Ausdruck kommt, dass Völker, die vielleicht in Versuchung geraten, ihre Verträge und die Rechte anderer Völker zu verletzen, davon Abstand nehmen. …

faschistisch*:
Bezeichnung für eine Politik, die nationalistisch, antidemokratisch und antiliberal ist, die Gleichheit der Menschen leugnet, Gewalt befürwortet und sich vor allem gegen Anhänger linker Bewegungen wendet.

Epidemie*:
Seuche, Massenerkrankung.

Quarantäne*:
vorübergehende Isolierung von Personen oder Tieren, die eine ansteckende Krankheit haben könnten.

1 *Interpretiert die Karikatur.*
2 *Stellt dar, inwiefern die Rede (Q1) eine deutliche Warnung an die Adresse Deutschlands und Italiens enthält.*

Friedensgarantie von Hitler?

Im April 1939 forderte der amerikanische Präsident Deutschland auf, eine umfassende Friedensgarantie abzugeben. Roosevelt erklärte:

Q2 … Da die Vereinigten Staaten als eine der Nationen der westlichen Welt nicht in die unmittelbaren Gegensätze, welche in Europa entstanden sind, verwickelt sind, hege ich die Hoffnung, dass Sie willens sind, mir als dem Haupt einer Nation fern von Europa eine solche politische Erklärung abzugeben, damit ich … eine solche Erklärung weiterleiten kann an andere Nationen, die jetzt den Kurs fürchten, den Ihre Politik nehmen mag. Sind Sie willens, eine Versicherung abzugeben, dass Ihre Streitkräfte das Territorium oder die Besitzungen folgender unabhängiger Nationen nicht angreifen oder besetzen werden: Finnland, Estland, Lettland, Litauen, Schweden, Norwegen, Dänemark, die Niederlande, Belgien, Großbritannien und Irland, Frankreich, Portugal, Spanien, die Schweiz, Liechtenstein, Luxemburg, Polen, Ungarn, Rumänien, Jugoslawien, Russland, Bulgarien, Griechenland, die Türkei, den Iran, die arabischen Länder, Syrien, Palästina, Ägypten und den Irak? Solch eine Versicherung muss sich nicht nur auf den heutigen Tag beziehen, sondern auf eine Zukunft, lang genug für jede Möglichkeit, mit friedvollen Methoden auf einen dauerhaften Frieden hinzuwirken. …

Hitler verweigerte die von Roosevelt geforderte Friedensgarantie.

3 *Erläutert, was Roosevelt von Hitler-Deutschland forderte.*
4 *Aus Hitlers Weigerung konnten die Politiker der in Q2 genannten Staaten eine Botschaft entnehmen. Formuliert diese Botschaft.*

Die USA im Zweiten Weltkrieg

Nach dem deutschen Einmarsch in Polen am 1.9.1939 begannen die USA mit der militärischen Unterstützung der Gegner Hitlers. Zur direkten Beteiligung am Zweiten Weltkrieg kam es aber erst durch den Konflikt mit Japan

Die USA im Zweiten Weltkrieg

Japanische Expansion bis 1941

0   500   1000 km

- Japanischer Besitz vor dem Ersten Weltkrieg
- Japanische Besetzungen 1918–1922
- 1932/33 unter japanischem Protektorat
- Weitestes Vordringen Japans 1937–1941

2 Die Ausdehnung des japanischen Machtbereichs bis 1941.

im pazifischen Raum. Das Interesse der USA am freien Zugang zum Markt Chinas war durch Japans Vordringen (Karte 2) unmittelbar betroffen. Die USA verlangten den Rückzug Japans aus China und stellten ihre Erdöllieferungen an Japan ein. Daraufhin griffen japanische Flugzeuge am 7. Dezember 1941 ohne offizielle Kriegserklärung Pearl Harbor, den US-Marinestützpunkt auf Hawaii, an und vernichteten große Teile der Pazifikflotte.

Die internationale Führungsrolle der USA

In Europa stärkten die USA die Abwehrfront gegen das nationalsozialistische Deutschland mit der massiven Lieferung von Kriegsgütern, bis sie den Krieg dort mit ihrem Eingreifen im Jahr 1944 selbst entschieden. Im Krieg mit Japan geschah dies durch den Abwurf der in US-Labors neu entwickelten Atombombe auf Hiroshima und Nagasaki im August 1945. Anders als nach dem Ersten Weltkrieg versuchten die USA nach der deutschen und japanischen Kapitulation die neue internationale Ordnung in ihrem Sinne zu gestalten. Bereits 1941 hatte Präsident Roosevelt in einer Rede eine neue Weltordnung beschrieben und vier Freiheitsrechte für alle Menschen gefordert. Neben Meinungsfreiheit und Religionsfreiheit forderte er weiter:

Q3 … Die dritte Freiheit ist Freiheit von Not. Das bedeutet … wirtschaftliche Verständigung, die für jede Nation ein gesundes, friedliches Leben gewährleistet überall in der Welt. Die vierte Freiheit ist Freiheit von Furcht. Das bedeutet, gesehen vom Gesichtspunkt der Welt, weltweite Abrüstung, so gründlich und so weitgehend, dass kein Volk mehr in der Lage sein wird, irgendeinen Nachbarn mit Waffengewalt anzugreifen. …

5 *Beschreibt die Welt, die Roosevelt entwirft.*
6 *Findet Gründe, warum die USA sich nach dem Zweiten Weltkrieg nicht zurückzogen.*
7 *Sammelt aus Zeitungen und Nachrichtensendungen Material über Brennpunkte der heutigen Weltpolitik. Untersucht dabei die Rolle der USA.*

Der Marshallplan verändert Europa

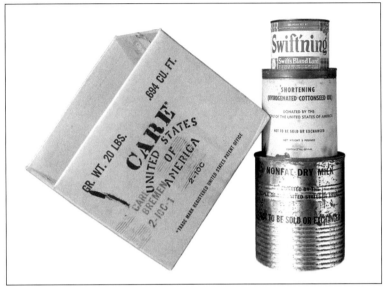

1 Lebensmittelpaket der Organisation CARE. Die private amerikanische Wohltätigkeitsorganisation „Cooperative for American Remittance to Europe" verteilte in den Jahren 1946 und 1947 fünf Millionen Lebensmittelpakete in Deutschland. Foto.

George Marshall (1880–1959), war von 1947 bis 1949 Außenminister und 1950/1951 Verteidigungsminister der USA. 1953 Träger des Friedensnobelpreises.

Doktrin:
politischer Lehrsatz.*

Zusammenbruch der europäischen Wirtschaft

Der fast völlige Zusammenbruch des Wirtschaftssystems der europäischen Staaten sowohl im besiegten Deutschland wie bei den europäischen Siegermächten in den Jahren 1945–1947 war eine der tiefgreifendsten Folgen des Zweiten Weltkrieges. Private und staatliche Hilfeleistungen der USA im Wert von etwa 11 Mrd. Dollar hatten 1945/46 zwar die größte Not in Europa gelindert. Sie waren letztlich aber wirkungslos geblieben, da sie nicht für einen langfristigen Wiederaufbau der Wirtschaft genutzt wurden.

Die Ausbreitung des sowjetischen Machtbereichs in Osteuropa sahen die USA mit großer Sorge.

In einem Geheimdienstbericht vom April 1947 heißt es:

Q1 … Die größte Gefahr für die Sicherheit der Vereinigten Staaten ist die Möglichkeit eines wirtschaftlichen Zusammenbruchs in Westeuropa und die sich daraus ergebende Machtergreifung kommunistischer Elemente. …

Um dieser Gefahr vorzubeugen, entwickelten die USA einen langfristen Plan zum Wiederaufbau Europas, der nach dem US-amerikanischen Außenminister Marshall benannt wurde („Marshallplan").

1 *Erklärt, warum die USA ein wirtschaftliches Aufbauprogramm für Europa entwickelten.*

Die „Truman-Doktrin"

Gleichzeitig verfolgten die USA eine Politik der Eindämmung des kommunistischen Einflusses. Im Iran, in Griechenland und in der Türkei verhinderten sie durch massive Unterstützung westlicher Gruppen eine kommunistische Machtübernahme.

Am 12. März 1947 verkündete der amerikanische Präsident Truman vor dem Kongress ein umfangreiches Hilfsprogramm für alle Völker, die sich zu den westlichen Werten wie Freiheit und Demokratie bekannten oder bekennen wollten („Truman-Doktrin"*).

Q2 … Ich bin der Ansicht, dass es die Politik der USA sein muss, die freien Völker zu unterstützen, die sich der Unterwerfung durch bewaffnete Minderheiten oder durch Druck von außen widersetzen. … Ich bin der Ansicht, dass unsere Hilfe in erster Linie in Form wirt-

schaftlicher und finanzieller Unterstützung gegeben werden sollte. … Die Saat der totalitären Regime gedeiht in Elend und Mangel. … Sie wächst sich vollends aus, wenn in einem Volk die Hoffnung auf ein besseres Leben ganz erstirbt. …

Verkündung des „Marshallplans"

Am 5. Juni 1947 verkündete George Marshall dann ein Hilfsprogramm für den Wiederaufbau Europas (European Recovery Program). Einbezogen werden sollten alle Länder einschließlich der Sowjetunion, wenn sie die Bedingungen des Programms annähmen.
Marshall sagte:

Q3 … Die Wahrheit ist, dass die Bedürfnisse Europas für die nächsten drei oder vier Jahre an ausländischen Nahrungsmitteln und anderen lebenswichtigen Produkten, in der Hauptsache aus Amerika, um vieles größer sind, als die gegenwärtige Fähigkeit Europas, dafür zu bezahlen. Europa muss deshalb eine wesentliche zusätzliche Hilfe erhalten. … Unsere Politik ist nicht gegen irgendein Land oder irgendeine Doktrin, sondern gegen Hunger, Armut, Verzweiflung und Chaos gerichtet. Ihr Zweck soll es sein, die Weltwirtschaft wiederherzustellen, um das Entstehen politischer und sozialer Verhältnisse zu ermöglichen, unter welchen freie Institutionen* existieren können. …

Die amerikanische Hilfe bestand in langfristigen Krediten und der Lieferung von Investitionsgütern* und Lebensmitteln. In heutigen Preisen hatte sie einen Umfang von 100 Milliarden Dollar. Die Annahme der Marshallplanhilfe setzte eine freie Marktwirtschaft voraus.
Die eigenen Interessen der USA an dem Aufbauprogramm Europa beschrieb der US-Geheimdienst-Chef Allen Dulles:

Q4 … Der Plan gründet auf unserem Wunsch, am Wiederaufbau eines Europas mitzuwirken, das mit uns auf den Weltmärkten konkurrieren kann und wird und schon deshalb erhebliche Mengen unserer Produkte kaufen wird. …

2 Werbung für den Marshallplan in der Bundesrepublik. Plakat, 1950.

2 Erarbeitet mithilfe von Q3 und Q4 die Ziele des Marshallplans.

Die Auswirkungen des Plans

Nach der Rede Marshalls entwickelten 16 europäische Länder Aufbauprogramme, die mit Hilfe der USA verwirklicht wurden. Der Marshallplan hatte in den westeuropäischen Ländern günstige psychologische und wirtschaftliche Folgen. Er verstärkte hier den begonnenen Wiederaufbau und legte in Westdeutschland die Grundlage für das spätere „Wirtschaftswunder" (s. S. 38/39).
Die Sowjetunion untersagte den osteuropäischen Ländern und der sowjetischen Besatzungszone Deutschlands die Teilnahme, weil sie im Marshallplan ein Mittel zur direkten Einflussnahme auf die Politik der Länder Osteuropas sah. Auch widersprach die Forderung nach Zulassung der freien Marktwirtschaft völlig den Vorstellungen von einer sozialistischen Wirtschaftsordnung.
Der Marshallplan vertiefte die Spaltung Europas.

3 Erklärt, warum die Sowjetunion den Ländern Osteuropas die Teilnahme am Marshallplan untersagte.

Marshallplanhilfen von 1948 bis 1952:
Großbritannien *3,6 Mrd. Dollar*
Österreich *0,6 Mrd. Dollar*
Frankreich *3,1 Mrd. Dollar*
Griechenland *0,8 Mrd. Dollar*
Italien *1,6 Mrd. Dollar*
Belgien/Luxemburg *0,6 Mrd. Dollar*
Niederlande *1,0 Mrd. Dollar*
Verschiedene *1,8 Mrd. Dollar*
Westzonen, Bundesrepublik Deutschland *1,5 Mrd. Dollar*

Institution*: *öffentliche Einrichtung.*

Investitionsgüter*: *Güter, die der Produktion dienen.*

Die USA als Supermacht

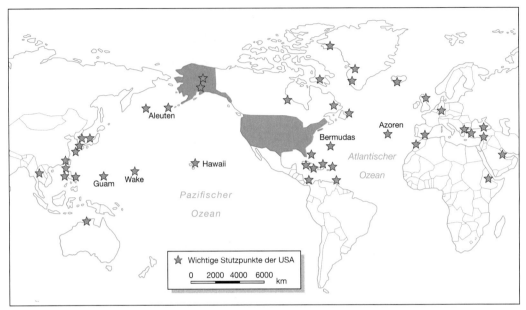

1 **Militärische Stützpunkte der USA 1973.**

Die USA werden Supermacht

1945 waren die USA die stärkste Militär- und Wirtschaftsmacht der Welt. Sie verfügten über zwei Drittel der Weltindustrie sowie über 75 Prozent des weltweit verfügbaren Investitionskapitals. Sie allein verfügten über Atombomben. Die USA entwickelten sich nach dem Zweiten Weltkrieg zu einem Staat, der neben der Sowjetunion die Fähigkeit hatte, auf der ganzen Welt Einfluss auszuüben. Die USA wurden zur Supermacht. Entscheidend hierfür ist die Fähigkeit, weltweit militärische Macht auszuüben – vor allem auch durch Atomwaffen. Eine Supermacht hat in der Regel den Status einer Seemacht (s. Karte).

Neue Außenpolitik der USA

Der US-Außenminister Dean Acheson erklärte am 18. März 1949 in einer Radioansprache die neue Außenpolitik der USA:

Q1 … In der heutigen Welt kann die Sicherheit der Vereinigten Staaten nicht im Rahmen ihrer Grenzen gewährleistet werden. Jede ernste Bedrohung des internationalen Friedens und der Sicherheit in der ganzen Welt interessiert unmittelbar die Vereinigten Staaten. Unsere Politik besteht nun darin, den freien Völkern zu helfen, ihre Integrität* und

Unabhängigkeit aufrechtzuerhalten. Das bezieht sich nicht nur auf Westeuropa oder auf den amerikanischen Kontinent, sondern auf alle Staaten, wo die Hilfe der Vereinigten Staaten wirksam sein kann. …

1 *Arbeitet heraus, wie Acheson die neue Außenpolitik der USA begründete.*

Die USA in der NATO

Im April 1949 schlossen die USA mit einigen europäischen Staaten und Kanada ein militärisches Bündnis, dem 1955 auch die Bundesrepublik Deutschland beitrat. Mit der NATO (s. S. 32) sollte ein Gegengewicht zur Sowjetunion geschaffen werden, deren Existenz in Europa als bedrohlich empfunden wurde. Die Unterzeichnerstaaten des Pakts verpflichteten sich zum gegenseitigen Beistand, falls ein Mitglied angegriffen würde. Bis 1967 konnte bei einem Angriff mit „massiver Vergeltung" geantwortet werden, also auch mit einem atomaren Gegenschlag. Dann wurde dieses Konzept vom Konzept der „angemessenen Reaktion" abgelöst.

Integrität:*
Unverletzlichkeit.

Die USA als Supermacht

2 „Neue Weltordnung". Karikatur, 1995.

Massive Aufrüstung

Innerhalb der NATO waren die USA die führende Macht, die versuchte, eine weltweite Friedensordnung in ihrem Sinne zu schaffen. Sie untermauerten dies durch eine gigantische Aufrüstung. So stiegen die US-Militärausgaben von ca. 15 Mrd. Dollar im August 1950 auf 70 Mrd. im Dezember 1950. Diese Ausgaben stiegen bis in die 1970er-Jahre stark an (s. Tabelle).

2 *Erklärt, warum die NATO gegründet wurde.*

Wirtschaftdaten der USA 1950–1990	
Jahr	Anteil der Militärausgaben am Haushalt (in Prozent)
1950	32
1960	49
1970	40
1980	23
1990	19

3 Tabelle: Wirtschaftsdaten der USA 1950–1990.

3 *Interpretiert die Karikatur. In welcher Rolle sieht der Zeichner die USA?*

Die USA werden alleinige Supermacht

USA und Sowjetunion hatten Atomwaffen entwickelt, die in der Lage waren, die gesamte Menschheit zu vernichten. 1969 begannen Gespräche zwischen beiden Staaten. Diese mündeten in die Unterzeichnung von Verträgen, die die Atombewaffnung begrenzten. Beide Staaten führten ihre Rüstungsprogramme aber verstärkt weiter. Mitte der Achtzigerjahre konnte die Sowjetunion den Rüstungswettlauf nicht mehr fortsetzen. Ein Krieg in Afghanistan (seit 1979) und schwere wirtschaftliche Krisen schwächten ihre politische Führung. Reformversuche seit 1985 konnten den Niedergang der Sowjetunion und ihre Auflösung 1991 nicht verhindern. Die USA waren nun die einzig verbliebene Supermacht.

4 *Untersucht die Tabelle. Wie entwickelten sich die Militärausgaben ab den 1970er-Jahren? Findet aus dem Text eine Begründung dafür.*

5 *Begründet, warum man die USA eine Supermacht nennen konnte.*

Die USA nach 1991

1 24.2.1990: Demonstration in Tallinn, der Hauptstadt Estlands, für die Unabhängigkeit von der Sowjetunion. Foto.

George Bush (geb. 1924), Präsident der USA von 1989–1993, Vater des von 2001–2009 amtierenden Präsidenten George W. Bush.

Die Auflösung der Sowjetunion

Neben den USA war die Sowjetunion bis 1990 eine Weltmacht. Sie konnte aber schon seit 1985 beim Wettrüsten mit den USA im Kalten Krieg immer weniger mithalten.

Nach gescheiterten Reformversuchen löste sich die Sowjetunion als Staat am 21. Dezember 1991 auf. Die bisherigen Teilstaaten bildeten einen losen Verband einzelner Staaten: die „Gemeinschaft Unabhängiger Staaten" (GUS). Größter Nachfolgestaat der Sowjetunion war Russland, das in der Weltpolitik und in der UNO mit den USA zusammenarbeitete.

Weltmachtansprüche

Nach dem Zusammenbruch der Sowjetunion und den tief greifenden Veränderungen in Europa (s. S. 76/77) waren die USA die einzig verbliebene Weltmacht.

Im Januar 1992 erklärte der damalige amerikanische Präsident George Bush:

Q1 … In den vergangenen zwölf Monaten hat die Menschheit Veränderungen von nahezu biblischen Ausmaßen kennen gelernt. … Der Kommunismus ist in diesem Jahr gestorben. Das Größte, was in der Welt in meinem Leben – in unserem Leben – passiert ist, ist dies: Dank der Gnade Gottes hat Amerika den Kalten Krieg gewonnen. … Viel Gutes kann aus dem klugen Gebrauch von Macht resultieren:

Egon Bahr (geb. 1922), früher Berater von Bundeskanzler Brandt, Experte für internationale Politik.

al Kaida*: weltweite Gruppierung radikaler Islamisten, die alle westlichen Einrichtungen und Werte bekämpft.

Eine einstmals in zwei bewaffnete Lager geteilte Welt anerkennt jetzt eine einzige und herausragende Macht, die Vereinigten Staaten von Amerika. Und sie betrachtet dies ohne Schrecken, denn die Welt vertraut in unsere Macht. …

Egon Bahr, ein Kritiker der USA, 2003:

Q2 … Militärische Macht, unbarmherziger Einsatz von Material zur Schonung der eigenen Soldaten, gepaart mit missionarischem Sendungsbewusstsein und der Überzeugung, es könnte für niemanden schlecht sein, was für Amerika gut ist, hat eine Machttrunkenheit wachsen lassen, die die Versuchung einschließt, sich gefahrlos über internationale Regeln hinwegsetzen zu können. …

1 Beschreibt die unterschiedlichen Sichtweisen der Politik der USA nach 1991 in Q1 und Q2.

Das Attentat vom 11. September 2001

Am 11. 9. 2001 lenkten Angehörige der terroristischen al-Kaida-Gruppierung* zwei gekaperte Passagierflugzeuge in das New Yorker World Trade Center (s. Bild 2) und eines in das Verteidigungsministerium in Washington. Etwa 3000 Menschen kamen bei dem Angriff ums Leben. Dieser Anschlag war der Höhepunkt einer Reihe von Angriffen der internati-

onalen al-Kaida-Organisation gegen amerikanische Stützpunkte in Afrika und Asien. Neu war, dass die USA auf ihrem Territorium nicht von einem Staat, sondern von einem weltweit verzweigten Netz von islamistischen* Terroristen angegriffen wurden. Diese gaben vor, im Namen eines radikalen Islams gegen die USA zu kämpfen.

2 *Informiert euch über den weltweiten Kampf gegen die al-Kaida-Organisation und berichtet in der Klasse.*

Angriff der USA auf Afghanistan
Afghanistan war der wichtigste Stützpunkt des Terrornetzwerks al-Kaida und ihres Anführers Osama Bin Laden. Seit 1995 regierten die Taliban, radikale Islamisten, das Land.
Da die Taliban sich weigerten, Bin Laden auszuliefern, stürzten die USA mit Zustimmung des UN-Sicherheitsrates das Talibanregime im Herbst 2001 in einer Militäraktion. Sie beriefen sich auf das Selbstverteidigungsrecht der USA. Bin Laden konnte allerdings erst 2011 in Pakistan gefasst werden, er wurde von US-Truppen getötet.
Die Staatengemeinschaft unter Führung der USA und der Beteiligung Deutschlands versuchte seit 2002, das Land in Richtung westlicher Demokratie zu verändern. Bisher konnte allerdings nur wenig erreicht werden. Bis 2014 sollen alle ausländischen Soldaten aus Afghanistan abziehen.

3 *Sucht Informationen über die gegenwärtige Lage in Afghanistan und die Aufgabe der deutschen Bundeswehrsoldaten dort.*

Krieg gegen den Irak
Der „Krieg gegen den Terrorismus" diente der Regierung von Präsident George W. Bush auch als Rechtfertigung für den Krieg gegen den Irak. Als Ziel des Krieges wurde vor allem die Sicherstellung von Massenvernichtungswaffen ausgegeben, die angeblich in dessen Besitz seien. Einige Länder im UN-Sicherheitsrat, besonders Frankreich und Deutschland, sahen die Begründung der USA für einen Krieg als nicht stichhaltig an und beteiligten sich nicht. Im März 2003 eroberten die USA und Großbritannien zusammen mit einer „Koalition der Willigen"* in wenigen Wochen

2 **11.9.2001 – Angriff auf die Türme des World Trade Center in New York. Foto.**

den Irak. Der dort herrschende Diktator Saddam Hussein wurde gestürzt und eine neue Regierung eingesetzt. Massenvernichtungswaffen wurden nicht gefunden. Die vorgegebenen Kriegsziele, stabile Verhältnisse und demokratische Strukturen im Irak, wurden bis heute nur teilweise erreicht. Im Dezember 2011 verließen die letzten US-Soldaten das Land.

4 *Erklärt den Zusammenhang der Attentate vom 11. September 2001 zu den Kriegen im Irak und in Afghanistan.*

Neue Politik der USA nach 2009
Nach 2009 wurde der Weltmachtanspruch der USA durch das wiedererstarkte Russland und durch China immer stärker infrage gestellt. Die hohe Verschuldung der USA und eine Wirtschaftskrise, verursacht durch die Kriege in Afghanistan und dem Irak, zwangen die USA unter einem neuen Präsidenten, Barack Obama, zu einem Kurswechsel. Internationale Zusammenarbeit mit allen Nationen sollte nach den Worten des Präsidenten die neue Außenpolitik der USA bestimmen.

5 *Verfolgt in den Medien die aktuelle Politik der USA und berichtet der Klasse.*

Islamismus*:
religiöse Auffassung, die den Islam als einzige Leitlinie für das Alltagsleben und für politische Entscheidungen ansieht.

George W. Bush
(geb. 1946), Präsident der USA von 2001–2009.

Barack Obama
(geb.1961), Präsident der USA seit 2009.

„Koalition der Willigen"*:
Zusammenschluss von 43 Staaten, die den Angriff der USA auf den Irak politisch und militärisch unterstützten.

1 Romantische Liebespaare: Cary Grant und Ingrid Bergman (1948) – Leonardo di Caprio und Kate Winslet (1997)

2 Schöne Frauen: Marylin Monroe (1956) – Demi Moore (2011).

Kultureller Einfluss der USA

Der Status der USA als Supermacht ist umstritten (s. S. 108/109). Oft ist uns nicht bewusst, wie sehr Einflüsse und Produkte aus den USA unser Alltagsleben prägen – und das seit mindestens sechs Jahrzehnten. Prüft selbst, wie groß der kulturelle Einfluss der USA in Deutschland noch ist.

1 *Sprecht in der Klasse darüber, woran ihr zuerst denkt, wenn von den USA die Rede ist. Woher kommen eure Vorstellungen?*

2 *Schaut euch die Bilder an und listet diese und weitere Stars, Trends und Produkte aus den USA auf, die euch im Alltag begegnen.*

3 *Diskutiert darüber, inwieweit Produkte und Trends aus den USA unser Alltagsleben mitbestimmen.*

4 *Welche Bedeutung hat die Nutzung amerikanischer Computer und Software für euch?*

5 *Wertet die in Musik- und Jugendzeitschriften veröffentlichten Hitparaden aus und ermittelt den Anteil US-amerikanischer Produktionen. Gleiches könnt ihr auch mit Fernsehprogrammen machen (s. Bild 4).*

3 Harte Männer: Humphrey Bogart (1946) – Matt Damon (2011).

6 Bittet euren Musiklehrer, eure Musiklehrerin, im Musikunterricht mit euch über den Einfluss US-amerikanischer Musikrichtungen zu sprechen.

7 Ermittelt, wie viele Kinofilme, die ihr in letzter Zeit gesehen habt, aus den USA stammen.

8 Stellt anhand des Internets, von Lexika und anderen Informationsquellen Material über „Hollywood" zusammen. Verarbeitet diese Informationen ggf. zu einem Referat in der Klasse. Mögliches Thema: „Hollywood – Filme am Fließband".

9 Nennt Schlussfolgerungen aus euren Untersuchungen: Ist der kulturelle Einfluss der USA in Deutschland gering – mittel – stark?

5 Esskultur: McDonald's.

6 Spaßkultur: Die Simpsons.

MANTEL-UND-DEGEN-ACTION

20.15 Die Maske des Zorro
USA 1998. Regie: Martin Campbell. 20 Jahre saß der Volksheld Zorro (Anthony Hopkins) in Haft, nun gelang dem berühmten Edelmann endlich die Flucht. Um sich an dem verruchten Don Montero (Stuart Wilson) zu rächen, der einst seine Frau tötete und seine Tochter raubte, rekrutiert er den ungestümen, jungen Alejandro (Antonio Banderas) als seinen Nachfolger → **80**   98-978-166

22.50 Desperado   6-478-470
Actiongroteske, USA 1995 Mit einem Gitarrenkoffer voller Waffen zieht „El Mariachi" (Antonio Banderas) quer durch Mexiko. Er ist auf der Suche nach dem Gangsterboss Bucho, der Mariachis Geliebte töten ließ → **83**

0.30 Desert Saints   4-756-068
Thriller, USA 2000. Regie: Richard Greenberg → **83**

2.00 Blockbuster TV   8-448-567
2.09 late news   448-680-513
2.10 Desperado (Wh.)   9-644-600
Actiongroteske, USA 95. Mit Antonio Banderas → **83**

3.50 The Shield   4-140-797

COMEDYSERIE

20.15 King of Queens (9–12/25)
USA 02 (St. V).„Carrie Frankenstein": Doug (Kevin James) und Carrie haben Freitickets für Spiele der ‚Knicks' und überlegen, wen sie mitnehmen sollen; 20.45 „Die geborgte Frau": Carrie soll bei Deacon und den Kindern das Thanksgiving-Fest ausrichten; 21.05 „Die Stimme aus dem Grab"; 21.30 „Der Hexenmeister"   971-876

22.00 American Pie präsentiert: Die College-Clique   503-234
Sexklamauk, USA 2007 Erik (John White) und dessen Kumpel starten als Frischlinge am College. Alles läuft prima, wären da nur nicht die Jungs der konkurrierenden Studentenverbindung → **82**

23.35 Stargate (10/20)   394-708
Sci-Fi-Serie, USA 2004 (Staffel VIII). Endspiel

0.30 Stargate Atlantis   6-321-884
1.25 King of Queens   23-980-426 ;
2.45 American Pie präsentiert: Die College-Clique   8-977-345
Sexklamauk, USA 2007 Mit John White (Wh.) → **83**

4.05 Stargate (Wh.)   4-673-971
4.55 Hör mal, wer da hämmert!
Comedyserie, USA 99 7-078-123

4 Ausschnitt aus einer TV-Programmzeitschrift (2012)

7 Popikonen: Elvis Presley (1957) – Lady Gaga (2009)

8 Jugendidole: James Dean (1953) – Robert Pattinson (2011)

Das kann ich schon ...

Arbeitsbegriffe

- ✓ Unabhängigkeitskampf
- ✓ Aufstieg zur Großmacht
- ✓ Massenproduktion
- ✓ Weltwirtschaftskrise
- ✓ New Deal
- ✓ USA im Zweiten Weltkrieg
- ✓ Weltmacht

Was wisst ihr noch?

1. Beschreibt die Gründung der USA.
2. Nennt Gründe für den Eintritt der USA in den Ersten Weltkrieg.
3. Beschreibt die Folgen der Weltwirtschaftskrise in den USA.
4. Erläutert, warum die USA in den Zweiten Weltkrieg eingriffen.
5. Schildert warum die USA Europa mit dem Marshallplan nach dem Zweiten Weltkrieg unterstützten.
6. Schreibt Merkmale auf, die belegen, dass die USA eine Weltmacht sind.

Tipps zum Weiterlesen

Petra Drews: Einfach abgehoben! Ein Jahr USA. rororo, Hamburg 2009

Thomas Jeier: Emmas Weg in die Freiheit. Ravensburger, Ravensburg 2009

Peter W. Schroeder: Die unvollendete Geschichte einer Supermacht. Arena, Würzburg 2010

Reinhold Ziegler: Es gibt nur zwei Richtungen, Mister! Beltz, Weinheim 2007

Das kann ich schon ...

1 Schreibt einen Bericht über den Aufstieg der USA zur Weltmacht. Nutzt dazu auch die Abbildungen 1–5.

US-Truppen marschieren auf ihrem Weg zur Front durch Paris. Foto, 1917.

An einem Sonntagnachmittag in St. Louis, Missouri. Foto, um 1920.

Arbeit suchender Amerikaner. Foto, um 1932.

Neutralität oder Kriegseintritt? Karikatur, 1939.

11. September 2001. Foto.

2 Bildet aus den unten stehenden Namen und Begriffen sinnvolle Wortpaare und erklärt sie.

- Wirtschaftsboom
- Schwarzer Freitag
- Japanischer Angriff
- Franklin D. Roosevelt
- Pearl Harbor
- New Deal
- Fließbandproduktion
- Börsenkrach

Seit der Gründung des Staates Israel durch die UNO im Jahr 1948 istungelöst, wie Israelis und Palästinenser auf demselben Gebiet in Frieden leben können. Beide halten sich aus religiösen und historischen Gründen für berechtigt, in Palästina zu leben. Dieser Konflikt hat viele Kämpfe zur Folge, die häufig gewaltsam ausgetragen werden und zahlreiche Menschenleben fordern.

Im folgenden Kapitel sollen die Ursachen dieses Konflikts aufgezeigt werden. Behandelt werden aber auch die Versuche, zu einem gerechten Frieden in Nahost zu kommen. Dies wäre der Schlüssel für eine bessere Zukunft der Menschen in dieser Region. Wird es einen solchen Frieden geben?

Die UNO - Macht oder Ohnmacht?

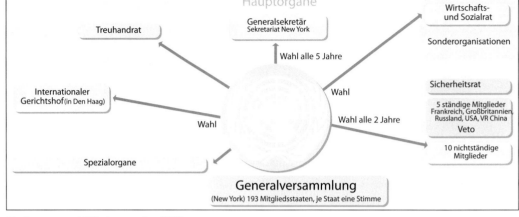

Hauptorgane

Treuhandrat

Generalsekretär
Sekretariat New York

Wirtschafts- und Sozialrat

Sonderorganisationen

Wahl alle 5 Jahre

Internationaler Gerichtshof (in Den Haag)

Wahl

Sicherheitsrat

5 ständige Mitglieder Frankreich, Großbritannien, Russland, USA, VR China

Veto

Wahl alle 2 Jahre

10 nichtständige Mitglieder

Spezialorgane

Wahl

Generalversammlung
(New York) 193 Mitgliedsstaaten, je Staat eine Stimme

1 Organe und Gliederung der UNO.

„Non-Violence".
1988 schenkte die Luxemburger Regierung den Vereinten Nationen die Bronzeskulptur des schwedischen Künstlers Carl Fredrik Reuterswärd. Sie steht vor dem UN-Sitz in New York.

Vetorecht*:
Das Vetorecht (lat. veto = ich erhebe Einspruch) ist das festgelegte Recht eines einzelnen Angehörigen einer Institution, einen Beschluss zu verhindern, auch wenn alle anderen Mitglieder dafür sind.

Kollektiv- maßnahmen*:
Regelungen, die von einer Gemeinschaft von Staaten oder Menschen gemeinsam vorgenommen werden.

Unterschiedliche Vorstellungen über die UNO

Noch vor dem Ende des Zweiten Weltkriegs einigten sich die USA und die Sowjetunion darauf, eine Weltfriedensorganisation nach dem Vorbild des Völkerbundes zu schaffen. Diese United Nations Organization (UNO) sollte dazu beitragen, weitere Kriege zu verhindern.

Die Vorstellungen über eine neue Weltfriedensordnung waren aber sehr unterschiedlich. Die Sowjetunion fürchtete ein westliches Übergewicht in der neu zu schaffenden Organisation angesichts der wirtschaftlichen Stärke der USA. Deswegen forderte sie für sich ein Widerspruchsrecht in allen wichtigen Fragen. Im Frühjahr 1945 einigten sich bei der Konferenz in Jalta die USA, die Sowjetunion und Großbritannien darauf, dass die USA, Großbritannien, Frankreich, die Sowjetunion und China im wichtigsten Organ der UNO, dem Sicherheitsrat, ein Vetorecht* erhielten. Diese Staaten sollten zugleich ständige Mitglieder des Sicherheitsrates sein.

Die Ziele der UNO

Am 26. Juni 1945 unterzeichneten 51 Staaten in San Francisco (Kalifornien) die Charta der Vereinten Nationen (Gründungserklärung):

Q1 ... Die Vereinten Nationen setzen sich folgende Ziele:
1. den Weltfrieden und die internationale Sicherheit zu wahren und zu diesem Zweck wirksame Kollektivmaßnahmen* zu treffen, um ... Angriffshandlungen und andere Friedensbrüche zu unterdrücken und internationale Streitigkeiten ... durch friedliche Mittel nach den Grundsätzen der Gerechtigkeit und des Völkerrechts zu bereinigen oder beizulegen;
2. freundschaftliche, auf der Achtung vor dem Grundsatz der Gleichberechtigung und Selbstbestimmung der Völker beruhende Beziehungen zwischen den Nationen zu entwickeln ...

Art. 41 Der Sicherheitsrat kann beschließen, welche Maßnahmen – unter Ausschluss von Waffengewalt – zu ergreifen sind, um seinen Beschlüssen Wirksamkeit zu verleihen. ... Sie können die vollständige oder teilweise Unterbrechung der Wirtschaftsbeziehungen, des Eisenbahn-, See- und Luftverkehrs, der Post-, Telegrafen- und Funkverbindungen sowie sonstiger Verkehrsmöglichkeiten und den Abbruch der diplomatischen Beziehungen einschließen.

Art. 42 Ist der Sicherheitsrat der Auffassung, dass die in Artikel 41 vorgesehenen Maßnahmen ... sich als unzulänglich erwiesen haben, so kann er mit Luft-, See- oder Landstreitkräften die zur Wahrung oder Wiederherstellung des Weltfriedens und der internationalen Sicherheit erforderlichen Maßnahmen durchführen. ...

1 *Nennt mit euren Worten die Ziele der 1945 gegründeten Weltorganisation.*

Vollversammlung und Sicherheitsrat

2 **UN-Soldaten im Südlibanon.** Foto, 2008.

2 Beschreibt die Machtmittel der UNO, um in Konflikte einzugreifen (Q1).
3 Erläutert, welche Folgen das Vetorecht für die Handlungsfähigkeit der UNO haben könnte.

Die Organe der UNO

Das zentrale Gremium der UNO ist die Vollversammlung. Sie tritt einmal im Jahr in New York zur Beschlussfassung über die wichtigsten Fragen der Weltpolitik zusammen. Jedes Mitgliedsland hat dabei eine Stimme. Die Beschlüsse sind für die Mitglieder aber nicht bindend. Der Sicherheitsrat kann für alle Mitgliedsstaaten verbindliche Beschlüsse fassen. Neben den ständigen Mitgliedern mit Vetorecht gehören ihm zehn nicht ständige Mitglieder an. Sie werden alle zwei Jahre mit Zweidrittelmehrheit der Vollversammlung gewählt: fünf aus Afrika und Asien, zwei aus Lateinamerika, zwei aus den westeuropäischen Industriestaaten und eins aus den osteuropäischen Ländern.

Souveränität als Schutzschild?

Der damalige Generalsekretär der UNO, Kofi Annan, im Dezember 2001:

Q2 ... In diesem neuen Jahrhundert müssen wir von der Erkenntnis ausgehen, dass der Friede nicht nur Staaten und Völkern, sondern jedem einzelnen Mitglied dieser Gemeinschaften gehört. Die Souveränität* der Staaten darf nicht länger als Schutzschild für schwere Menschenrechtsverletzungen missbraucht werden. Der Friede muss in der täglichen Existenz jedes Menschen in Not real und greifbar werden. Um den Frieden muss man sich vor allem deshalb bemühen, weil er für jedes Mitglied der Menschheitsfamilie die Voraussetzung für ein Leben in Würde und Sicherheit ist. ...

Souveränität:*
Herrschaftsgewalt eines Staates unabhängig von anderen Staaten.

4 Ermittelt weitere UN-Organsiationen und deren Aufgaben.
5 Erklärt, warum Kofi Annan die UN-Charta von 1945 nicht mehr für zeitgemäß hält (Q2).
6 Sammelt Berichte über Beschlüsse des Sicherheitsrates zu aktuellen Konflikten.

Krisenherd Naher Osten

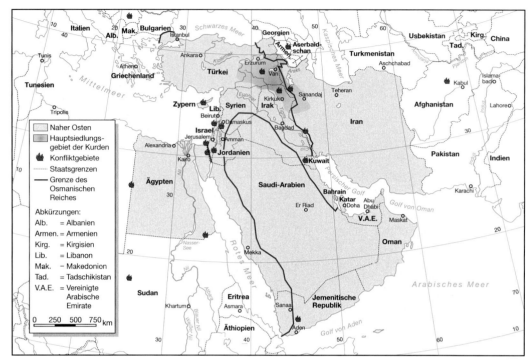

1   Der Nahe und Mittlere Osten.

Der Nahe Osten

Vor dem 19. Jahrhundert sprach man in Europa vom Orient. Der Begriff „Naher Osten" beschreibt ursprünglich die Sicht der europäischen Kolonialmächte, vor allem Englands. Inzwischen hat sich diese Bezeichnung eingebürgert und man spricht vom „Nahen Osten", auch wenn die Region nicht für alle Länder im Osten liegt.

Der Nahe Osten ist in seinen geografischen Grenzen nicht genau zu beschreiben. Von 1945 bis heute wurden in diesem Raum viele Kriege geführt.

1   Erstellt eine Liste mit den Gründungsdaten der Staaten im Nahen Osten. Bezieht auch die Staaten der Arabischen Halbinsel ein (Karte 1).

2   Listet mithilfe der Karte 1 die Krisen im Nahen Osten auf und bringt sie in eine zeitliche Reihenfolge.

3   Befragt eure Eltern/Großeltern, an welche Konflikte im Nahen Osten sie sich erinnern können. Verteilt die Aufträge in der Klasse.

Britische Bündnisse im Ersten Weltkrieg

Von 1517 bis 1917 war das Gebiet Palästina Teil des Osmanischen Reiches gewesen und seit dem Ende des 19. Jahrhunderts in zwei Verwaltungsbezirke geteilt. Die Bewohner sahen sich als Araber unter osmanischer Herrschaft, als Einwohner eines Vielvölkerstaates, in dem Araber, Griechen und Juden lebten. Im Ersten Weltkrieg (1914–18) bekämpfte Großbritannien das Osmanische Reich (s. Karte 1), das mit Deutschland verbündet war. Deshalb suchte Großbritannien seinerseits Verbündete. Ein möglicher Partner waren die arabischen Stämme in Palästina, mit denen es 1915 zu einem Abkommen kam: Darin wurde vereinbart, dass die Araber von Großbritannien die erstrebte „Unabhängigkeit der arabischen Länder" erhalten sollten.

So kämpften die Araber mit den Briten seit 1915 in Palästina gegen das Osmanische Reich. In krassem Widerspruch dazu stand ein britisch-französisches Geheimabkommen von 1916, in dem beschlossen wurde, den Nahen Osten in eine britische und in eine französische Einflusssphäre aufzuteilen.

Die Teilung Palästinas

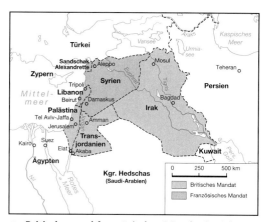

2 Britisches und französisches Mandat im Jahre 1922.

Heimstätten für das jüdische Volk

Nach Jahrhunderten der Verfolgung wanderten im 20. Jahrhundert immer mehr Juden nach Palästina ein, um dort ihren eigenen Staat zu gründen. Mit Aufständen wehrten sich die arabischen Bewohner gegen die Einwanderungen.

In der Balfour-Deklaration* vom 2. November 1917 erklärte sich Großbritannien einverstanden mit den Bestrebungen europäischer Juden, in Palästina eine „nationale Heimstätte" des jüdischen Volkes zu errichten. Die Rechte bestehender nicht-jüdischer Gemeinschaften sollten gewahrt bleiben. Palästina gehörte damals noch zum Osmanischen Reich.

Aufteilung des Osmanischen Reiches

Nach seiner Niederlage im Ersten Weltkrieg wurde das Osmanische Reich 1920 aufgeteilt. Große Teile wurden vom Völkerbund unter britisches und französisches Mandat* gestellt, wie es diese beiden Mächte 1916 vereinbart hatten (s. Karte 2). Die betroffenen Völker wurden dabei nicht gefragt. Bis heute sind die dabei willkürlich gezogenen Grenzen eine der Ursachen für immer wieder aufbrechende Konflikte im Nahen Osten. Der Libanon und Syrien wurden französisches Mandatsgebiet, Palästina wurde britisches Mandatsgebiet.

Teilung Palästinas

Schon 1920/21 kam es in Palästina zu blutigen Kämpfen zwischen Arabern und Juden. Zur Besänftigung der Araber teilte Großbri-

3 Jüdische Siedler bauen einen kugelsicheren Bauernhof. Foto, 1935.

tannien 1922 sein Mandatsgebiet Palästina. Östlich des Jordan entstand Transjordanien, das spätere Jordanien (1946), das aber Teil des britischen Mandatsgebietes blieb.

Die Kurden – Volk ohne Staat

Nach der Gründung der Türkei 1923, die sich als Nachfolgestaat des Osmanischen Reiches sah, wurde den Kurden die nach dem Ersten Weltkrieg versprochene Unabhängigkeit versagt. Sie lebten nach dem Untergang des Osmanischen Reiches zum Teil unter türkischer Herrschaft, in Gebieten des französischen und des britischen Mandats (s. Karte 2). Sie kämpfen bis heute für ihr Recht auf einen eigenen Staat.

4 Listet auf, welche Staaten heute auf dem Gebiet des ehemaligen Osmanischen Reiches liegen (Karte 1).

5 Erklärt, worin der Widerspruch der Verträge von 1915 und 1916 bestand.

6 Erklärt, vor wem sich die Siedler in Bild 3 schützen. Was kommt in diesem Foto zum Ausdruck?

Balfour-Deklaration:
Mit ihr wurde 1917 den Juden die Errichtung eines jüdischen Staates versprochen. Die Rechte bestehender nicht-jüdischer Gemeinschaften sollten gewahrt bleiben. Zum damaligen Zeitpunkt befand sich Palästina noch im Machtbereich der Osmanen. Benannt ist die Konferenz nach dem damaligen britischen Außenminister Arthur James Balfour (1848–1930).

Mandatsgebiete:
Gebiete, die nach dem Ersten Weltkrieg von der Türkei oder dem Deutschen Reich abgetrennt und einer besonderen Verwaltung unterstellt wurden; diese wurde von einigen Siegermächten unter Aufsicht des Völkerbundes ausgeübt.

Die Gründung des Staates Israel

1 David Ben Gurion proklamiert in Tel Aviv den Staat Israel, 14. Mai 1948. Foto.

*David Ben Gurion
(1886–1973) war
von 1948 bis 1953
und erneut 1955 bis
1963 Ministerpräsi-
dent und Verteidi-
gungsminister Israels.*

*Golda Meir
(1898–1978), war
von 1969 bis 1974
Ministerpräsidentin
Israels.*

Einigung und Zerfall

Um 1000 v. Chr. war es nach der Bibel König Saul gelungen, die verschiedenen semitischen Stämme in einem Königsstaat zu einen. Nach der Regentschaft seiner Nachfolger David und Salomo zerfiel die Herrschaft in zwei Teilreiche, das Reich Juda und das Reich Israel, die sich gegenseitig bekämpften. In wechselnden Bündnissen mit Ägypten und Damaskus führten die Auseinandersetzungen letztlich zum Untergang beider Reiche durch die Eroberung des sich von Osten her ausbreitenden Assyrischen Reiches.

„Babylonische Gefangenschaft"

Gegen das hieraus hervorgehende Babylonische Reich lehnten sich die Judäer in Palästina zwar auf, doch 586 v. Chr. wurde Jerusalem erobert, Salomons Tempel zerstört und die Bevölkerung verschleppt. Die in der Bibel beschriebene „babylonische Gefangenschaft" dauerte etwa 50 Jahre. Danach bildeten die jüdischen Rückkehrer in Palästina erneut einen Staat mit der Hauptstadt Jerusalem, doch standen sie fortan immer unter der Oberhoheit wechselnder Herren, etwa der Römer.

Entstehung der Diaspora

Im Jahr 70 n. Chr. vernichteten die Römer das Königreich der Juden endgültig. Diese verstreuten sich über die Welt. Sie lebten von nun an in der „Diaspora" (griech. = Zerstreuung). Überall bildeten sie Gemeinden und bewahrten die Erinnerung an „Erez Israel", den verlorenen Staat der Väter.

Der UN-Beschluss von 1947

Um den Konflikt zwischen Arabern und Juden im Nahen Osten zu befrieden, beschlossen die Vereinten Nationen 1947 eine Teilung des Landes zwischen Juden und Arabern. Die Araber lehnten diesen UN-Beschluss ab, die Juden stimmten ihm unter Führung von Ben Gurion und Golda Meir zu.

Die Gründung des Staates Israel 1948

In der Gründungsurkunde wird hervorgehoben, dass hier die „Wiege des jüdischen Volkes" gestanden habe und dieses Volk die Verbindung zu dem Land der Väter niemals aufgegeben habe. Weiter heißt es:
Q1 ... Die über das jüdische Volk in der letzten Zeit hereingebrochene Vernichtung ... be-

Die Gründung des Staates Israel

wies erneut und eindeutig die Notwendigkeit, die Frage des heimat- und staatenlosen jüdischen Volkes in Israel zu lösen. ... Wir ... sind daher heute ... zusammengetreten und proklamieren hiermit kraft unseres natürlichen und historischen Rechts und aufgrund des Beschlusses der Vollversammlung der Vereinten Nationen die Errichtung eines jüdischen Staates in Israel. ...

Die Palästinenser
Nach Gründung des Staates Israel setzten sich die militärischen Konflikte mit den Arabern fort. Viele arabische Familien flohen vor den Kämpfen. Andere wurden von den Israelis vertrieben. Etwa 800 000 Palästinenser* haben das Land verlassen. Ihr Leben in Flüchtlingslagern oder in den arabischen Nachbarstaaten war sehr schwierig.

1 Erläutert, wie in der Gründungsurkunde Israels das „historische Recht" auf einen jüdischen Staat begründet wird.

Kriege nach der Gründung Israels
Die arabischen Staaten beantworteten die Gründung Israels 1948 mit Krieg. 1956 brach der Suezkrieg zwischen Ägypten auf der einen und Großbritannien, Frankreich und Israel auf der anderen Seite aus. Konkret ging es um die Kontrolle des strategisch wichtigen Suezkanals. Ägypten verstaatlichte den Kanal und blockierte ihn für israelische Schiffe. Frankreich und Großbritannien dagegen wollten ihren bisherigen Einfluss behalten. Weitere Kriege folgten. Israel wurde dabei von den USA, die Palästinenser und die arabischen Staaten von der Sowjetunion unterstützt. So war der Nahostkonflikt immer gefährlich mit dem Ost-West-Konflikt verknüpft.

Zeichen der Solidarität
Die französische Nachrichtenagentur AFP schreibt, 3. Mai 2011:

Q2 ... Der Generalmusikdirektor der Berliner Staatsoper ... Daniel Barenboim hat zum ersten Mal ein Konzert im Gazastreifen dirigiert. Der 68-jährige Stardirigent gab vor hunderten Palästinensern ein Friedenskonzert mit rund 50 Musikern seiner Berliner Staatskapel-

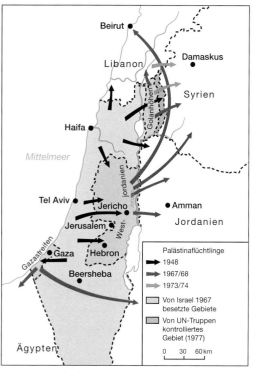

2 Palästinaflüchtlinge seit 1948.

le, der Berliner sowie der Wiener Philharmoniker, des Orchestre de Paris und der Mailänder Scala. Auf dem Programm standen unter anderem die „Kleine Nachtmusik" und die Sinfonie Nummer 40 in g-moll von Wolfgang Amadeus Mozart.
Das Konzert im Kulturzentrum El Mathaf hatten palästinensische Nichtregierungsorganisationen in Zusammenarbeit mit der UNO organisiert. Es war das erste derart hochkarätige Konzert in dem von Israel seit Jahren abgeriegelten Palästinensergebiet. Barenboim hatte vorab erklärt, das Konzert sei ein „Zeichen der Solidarität und der Freundschaft mit der Zivilgesellschaft des Gazastreifens". Es handele sich „in keiner Weise um ein politisches Ereignis".

2 Besprecht, ob Initiaven wie die in Q 2 genannte helfen können, die Verhältnisse im Nahen Osten friedlicher zu gestalten.

Palestinenser:
ursprünglich keine einheitliche Volksgruppe, der Begriff bezeichnet alle aus Palestina stammenden Araber.*

Daniel Barenboim (geb. 1942) ist ein argentinisch-israelisch-spanischer Pianist und Dirigent.

Bemühungen um Frieden in Nahost

1 Israel und seine Nachbarn 2008. Karte.

Ringen um Frieden

Seit mehr als 30 Jahren gibt es immer wieder Bemühungen, Frieden zwischen den Israelis und den Palästinensern zu stiften. Auf Phasen der Annäherung folgten Phasen der Verhärtung im Konflikt zwischen den beiden Völkern. Auch die Großmacht USA und die europäischen Mächte im Bündnis mit Russland konnten trotz zahlreicher Konferenzen und Vermittlungsversuche keinen dauerhaften Frieden stiften. Immer wieder gelang es radikalen Gruppen, durch Terroranschläge selbst kleinste Schritte der Versöhnung infrage zu stellen. Aber auch die führenden Politiker beider Seiten verhinderten durch Maximalforderungen eine Annäherung.

Ungelöste Probleme

Zwischen Israel und den Palästinensern gibt es eine Reihe ungelöster Probleme, um die es in allen Verhandlungen geht:

– Existenz zweier Staaten und ihre gegenseitige Anerkennung auf dem Gebiet des früheren Palästina sowie eines friedlichen Miteinanders auf allen Gebieten.

– Verwaltung und Rolle Jerusalems als Heilige Stadt dreier Religionen und der Zugang zu den Heiligen Stätten.

– Behandlung der arabischen und palästinensischen Flüchtlinge aus dem Krieg von 1948/49. Haben sie ein Rückkehrrecht?

– Rückkehr Israels zu den Grenzen von 1967 und Aufgabe aller Siedlungen auf dem Gebiet der Palästinenser.

– Gerechte Verteilung des Wassers aus dem See Genezareth und des Jordanflusses.

– Freilassung aller Gefangenen.

1 *Beschreibt mit dem Text und der Karte die Probleme einer friedlichen Lösung des Nahostkonflikts.*

2 *Untersucht die Gegenüberstellung auf S. 125 und zeigt auf, wie schwierig sich eine Verständigung im Nahen Osten gestaltet.*

3 *Verfolgt in den Medien aktuelle Berichte zum Nahostkonflikt und berichtet der Klasse.*

Positive und negative Entwicklung

Auf dem Weg zu einer friedlichen Lösung

Friedensvertrag mit Ägypten 1978: Israel gibt die 1967 eroberte Sinaihalbinsel zurück.

Verträge von Oslo 1993: Israelis und Palästinenser erkennen sich gegenseitig an, die Vertretung der Palästinenser, die PLO*, erkennt das Existenzrecht Israels an, Israel erkennt die PLO als Verhandlungspartner an.

Friedensvertrag mit Jordanien 1994: Beide Länder beenden den Kriegszustand.

Roadmap – Friedensplan der USA, der EU und Russlands 2003: Beide Seiten akzeptieren die Kernpunkte des Friedenplans: Anerkennung Israels durch die Palästinenser, Anerkennung und Gründung eines palästinensischen Staates, Verzicht auf Gewalt durch die Palästinenser, Beendigung der seit 1967 dauernden Besatzung, gerechte Lösung der Flüchtlingsfrage, Verständigung über die Rolle Jerusalems für beide Völker.

2003–2012: Zahlreiche Konferenzen, durch amerikanische und europäische Vermittler zustande gebracht, scheitern an der unnachgiebigen Haltung beider Seiten in den für sie wichtigen Fragen.

Gefangenenaustausch Dezember 2011: Israel tauscht gegen einen von der Hamas entführten Soldaten 1000 palästinensische Gefange aus.
Januar 2012: Wiederaufnahme direkter Gespräche zwischen Israel und den Palästinensern.

2 Gegenüberstellung der positiven und negativen Entwicklung im Nahen Osten.

Belastungen für eine friedliche Lösung

Intifada: Die Intifada* gegen Israel in den besetzten Gebieten im Jahr 2000 hatte ihre Ursachen in der Enttäuschung über die wiederholte Verschiebung der Gründung eines Palästinenserstaates und in der hoffnungslosen Lage der Palästinenser im Gazastreifen.

Terroranschläge: Immer wieder kommt es in Israel zu Selbstmordanschlägen palästinensischer Attentäter, die damit gegen die israelische Besatzungspolitik protestieren.

Verschärfte Abgrenzung: Israel grenzt sich durch hohe Grenzmauern völlig ab. Sie zerschneiden die Palästinensergebiete und zwingen die Palästinenser zu großen Umwegen. Der Gazastreifen wird 2005 den Palästinensern zur Selbstverwaltung übergeben. Eine radikale Gruppe, die Hamas*, gewinnt dort wiederholt die Wahlen.

Libanonkrieg 2006: Die fast gleichzeitige Entführung von israelischen Soldaten im Westjordanland durch Kämpfer der Hamas und im libanesisch-israelischen Grenzgebiet durch die Hisbollah* veranlasste Israel im Juli und August 2006 zu massiven Militäraktionen in den besetzten Gebieten im Westjordanland, im Gazastreifen und im Libanon.

Siedlungsbau: Trotz internationaler Proteste baut Israel ständig neue Wohnungen für Siedler auf dem Gebiet der Palästinenser, um damit faktisch sein Gebiet auszuweiten.

Iranisches Atomprogramm: Israel sieht das iranische Atomprogramm als reale Bedrohung seiner Existenz. Israel droht die iranischen Atom-Anlagen zu zerstören, solange der Iran das Existenzrecht Israels nicht anerkennt.

PLO:*
Palästinensische Befreiungsorganisation, die auf eine Verständigung mit Israel hinarbeitet.

Intifada:*
Aufstandsbewegung der Palästinenser in den israelisch besetzten Gebieten.

Hamas:*
eine radikal-islamische Gruppe der Palästinenser, die das Existenzrecht Israels bestreitet und den gesamten Friedensprozess mit Israel ablehnt.

Hisbollah:*
eine radikal-islamische Organisation im Libanon. Sie entstand 1982 während der israelischen Invasion im Libanon. Ihr Ziel ist die Vernichtung Israels.

1 Präsentation mit Plakaten.

3 Freier Vortrag mit Notizen auf Karteikarten.

2 Präsentation mithilfe des Overhead-projektors.

Was ist eine Präsentation?

Sicher wurden bei euch im Unterricht schon Referate und Ergebnisse von Gruppenarbeiten vorgetragen. Wenn der Inhalt des Vortrags und die Arbeitsergebnisse mit Bildern, Tabellen oder Grafiken anschaulich präsentiert werden, fällt das Verstehen leichter.
Mögliche Medien sind: Computer mit Beamer, aber auch Tafel, Plakat oder Overheadprojektor.
Ein Vortrag, der sich solcher Hilfsmittel bedient, wird Präsentation genannt

Folgende Schritte helfen euch, Arbeitsergebnisse zu präsentieren:

Schritt 1:
Material sammeln und Arbeitsergebnisse formulieren

– Welche inhaltlichen Punkte wollten wir vorstellen und wo liegt der Schwerpunkt unseres Themas?
– Wie finden wir Bücher, Aufsätze oder weitere Informationen zu unserem Thema (Internet)?
– Welche Bilder, Karten oder Grafiken können wir zur Veranschaulichung des Themas verwenden?

Schritt 2:
Gliederung der Präsentation

– Wie führen wir in das Thema ein, und wie gewinnen wir die Aufmerksamkeit unserer Zuhörerinnen und Zuhörer? (Einleitung)

– Wie stellen wir den Hauptteil unserer Präsentation vor?
– Ist es sinnvoll, eine Powerpoint-Präsentation zu erstellen? Wenn ja, was soll auf die Folien (Gliederung, Bilder, Karten)? Das Gleiche gilt für eine Overhead-Projektion.
– Wie können wir am Ende die wesentliche Aussagen nochmals herausstellen?

Schritt 3:
Gliederung und Hauptaussage veranschaulichen

– Welche Punkte formulieren wir an der Tafel?
– Welches Material unterstützt die zentrale Aussage?

Methode: Arbeitsergebnisse präsentieren

1. Einleitung

– soll Aufmerksamkeit wecken
– soll Thema/Frage vorstellen, das/die geklärt werden soll
– soll eure Vorgehensweise zeigen und die Quellen vorstellen, auf die ihr euch stützt

2. Hauptteil

– muss schlüssig sein und sich auf das Thema des Vortrags beziehen
– muss auf überzeugenden Aussagen und Beispielen aus den Quellen beruhen
– muss klar gegliedert sein und sollte schrittweise die Fragestellung beantworten

3. Schlussteil

– fasst die wesentlichen Erkenntnisse zusammen
– nennt Fragen, die offen geblieben sind

4   Aufbau einer Präsentation.

Schritt 4: Präsentation vortragen
– Frei vor der Klasse zu sprechen ist nicht einfach. Deswegen müsst ihr den Vortrag eurer Präsentation innerhalb eurer Gruppe üben.
– Welche Notizen brauchen wir, um bei unserer Präsentation nichts zu vergessen?
– Welche Punkte stellen wir auf einem Handout für unsere Zuhörer zusammen?

– Wie fordern wir zur Diskussion auf?
1 *Erarbeitet mithilfe der Arbeitsschritte eine Präsentation. Vorschläge für Themen:*
– Der Nahost-Konflikt
– Die Lage der Palästinenser im Gazastreifen
– Jerusalem: Heilige Stadt dreier Religionen

Das kann ich schon ...

Arbeitsbegriffe

✓ Vereinte Nationen (UN)
✓ Naher Osten
✓ Gründung Israels
✓ Interessen der Palästinenser
✓ Friedensregelung

2 **Blick in den UN-Sicherheitsrat.** Foto, 2010.

1 **„Der erste Schritt".** Karikatur, 1993.

Was wisst ihr noch?

1 Berichtet über die Aufgaben der UNO.
2 Stellt in einer Übersicht wichtige Punkte zusammen, die zur Gründung des Staates Israel führten.
3 Erläutert die Position der Palästinenser zur Gründung Israels.
4 Nennt Punkte, die zwischen Israelis und Palästinensern umstritten sind und einen dauerhaften Frieden erschweren.
5 Erklärt, warum der Nahe Osten seit Jahrzehnten ein Krisenherd ist.

Tipps zum Weiterlesen

Raya Harnik: Mein Bruder, mein Bruder. Beltz & Gelberg, Weinheim 1998

Randa Ghazy: Palästina. Ravensburger, Ravensburg 2008

Das 20. Jahrhundert. Eine Jugendchronik in Wort und Bild. Ars Edition, München 1999

3 **Heilige Stätten in Jerusalem: Klagemauer, Al-Aksa-Moschee und Geburtskirche.** Foto, 2010.

1 *Schreibt mithilfe der Karikatur und der Bilder einen Bericht zum Thema „Der schwierige Friedensprozess im Nahen Osten".*
2 *Teilt euch in Gruppen und entwerft je ein Plakat zum Friedensprozess aus israelischer und palästinensischer Sicht.*

4 **Jugendliche Steinewerfer im Gazastreifen.** Foto, 2010.

Ihr seid Jugendliche und lebt im wiedervereinigten Deutschland. Eure Eltern und Großeltern haben als Jugendliche noch in einem geteilten Land unter ganz unterschiedlichen Bedingungen gelebt. Mittlerweile haben sich diese Bedingungen etwas angeglichen. Wie war das Lebensgefühl der Jugend im geteilten Deutschland, in der DDR und in der Bundesrepublik? War es gleich, oder gab es Unterschiede? Die SED und die staatlichen Organe versuchten in der DDR, das Leben der Jugendlichen stark zu kontrollieren. Konnten sich die Jugendlichen dennoch einen Freiraum verschaffen, in dem sie sich wohlfühlten?

Jugend in der DDR

1 **Kindergarten in Teterow.** Foto, 1981.

Blitzlicht: Geschichtliche Einordnung

In den Fünfzigerjahren errichtete die SED in der 1949 gegründeten DDR eine sozialistische Staatsordnung. In dieser trafen nur die obersten Organe der SED, das Zentralkomitee und sein 1. Sekretär, Walter Ulbricht, die wichtigen Entscheidungen auf Anordnung oder in enger Abstimmung mit der Sowjetunion. Dabei stützte sich die SED nicht auf die Zustimmung der Bevölkerung, sondern vor allem auf die in der DDR stationierten sowjetischen Truppen, die 1953 einen Aufstand niederschlugen. Bis August 1961 verließen etwa 2,7 Millionen Menschen die DDR, meist über die offene Grenze nach Westberlin. Unter ihnen waren besonders viele Jugendliche.

1 *Lest noch einmal auf den Seiten 30/31 nach, wie es zur Gründung der DDR kam.*

Aufbau einer sozialistischen Jugendorganisation

In allen Gesellschaften sind Kindergärten und Schulen Einrichtungen, in denen die Kinder im Sinne der Gesellschaftsordnung eines Staates beeinflusst und erzogen werden.

In der DDR sollten die Kinder und Jugendlichen im Sinne des Sozialismus erzogen werden. Dazu diente der Aufbau eines umfangreichen Betreuungssystems für Kinder in Krippen, Kindergärten und Schulen. Im Familiengesetz der DDR hieß es:

Q1 ... Es ist die vornehmste Aufgabe der Eltern, ihre Kinder ... zu gesunden und lebensfrohen, tüchtigen und allseitig gebildeten Menschen, zu aktiven Erbauern des Sozialismus zu erziehen. Die Erziehung der Kinder ist zugleich Aufgabe und Anliegen der gesamten Gesellschaft. ...

2 *Beschreibt die Ziele, die die DDR für die Erziehung der Kinder formulierte.*

Im Kindergarten

Der Buchautor Ulrich Grunert erinnert sich an seine Kindheit vor über 60 Jahren in der ehemaligen DDR:

M1 ... Neue Heimat Kindergarten

... Ehe Mutti früh zur Arbeit ging, brachte sie uns erst einmal in den Kindergarten. Dieser war nicht nur dafür da, den Müttern tagsüber die Betreuung abzunehmen, sondern galt auch als „vorschulische Erziehungseinrichtung". ... Unser Tagesablauf war deshalb wie ein Uhrwerk geregelt. Die gemeinsamen Mahlzeiten gehörten ebenso dazu wie die tägliche Bettruhe, das Waschen und das Zähneputzen. ...

Betreuung und Beeinflussung im Kindergarten

2 Besuch von Grenztruppensoldaten im Kindergarten. Foto, 1986.

3 *Gebt wieder, woran sich Ulrich Grunert aus seiner Kinderzeit erinnert.*

Der Aufbau von Krippen und Kindergärten ermöglichte es, dass 1969 80 Prozent der Frauen in der DDR erwerbstätig sein konnten. 60 Prozent der Kinder besuchten 1969 einen Kindergarten, 1986 stieg der Anteil auf über 90 Prozent, für 80 Prozent der Kinder gab es einen Krippenplatz. In Westdeutschland betrug dieser Anteil nur etwa 30 Prozent.

Sozialistische Erziehung im Kindergarten
Die Kindergärten der DDR waren dem Ministerium für Volksbildung unterstellt und hatten einen Bildungsauftrag im Sinne einer sozialistischen Vorschulerziehung: Rechnen im Zahlraum bis 10, Malen, Singen, bildnerisches Gestalten (Kneten).

4 *Befragt Großeltern und ältere Mitbürgerinnen und Mitbürger nach ihren Erinnerungen an ihre Kindergartenzeit. Berichtet der Klasse.*

Ab 1978 wurden die Kindergärten in die allgemeine Wehrerziehung der Jugend eingebunden. Im Bildungsplan hieß es:
Q2 ... Die Beziehungen der Kinder zu den bewaffneten Streitkräften werden vertieft. Sie sammeln Bilder und unterhalten sich mit den Erziehern darüber; stellen nach Möglichkeit zu einem Angehörigen der bewaffneten Organe freundschaftliche Beziehungen her.

In einem Kinderlied der DDR hieß es:
Q3 Hör ich die Soldaten singen
Hör ich die Soldaten singen,
Lass ich all mein Spielzeug stehn,
Und ich renne auf die Straße,
Die Soldaten muss ich sehn,
Fröhlich klingen ihre Lieder.
Ich steh stramm und grüße sie.
Und der Hauptmann grüßt mich wieder
vor der ganzen Kompanie.
Unsere Soldaten schützen
Alle Kinder vor dem Krieg,
Meinen Vati, meine Mutti,
Jedes Haus und die Fabrik.
Kommen sie aus der Kaserne
Jetzt mit Blasmusik heraus,
Ja dann schenke ich dem Hauptmann
einen schönen Blumenstrauß.

5 *Untersucht Q 3. Was sollte durch das Singen solcher Liedtexte im Kindergarten erreicht werden? Fragt eure Eltern und Großeltern, ob dies erfolgreich war (s. Methode „Zeitzeugenbefragung" auf S. 86/87).*

Die „Jungen Pioniere"

DIE GEBOTE DER JUNGPIONIERE

WIR JUNGPIONIERE
lieben unsere Deutsche Demokratische Republik.

WIR JUNGPIONIERE
lieben unsere Eltern.

WIR JUNGPIONIERE
lieben den Frieden.

WIR JUNGPIONIERE
halten Freundschaft mit den Kindern
der Sowjetunion und aller Länder.

WIR JUNGPIONIERE
lernen fleißig, sind ordentlich und diszipliniert.

WIR JUNGPIONIERE
treiben Sport, halten unseren Körper sauber
und gesund.

WIR JUNGPIONIERE
achten alle arbeitenden Menschen und helfen
überall tüchtig mit.

WIR JUNGPIONIERE
singen, tanzen und spielen gern.

WIR JUNGPIONIERE
sind gute Freunde und helfen einander.

WIR JUNGPIONIERE
tragen mit Stolz unser blaues Halstuch.

MITGLIEDSKARTE
für Jungpioniere

1 **Mitgliedskarte der „Jungpioniere".** Faksimile, 1971.

Sowjetunion	DDR
von 7–9 Jahren Oktoberkinder	von 7–9 Jahren Jungpioniere
von 10–14 Jahren Leninpioniere	von 10–14 Jahren Thälmannpioniere
ab 14 Jahren: Komsomolzen	ab 14 Jahren: FDJler
weißes Hemd	weißes Hemd
blaue Hose/Rock	blaue Hose/Rock
rotes Halstuch	blaues, später rotes Halstuch
Zum Kampf für die Sache der kommunistischen Partei der Sowjetunion – Seid bereit – Immer bereit	Für Frieden und Sozialismus – Seid bereit – Immer bereit

Die Pionierorganisation

Nach dem Vorbild der Sowjetunion gründete auch die DDR eine sozialistische Kinderorganisation, die „Jungen Pioniere". Formal war die Mitgliedschaft darin freiwillig, in den 80er-Jahren waren aber über 90 Prozent der Schüler der Klassen 1-4 Mitglieder der „Jungen Pioniere", da die Schulen schon am ersten Schultag die Erstklässler in die Pionierorganisation aufnahmen. Eltern, die dies nicht wollten, mussten dies ausdrücklich erklären.

In einem Bericht über den ersten Schultag heißt es:

M1 ... „Schülerinnen und Schüler stillgestanden! Richt Euch, zum Einmarsch der Fahnendelegation die Augen links ...". Der erste Schultag begann mit einem Fahnenappell. Klassenweise, in Blöcken und Reihen stramm aufgestellt, folgten alle Schüler den exakten Kommandos, Meldungen und Grüßen. Was der Schuldirektor und die Pionierleiterin nach dem feierlichen Hissen der Pionierfahne alles so erzählten, verstanden die kleinen Erstklässler nur zum Teil. Zu groß war die Aufregung vor ihrem ersten großen Auftritt in dieser Schule. Plötzlich kamen größere Schüler zu den Kleinen, banden jedem ein blaues Halstuch um und überreichten eine Urkunde. Erst mit der Zeit begriffen die Kleinen den genauen Sinn von Kleidung und Dokument. ...

1 *Vergleicht mithilfe der Tabelle den Aufbau der sozialistischen Kinderorganisationen in der Sowjetunion und der DDR.*
2 *Erläutert mithilfe von M 1, wie man Mitglied bei den „Jungen Pionieren" wurde.*
3 *Untersucht die „Gebote der Jungpioniere" (Bild. 1). Was erscheint euch vernünftig zu sein, was würdet ihr kritisieren? Begründet.*

Die „Jungen Pioniere"

2 **Physikunterricht in einer Schule in Ostberlin, 1970er-Jahre.** Foto.

Pioniernachmittage

Bei den regelmäßigen Pioniernachmittagen wurde gespielt und gesungen. Sie dienten aber auch der Vermittlung sozialistischer Ideen. So wurden den Kinder „Forschungsaufträge" zu vorbildlichen sozialistischen Persönlichkeiten erteilt, über die sie berichten mussten. Es gab Besuche in Betrieben und Begegnungen mit Arbeitern, die von ihren Berufen erzählten. Fast jede Klasse hatte eine Patenbrigade*.

In „Lernkonferenzen" wurde unter Teilnahme der Lehrer der Lernstand und das Verhalten der Schülerinnen und Schüler besprochen. Dabei mussten sie sich verpflichten, ihr Verhalten und ihr Lernen zu verbessern. In einem Gruppenbuch wurde über die Pioniernachmittage Protokoll geführt und auch die Ergebnisse der Lernkonferenz dokumentiert.

4 *Untersucht das Protokoll aus einem Gruppenbuch und beschreibt die Lernkonferenz (Q 1).*
5 *Versetzt euch in die Lage von Mario (Q 1) und besprecht mit eurer Nachbarin, eurem Nachbarn, wie es euch an seiner Stelle ergangen wäre. Spielt die Situation in einem Rollenspiel nach.*

Protokoll einer Lernkonferenz aus einem Gruppenbuch, 17.1.1976
Q1 ... Auf unserer Lernkonferenz wollten wir beraten, wie wir unser Verhalten und unsere Lernarbeit noch verbessern können. Wir sollten unsere Meinung sagen und gemeinsam überlegen, was wir verändern müssen, damit wir am Ende des Schuljahres feststellen können – alle Pioniere haben das Klassenziel erreicht und ihren Pionierauftrag erfüllt.
Es haben berichtet:
Jens und Uwe
Birgit
Michael
Angelika und Elke
Christina
Zum Schluss hat Elke den Mitschüler Mario aufgefordert, zu seinem Verhalten Stellung zu nehmen.
Marios Selbstverpflichtung
Er will versuchen, sich in allen Fächern zu verbessern, nicht immer dazwischen zu sprechen, im Unterricht ordentlich zu sein und keine Faxen mehr zu machen und wieder mitzuarbeiten.
...

Patenbrigade*:
Manche Industriebetriebe oder Landwirtschaftliche Produktionsgenossenschaften übernahmen Patenschaften zu Schulklassen oder Kindergärten; d.h. sie kümmerten sich um diese.

Die Aufgaben der FDJ

1 Pfingsttreffen der Freien Deutschen Jugend (FDJ) 1984. Foto.

FDJ: Instrument der SED

Mit 14 Jahren wurden die Jugendlichen der DDR in die „Freie Deutsche Jugend" (FDJ) aufgenommen, nachdem sie die angegliederten Organisationen der „Jungen Pioniere" und der „Thälmannpioniere" durchlaufen hatten. Die FDJ verstand sich als „Kampfreserve der SED" und sollte die sozialistische Gesellschaft der DDR mitgestalten. Der Jugendverband, der von SED-Funktionären geführt wurde, beeinflusste die Jugendlichen im Sinne der SED. Die FDJ war in Schulen, Betrieben und Hochschulen verankert. Ab den Siebzigerjahren gehörten vor allem Schüler, Auszubildende und Studenten fast ausnahmslos der FDJ an. Die Zulassung zur Erweiterten Oberschule (EOS), auf der man das Abitur ablegen konnte, und die Zulassung zum Studium oder zu bestimmten Berufen war unter anderem auch von der Zustimmung der FDJ abhängig. Wer in der DDR Karriere machen wollte, kam an der FDJ nicht vorbei, wer sich verweigerte musste Nachteile in Kauf nehmen.

1 *Notiert Stichpunkte zu Aufgaben und Einfluss der FDJ.*

Emblem der FDJ

Bernd Rabehl, geboren 1938, erinnerte sich 1980 an seine Mitgliedschaft in der FDJ in den Fünfzigerjahren:

M1 …Wie schon gesagt, ich brach keineswegs die alten Kontakte ab, ich begann mein Doppelleben, das ja so typisch werden sollte für die DDR-Bürger. … Ich sang und agitierte in einem FDJ-Chor. Wir tingelten durch die Dörfer des Kreises, wir traten in den FDJ- und Pionierlagern des Bezirkes auf. …

Diese Mobilisierung der Jugendlichen löste durchaus Begeisterung aus … . Trotzdem, das Misstrauen der … dreißig- und vierzigjährigen FDJ-Sekretäre würgte Begeisterung und Engagement immer wieder ab. … Die Parteispitze besaß kein Vertrauen zu „ihrer Jugend", deren Fantasie, deren Selbstständigkeit und deren Freude am Leben und am Neuen; die Bereitschaft der Jugend, teilzuhaben an der großen Umwälzung der Gesellschaft, löste Verdacht aus. Die Jugend sollte durch die bürokratischen Institutionen der Massenorganisationen und der Partei erfasst und erzogen werden. Das hieß, sie sollte der bürokratischen Routine und der Disziplin angepasst werden. …

Das umfangreiche Freizeitangebot der FDJ wurde von vielen Jugendlichen genutzt. Der von der FDJ organisierte „freiwillige" unbezahlte Arbeitseinsatz in Industrie und Landwirtschaft wurde mitgemacht, weil man sich ihm nicht entziehen konnte.

Die politischen Großveranstaltungen wie die Deutschlandtreffen, die Weltfestspiele der Jugend und die Pfingsttreffen in Berlin mit ausländischen Gästen und zahlreichen Freizeit- und Musikangeboten begeisterten. Die politischen Schulungsabende wurden dagegen oft als langweilig empfunden.

Sicherheit und Geborgenheit

Ulrike Wasser, 1961 in der DDR geboren, beschrieb im Jahre 2000 die Situation der DDR-Jugend der Achtzigerjahre aus ihrer Sicht:

M1 … Der real existierende Sozialismus bestimmte das Leben der Jugendlichen in der DDR. Dabei sind die 80er Jahre geprägt vom Bemühen, einerseits die sozialistischen Ideale und Wertvorstellungen aufrechtzuerhalten

Die Aufgaben der FDJ

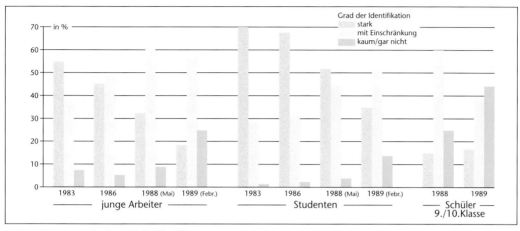

2 Identifikation mit der FDJ 1983–1989.

und andererseits der sich ab Mitte der 80er-Jahre deutlich abzeichnenden Krise des sozialistischen Systems zu begegnen.

Trotz großer wirtschaftlicher Probleme versuchte die SED, ihre sozialen Vorstellungen umzusetzen. Dies führte dazu, dass die Mehrzahl der Jugendlichen unter materiell günstigen Lebensbedingungen aufwuchs. Die Eltern verfügten über ein regelmäßiges Einkommen, über eine Wohnung, in der die meisten Kinder ein eigenes Zimmer besaßen. Die schulische und berufliche Entwicklung war gesichert, Arbeitslosigkeit unbekannt.

Der wesentliche Teil der Freizeit wurde durch gesellschaftliche Organisationen gelenkt und betreut. Zunächst stellte die Schule ein weitreichendes Freizeitangebot zur Verfügung – in Form verschiedenster Arbeitsgemeinschaften, die sich mit Sport, Technik, Naturwissenschaft, Fotografie, Tanz, Gesang und vielem mehr beschäftigten. Ergänzt wurden diese durch Pionier- und Jugendklubhäuser. Die hier erlebte Sicherheit und Geborgenheit war eine Selbstverständlichkeit, die die Lebensvorstellungen vieler Jugendlicher deutlich bestimmt hat. ...

2 *Wertet M1 bis M4 und Grafik 2 aus und schreibt mit ihnen einen Artikel zur FDJ. Nutzt dazu auch die Materialien S. 138/139.*

M3 **Motive für die Mitgliedschaft in der FDJ in Prozent (Mehrfachnennungen möglich)**

1. Weil es für Schule und Beruf nötig war   76,0
2. Weil fast alle Mitglied waren   62,5
3. Weil ich keinen Ärger wollte   59,9
4. Weil ich gern unter Gleichaltrigen war   44,9
5. Weil hier eine interessante Freizeitgestaltung möglich war   30,4
6. Weil die FDJ meine Interessen vertrat   29,5
7. Weil interessante politische Diskussionen möglich waren   20,6

M4 **Organisierungsgrad der DDR-Jugend in der FDJ**

Jahr	Mitglieder (Mio.)	Organisierung (%)
1980	2,2	68,0
1981	2,3	69,2
1982	2,1	70,7
1983	2,1	71,6
1984	2,1	73,3
1985	2,1	75,0
1986	2,3	71,4
1987	2,3	86,6
1988	1,9	72,0
1989	1,1	46,2

1 **FDJ-Betriebsversammlung bei Leuna.** Foto, 1965.

Otto Grotewohl, 1953

Der erste Ministerpräsident der DDR, Otto Grotewohl, über die Arbeit der FDJ, 27. Oktober 1953:

Q1 ... Für die Mehrzahl der Jugendlichen in der Deutschen Demokratischen Republik ist die Zugehörigkeit zur Freien Deutschen Jugend keine Herzenssache. ... Eine kritische Betrachtung der FDJ-Arbeit offenbart auf den ersten Blick, dass diese viel zu starr, schematisch und eingeschachtelt ist, um den vielseitigen Interessen und Bedürfnissen der Jugend gerecht werden zu können. Es gibt zu viel trockene Anweisungen und Direktiven und deshalb zu wenig Möglichkeiten der freien Entfaltung eines natürlichen Jugendlebens.

Der Apparat der Freien Deutschen Jugend ist steif, träge und verbürokratisiert. Er entspricht keinesfalls den Anforderungen einer schwungvollen, energischen und zielbewussten Jugendbewegung. ... Das Jugendleben in der FDJ ist für die Mehrheit der Jugendlichen kein Anziehungspunkt, hat keine Zugkraft. Das so genannte frohe Jugendleben ist verkrampft oder artet aus. Selten ist es normal und ungezwungen fröhlich. ...

Regine Hildebrandt, 2001

Regine Hildebrandt war 1990 Ministerin für Arbeit und Soziales in der ersten frei gewählten Volkskammer der DDR und anschließend bis 1999 Sozialministerin in Brandenburg.

M1 ... Ich war weder bei den Pionieren noch in der FDJ organisiert, und das brachte damals Schwierigkeiten mit sich, zur Oberschule beziehungsweise zur Universität zugelassen zu werden. Ich gehörte zur Jungen Gemeinde (der Evangelischen Kirche), die galt Anfang der 1950er-Jahre noch als konspirative Organisation. Nach dem 17. Juni

1953 hat sich das dann etwas verändert. Auf meine Bewerbung bekam ich im Juli 1959 von der Universität ein Schreiben: „Die Auswahlkommission hat Ihren Bewerbungsantrag zum Studium der Bibliothekswissenschaften eingehend beraten. Leider war sie jedoch nicht in der Lage, eine Zulassung für Sie auszusprechen, da die beschränkte Anzahl der Plätze vorrangig von Bewerbern besetzt werden musste, die bereits eine längere erfolgreiche Tätigkeit in der Praxis aufweisen. Sie haben die Möglichkeit, Ihre Bewerbung zu einem späteren Zeitpunkt zu wiederholen. Für die Zwischenzeit müsste dann eine gute fachliche und gesellschaftliche Arbeit durch die Delegierung eines sozialistischen Betriebes erfolgen." Das waren die kleinen Gemeinheiten nach dem Motto, gehen Sie erst mal in die Produktion, da können Sie sich bewähren. ...

Joachim Gauck, 2009

Joachim Gaucks Vater war von den sowjetischen Besatzungstruppen im Jahre 1951 wegen angeblicher Sabotage zu 25 Jahren Haft in einem sibirischen Arbeitslager verurteilt worden. Gauck erinnert sich 2009:

M2 ... Das Schicksal unseres Vaters wurde zur Erziehungskeule. Die Pflicht zur unbedingten Loyalität gegenüber der Familie schloss auch die kleinste Form der Fraternisierung (Verbrüderung) mit dem System aus. Das machen wir nicht, vermittelte uns die Mutter unmissverständlich. Ich hatte dieses Gebot so verinnerlicht, dass ich nicht einmal mehr durch die Freizeitangebote der FDJ in Versuchung geriet. Dafür lebte ich in dem moralisch komfortablen Bewusstsein: Wir sind die Anständigen. Intuitiv

wehrte ich das Werben des Regimes für die Akzeptanz (Anerkennung) seiner moralischen und politischen Ziele ab, denn über uns hatte es Leid und Unrecht gebracht. ...

Ulrike Wasser, 2000

Ulrike Wasser im Jahre 2000 über die DDR-Jugend in den 80er-Jahren:

M3 ... Obwohl ein relativ großer Prozentsatz von Jugendlichen in der FDJ und anderen staatlich gelenkten Organisationen wie der „Gesellschaft für Sport und Technik" (GST) oder dem „Deutschen Turn- und Sportbund der DDR" (DTSB) organisiert war, gehörten zum Bild der DDR-Jugend auch informelle Gruppen wie die Punks, die Heavy Metals, die Skinheads und die Grufties.

Die Ursachen für Entstehung und Ausprägung solcher Gruppen lagen zum einen in altersspezifischen Besonderheiten wie der Suche nach eigener Identität und Lebensgestaltung, nach Geselligkeit und Gleichgesinnten. Zum anderen führte der Gegensatz zwischen den eigenen Erfahrungen im sozialistischen Alltag und den vermittelten Normen und Werten zu einem Abwenden von dem offiziell Vorgegebenen. ...

Freya Klier, 1990

Die Bürgerrechtlerin Freya Klier schrieb 1990:

M4 ... Der „aktive Widerstand" splittete sich schon 1987 längst nicht mehr nur in punkig/gruftige Paradiesvögel und Umweltengagierte oder Wehrdienstverweigerer auf, sondern auch in Gruppen, die ihre „Null-Bock-Maulerei" in einen scharfen „Haß-auf-Rot" verwandelt hatten. Mit Ausnahme jener Brutalos, die bis dato ihre Feinde auf

dem Fußballplatz zusammengenietet hatten und das Gleiche nun in der Skinhead-Kluft fortsetzten, war mit einigen von ihnen das Gespräch immerhin möglich. Dabei stellte sich heraus, dass das Leitmotiv etlicher brauner Verschwörergrüppchen nicht die Renaissance des „Dritten Reiches" war, sondern die Gewissheit, mit „Braun" das gesamte Umfeld bis aufs Blut reizen zu können: den verhassten Staat – gerade, weil er den Antifaschismus betonte , die laschen Punker ... , die „rote Menschenrechtssoße" und alle Gleichaltrigen, die brav ihre FDJ-Bluse überstreiften, wenn dies verlangt wurde. Der Ruck nach rechts war für sie die treffsicherste Provokation dieses ganzen „Scheißstaates". Er war die extremste aller Reaktionen auf eine Erziehung, in der das Wort nicht mehr durch die Tat abgedeckt und der Begriff „Antifaschismus" zur Vokabel verkommen war, mit der man jugendliche Versuche der Individualisierung abwürgen konnte. Das Gros der Jugendlichen jedoch entfaltete in keiner Richtung Eigeninitiative. Maulend und dennoch artig schwammen sie in der Suppe, welche die Partei der Jugend angerührt hatte. ...

Christoph Führer, 1992

Der Pfarrer der Nikolaikirche in Leipzig, Christoph Führer, der die Montagsgebete organisiert hatte, sagte 1992 im Rückblick:

M5 ... Dann muss ich allerdings sagen, der schlimmste Vorwurf, den ich der DDR mache, ist ihre Erziehungspolitik. Die Verbiegung der Jugendlichen, ihre geistige Indoktrination (Beeinflussung), die Erziehung zur Heuchelei, das alles war für mich immer schrecklich zu erleben. Es gab viele böse Erfahrungen

in den Schulen, die nicht entschuldbar sind. Das reichte von der bekannten Tatsache, dass andersdenkende, also auch christliche Schülerinnen und Schüler massiv gehindert wurden, weiterführende Bildungseinrichtungen zu besuchen, bis zu schlimmen persönlichen Demütigungen. ...

Eberhard Aurich, 1989

Am 9. Oktober 1989 schrieb Eberhard Aurich, 1. Sekretär des Zentralrats der FDJ, an Erich Honecker:

M6 ... Zu den berechtigten Bedürfnissen Jugendlicher, die nicht genügend befriedigt werden, gehören: Jugendmode, ... Sportbekleidung, ... Kinderbekleidung, ... Mopeds, ... Fahrräder, ... Unterhaltungselektronik, ... Möbel, ... Computer, ... Lebensmittel ... . In Mitgliederversammlungen und in Zirkeln des FDJ-Studienjahres wird zu wenig eine ehrliche Offenheit der Fragestellung und Diskussion gefördert, sodass sich nach und nach bei vielen der Eindruck von Langeweile und wenig Nützlichkeit prägt. ... Jugendliche stört an ihrer FDJ unter anderem das teilweise inhaltsleere Reden ihrer eigenen Funktionäre, die ihre Gedankenwelt nicht erfassen, der formelle Ablauf vieler Veranstaltungen ..., die fehlende freie Rede untereinander, die „Vorabnahme" von Diskussionsbeiträgen und die zu geringen Möglichkeiten, an der Gestaltung der FDJ-Aktivitäten selbst mitzumachen. ...

1 *Lest die Texte und erarbeitet das Gemeinsame und das Unterschiedliche der Einschätzungen. Nehmt Stellung zu diesen Einschätzungen.*
2 *Diskutiert, ob es in der DDR Rechtsradikalismus unter Jugendlichen gab. Lest hierzu vor allem M 4.*

Jugendweihe statt Konfirmation

1 Zwei Jugendliche posieren für ein Plakatfoto, das für die Jugendweihe werben soll. Foto, 1990.

Konfirmation*:
Die Konfirmation (von lat. confirmatio = Bestärkung) ist eine feierliche Segenshandlung in den meisten evangelischen Kirchen. Die Segnung markiert den Übertritt der Jugendlichen ins kirchliche Erwachsenenalter. Mit der Konfirmation wird an die Taufe als Kind angeknüpft. Bei ihr hatten sich Eltern und Paten stellvertretend für das Kind zum Glauben bekannt. Die Konfirmation ist in der Regel mit einem Familienfest und Geschenken verbunden. Traditionell tragen Konfirmanden festliche schwarze Kleidung.

atheistisch*:
Verneinung der Existenz Gottes.

Konfirmation und Jugendweihe – Aufnahme in die Welt der Erwachsenen

Die Evangelische Kirche in Deutschland nahm seit Jahrhunderten im Rahmen eines Festgottesdienstes ihre Jugendlichen mit 14 Jahren in die Welt der Erwachsenen auf. Nach einem Bekenntnis der Jugendlichen zu ihrem christlichen Glauben und einem Segen nahmen sie erstmals am Abendmahl teil. Die Konfirmation* war auch ein großes Familienfest mit vielen Geschenken für die Jugendlichen.

Die DDR verstand sich als atheistischer* Staat und wollte durch die Einführung einer Jugendweihe den Einfluss der Kirche auf Jugendliche zurückdrängen. In den fünfziger Jahren war die Teilnahme der Jugendlichen an der Jugendweihe * aufgrund des Widerstandes der Kirche gering. In den Siebziger- und Achtzigerjahren nahm der Druck von Lehrern und der FDJ so zu, dass fast alle Jugendliche an der Jugendweihe teilnahmen. Die Jugendweihe wurde mit der Zeit zu einem großen Familienfest und Geschenkanlass.

Das 1954 in der DDR eingeführte staatliche Aufnahmeritual lehnte sich in Gelöbnis und Ablauf der Aufnahmefeier eng an das christliche Vorbild an.

Jugendweihegelöbnis 1969–1989

M1 ... Liebe junge Freunde!

Seid Ihr bereit, als junge Bürger unserer Deutschen Demokratischen Republik mit uns gemeinsam, getreu der Verfassung, für die große und edle Sache des Sozialismus zu arbeiten und zu kämpfen und das revolutionäre Erbe des Volkes in Ehren zu halten, so antwortet: Ja, das geloben wir!

Seid ihr bereit, als treue Söhne und Töchter unseres Arbeiter- und Bauernstaates nach hoher Bildung und Kultur zu streben, Meister Eures Faches zu werden, unentwegt zu lernen und all Euer Wissen und Können für die Verwirklichung unserer großen humanistischen Ideale einzusetzen, so antwortet mit: Ja, das geloben wir!

Seid Ihr bereit, als würdige Mitglieder der sozialistischen Gemeinschaft stets in kameradschaftlicher Zusammenarbeit, gegenseitiger Achtung und Hilfe zu handeln und Euren Weg zum persönlichen Glück immer mit dem Kampf für das Glück des Volkes zu vereinen, so antwortet: Ja, das geloben wir!

Seid ihr bereit, als wahre Patrioten die feste Freundschaft mit der Sowjetunion weiter zu vertiefen, den Bruderbund mit den sozialistischen Ländern zu stärken, im Geiste des proletarischen Internationalismus zu kämpfen, den Frieden zu schützen und den Sozialismus gegen jeden imperialistischen Angriff zu verteidigen, so antwortet: Ja, das geloben wir!

Wir haben Euer Gelöbnis vernommen. Ihr habt Euch ein großes und edles Ziel gesetzt. Feierlich nehmen wir Euch auf in die große Gemeinschaft des werktätigen Volkes, das unter Führung der Arbeiterklasse und ihrer revolutionären Partei, einig im Willen und im Handeln, die entwickelte sozialistische Gesellschaft in der DDR errichtet. Wir übertragen Euch eine hohe Verantwortung. Jederzeit werden wir Euch mit Rat und Tat helfen, die sozialistische Zukunft schöpferisch zu gestalten.

1 *Lest den Gelöbnistext und gebt wieder, wozu sich die Jugendlichen verpflichten.*

2 *Versetzt euch in die Lage der damaligen Jugendlichen und prüft, ob ihr zugestimmt hättet.*

Jugendweihe statt Konfirmation

2 **Konfirmanden in der DDR.** Foto, 1952.

3 **Jugendweihe in Ostberlin.** Foto, 1962.

Jugendweihe – Familienfest

Claudia Rusch, 1971 in Stralsund geboren, wuchs in Rügen an der Ostsee auf. Später zog sie mit ihrer Mutter nach Brandenburg, 1982 dann nach Ostberlin. 2003 beschrieb sie in einem Buch ihre Jugendweihe in den Achtzigerjahren:

M2 ... Die Jugendweihe war das abschließende und am heißesten erwartete Ereignis einer DDR-Kindheit. Sie bedeutete die feierliche Aufnahme der Vierzehnjährigen in den Kreis der Erwachsenen. Zeitgleich bekam man seinen Personalausweis, trat in die FDJ ein und wurde fürderhin von den Lehrern im Unterricht gesiezt. ...

Der Festakt mit Reden, Kulturprogramm und sozialistischem Glaubensbekenntnis fand in einem Saal des Museums für Deutsche Geschichte statt. ... Alle waren aufgeregt. Theoretisch hätte ich mich auch konfirmieren lassen können, doch es wäre mir noch falscher vorgekommen, als auf den Staat zu schwören. Denn ich war zwar zutiefst atheistisch erzogen worden, aber, ehrlich gesagt, belog ich doch lieber Honecker als Gott. Sicher ist sicher. Man weiß ja nie.

Also entschied ich mich für die Jugendweihe. Denn natürlich wollte ich auch ein Initiations-ritual*. Ich wollte auch erwachsen werden. Und ich wollte sein wie die anderen. Das Gelöbnis spielte keine Rolle, entscheidend waren das Fest und die Geschenke.

Als wir dran waren, erhob ich mich und tat das, was ich immer tat: Ich ging los und stand es durch, ... schwor mit gekreuzten Fingern auf den Staat und wurde erwachsen. ...

3 *Setzt M2 in Beziehung zu M1. Beschreibt, was für die Autorin als Jugendliche wichtig war.*
4 *Erkundigt euch bei Eltern und Großeltern nach ihren Erinnerungen an die Jugendweihe. Ihr könnt dabei nach der Methode „Zeitzeugenbefragung" vorgehen (s. S. 86/87).*
5 *Befragt eure Mitschülerinnen und Mitschüler nach dem Sinn und dem Ablauf heutiger Feiern von Jugendweihe und Konfirmation in eurer Gemeinde.*
6 *Wie viele Schülerinnen und Schüler eurer Klasse haben an der Jugendweihe teilgenommen?*

Jugendweihe*:
Auch die Jugendweihe ist eine Feier, die den Übergang vom Jugend- ins Erwachsenenalter kennzeichnen soll. Sie wurde erstmals 1852 erwähnt und von freireligiösen Gemeinden in Opposition zu den Kirchen entwickelt. Die Jugendweihe war früher vor allem eine Feier zur Schulentlassung. Deshalb erhielt man sie im Alter von 14 Jahren. Bei dieser Feier hielt u.a. ein Lehrer einen Vortrag über die freigeistige Weltanschauung, und es wurde von den Jugendlichen ein Gelöbnis abgelegt. An diese Tradition knüpfte 1953 das Zentralkomitee der SED per Beschluss an. Die Jugendweihe wurde als Alternative zur Konfirmation und als staatssozialistisches Fest auch in der DDR eingeführt.

Initiationsritual*:
Aufnahmefeier in eine Gemeinschaft

Zündende Rhythmen aus West und Ost

1 Die „Puhdys" bei den X. Weltfestspielen der Jugend 1973 in Berlin. Foto.

Die Rock- und Popmusik setzt sich durch

Ähnlich wie die älteren Bürger und Politiker im Westen Deutschlands wandte sich die DDR gegen den Einfluss der amerikanischen und britischen Unterhaltungsmusik auf die Jugendlichen. In beiden Teilen Deutschlands war dieser Kampf in den fünfziger Jahren aber vergeblich. Die Jugendlichen begeisterten sich für Rock'n'Roll, Elvis Presley, die Beatles und die Rolling Stones.

Die Sender der westlichen Besatzungsmächte, AFN und BFN, Radio Luxemburg und der Westberliner Sender RIAS, von den Amerikanern betrieben, verbreiteten die neuen Musikrichtungen fast pausenlos. Auch die Jugendlichen der DDR hörten diese Sender und orientierten sich an den neuen Rhythmen und Tanzformen.

Ein Zeitzeuge berichtet rückblickend:

M1 ... Wir haben im Rahmen unserer Möglichkeiten schon sehr genau verfolgt, was sich da (im Westen) tat. Zu den großen Konzerten konnten wir ja nicht. Der Eintritt für solch ein einmaliges Erlebnis war viel zu teuer für uns Jugendliche aus dem Osten. Aber wenn wir daran schon nicht teilhaben konnten, dann wollten wir wenigstens so aussehen wie die Halbstarken im Westen. Ich habe mein ganzes Lehrlingsgeld gespart, am Wochenende noch was dazu verdient, um mir nach und nach Lederjacke, Hawaii-Hemd, Röhrenhosen, Ringelsocken und Schuhe mit dicken Kreppsohlen aus West-Berlin holen zu können. Dann noch die Haare wie Elvis gegeelt, und ich war hier der King beim Treff am Kino oder auf dem Tanzsaal. ...

1 *Erläutert, was Jugendliche an Musik und Kleidung aus dem Westen so attraktiv fanden.*

Kurswechsel

Zunächst versuchte die DDR-Führung durch Verbote und Belehrungen, die Jugendlichen vom Hören der Musik abzubringen und bewirkte damit das Gegenteil. Im September 1963 änderte die DDR-Führung ihren Kurs und erklärte:

Q1 ... Niemandem fällt ein, der Jugend vorzuschreiben, sie solle ihre Gefühle und Stimmungen beim Tanz nur im Walzer- oder Tangorhythmus ausdrücken. Welchen Takt

Zündende Rhythmen aus West und Ost

die Jugend wählt, ist ihr überlassen: Hauptsache, sie bleibt taktvoll!

Die Volkstänze aller Länder und Zeiten, die dem gesunden Lebensgefühl der arbeitenden Menschen entsprangen, kennen verschiedene Rhythmen und verschiedene Bewegungsformen. Wir sind für zündende Rhythmen, aber wir wenden uns scharf dagegen, dass mit ihnen Schlagertexte und andere Mittel ... der imperialistischen Propaganda bei uns eingeführt werden. Wir bitten im Namen der Jugend alle Komponisten und Schlagerdichter, mehr fantasievollere Melodien und Texte zu produzieren, die unsere Jugend begeistern. In Zukunft wird man dann weniger in der DDR Westschlager singen als vielmehr in beiden deutschen Staaten zündende Schlager aus der DDR mit Texten, die unserem neuen Lebensgefühl entsprechen. ...

2 *Gebt die wichtigsten Aussagen dieser Erklärung wieder.*

Diese Verlautbarung führte dazu, dass zahlreiche Musikgruppen in der DDR entstanden, die vor allem westlichen Rock'n'Roll und Beatmusik auf Jugendtreffs und in Jugendhäusern spielten und die begeistert gefeiert wurden. „Zündende" DDR-Schlager entstanden nicht. Der neu gegründete Jugendsender der DDR, DT 64, spielte zum großen Ärger der SED überwiegend westliche Musik und war für junge Bands der DDR, die diese Musik übernahmen und weiterentwickelten, eine viel gehörte Plattform.

Kulturelle Eiszeit

Schon zwei Jahre später nahm die DDR-Führung ihre Lockerungen zurück und kriminalisierte die Beatmusik und ihre Anhänger.

Die SED-Bezirksleitung Leipzig erklärte am 13.10.1965:

Q2 ... Unsere Gesellschaftsordnung hat die Pflicht, alle Einflüsse und Erscheinungen westlicher Unkultur zu bekämpfen. Auswüchse, wie die in letzter Zeit in immer größerer Zahl auftretenden Beatle-Gruppen mit amerikanischen Namen, fast ausschließlich westlichem und undefinierbarem Musikrepertoire unter dem Deckmantel des Eigenarrangements haben nichts mit fortschrittlichen Lebensidealen gemein. Wir sind durchaus für eine moderne und gepflegte Tanzmusik, wir sind auch nicht gegen zündende Rhythmen, aber wir wenden uns entschieden gegen solche Gruppen, die alle Prinzipien der Moral und Ethik verletzen, barfuß und halbnackt auftreten, Körperverrenkungen vollziehen und mit ihren aufpeitschenden Rhythmen die Jugend in Ekstase bringen, um sie zu Exzessen zu verleiten.

Andere solche Auswüchse sind das rowdyhafte Auftreten eines Teils von Jugendlichen, das sich verstärkt bei öffentlichen Veranstaltungen (Sportstätten, Vergnügungsparks, Kleinmessen, Kinos, Tanzveranstaltungen, Jugendklubs u. a.) zeigt. Dort kommt es zu Verleumdungen und zur Hetze gegen führende Persönlichkeiten von Partei und Staat. ...

3 *Erklärt, warum sich die SED gegen die Musik aus dem Westen stellt und wie sie es begründet.*

Entstehen einer DDR-Musikszene

Der Kampf der SED gegen den Einfluss der westlichen Musik war trotz aller Verbote und Schikanen vergeblich. Jugendliche hörten in ihren Kofferradios weiter Beat und machten alle westlichen Moden mit. DDR-Bands spielten trotz der Verbote auf Jugendtreffs und in Tanzlokalen eigene, westlich geprägte Musik. Eine eigene, dem Zugriff der SED weitgehend entzogene DDR-Musikszene entstand. In den Siebziger- und Achtzigerjahren blieben die Bands der DDR geduldet, mussten aber auch immer mit einem Auftrittsverbot rechnen.

4 *Hört euch Musikbeispiele aus der damaligen Zeit an (CD, Internet) und versucht herauszufinden.*
a) *inwiefern sie das Lebensgefühl der Jugendlichen trafen;*
b) *was für die DDR-Funktionäre daran anstößig gewesen sein könnte.*
5 *Vergleicht die Musik aus der DDR mit der westlichen und findet Gemeinsamkeiten und Unterschiede heraus.*

Die folgende Auswahl gibt einen kleinen Einblick in die relativ eigenständige und vielfältige DDR-Rockmusikszene.

•

Klaus Renft Combo:
„Rockballade vom kleinen Otto", 1975

Puhdys:
„Wenn ein Mensch lebt", 1973
„Alt wie ein Baum", 1976

•

Karat:
„König der Welt", 1977
„Schwanenkönig", 1980

•

City:
„Am Fenster", 1978
„King vom Prenzlauer Berg", 1978

Militarisierung und Friedensbewegung

1 **Junge Pioniere bei der Schießausbildung.** Foto, 1956.

Militarisierung der Erziehung

1952 wurde die Gesellschaft für Sport und Technik (GST) gegründet. Sie stellte eine vormilitärische Jugendorganisation dar, welche vor allem der gemeinschaftlichen Freizeitgestaltung technisch und sportlich interessierter Jugendlicher dienen sollte.

1978 führte die DDR das Fach „Wehrerziehung" mit vier Doppelstunden für die 9. u. 10. Klassen der Polytechnischen Oberschule ein.

Jeder Schüler wurde zur vormilitärischen Ausbildung herangezogen, die im Wehrdienstgesetz der DDR verankert war. Am Ende der 9. Klasse mussten die Schüler ein zweiwöchiges Wehrlager (Jungen) beziehungsweise einen Lehrgang für Zivilverteidigung (Mädchen) absolvieren. Der Wehrunterricht endete in den darauffolgenden Winterferien der 10. Klasse mit drei so genannten Tagen der Wehrbereitschaft. Dort wurde den Jugendlichen vor allem der Umgang mit Waffen nähergebracht.

1979 hatte die GST über eine halbe Million Mitglieder, u. a. auch, weil sie Kosten für den Führerschein (Motorrad, Auto, Lastwagen) übernahm. Überdies wurde den Jugendlichen die Möglichkeit geboten, für 25 Pfennig im Monat an Segel-, Tauch- und Schießsportschulungen teilzunehmen.

Der Historiker Stefan Wolle schrieb 1998:

M1 ... Im Grunde war dies alles nichts Neues. Schon seit den frühen Fünfzigerjahren veranstalteten die Schulen Schießübungen mit Luftdruck- oder Kleinkalibergewehren, Geländespiele, Exerzierübungen und Werbeveranstaltungen für die NVA. Während aber bisher ihre Durchführung bei der Pionierorganisation, der FDJ oder der GST gelegen hatte und deshalb durchaus die Möglichkeit bestand, sich der Teilnahme zu entziehen, demonstrierte der Staat nun seine Macht und zwang auch noch die letzten Außenseiter in die grauen Uniformen der Zivilverteidigung. ...

1 Betrachtet das Bild und beschreibt, wie es auf euch wirkt.

2 Besprecht mit eurer Nachbarin, eurem Nachbarn, inwieweit für euch die Angebote der GST interessant gewesen wären.

3 Erläutert das Ziel der vormilitärischen Ausbildung der Jugendlichen in der DDR.

Militarisierung und Friedensbewegung

2 Symbol der Friedensbewegung der DDR, von der Regierung der DDR 1982 verboten.

„Schwerter zu Pflugscharen"

Unter diesem Motto versammelte sich zu Beginn der 1980er-Jahre die DDR-Friedensbewegung unter dem Schutz der Kirche. Der Bibelspruch stammt aus dem Alten Testament, Micha 4. Dort heißt es: „Sie (die Völker) werden ihre Schwerter zu Pflugscharen und ihre Spieße zu Sicheln machen. Es wird kein Volk wider das andere ein Schwert aufheben und sie werden nicht mehr kriegen lernen." Das Symbol wurde von der DDR-Regierung 1982 als „staatsfeindlich" erklärt. Die zentrale Figur ist einer Skulptur nachgebildet, die als Geschenk der Sowjetunion vor dem UN-Gebäude in New York steht.

Die christliche Friedensbewegung, der vor allem jungen Leute angehörten, die nicht in der FDJ waren, wurde von den DDR-Behörden verfolgt. Sie trat für die Abrüstung in beiden deutschen Staaten ein und unterstützte einen Aufruf, der die Abschaffung der Atomwaffen in beiden deutschen Staaten forderte. Das Tragen des Aufnähers „Schwerter zu Pflugscharen" wurde von den DDR-Behörden verboten.

Schutzraum Kirche

Über den Schutzraum, den die Kirche bot, schrieb der Historiker Stefan Wolle 1998:
M2 ... Teile einer säkular* erzogenen Generation pilgerten zur Golgatha-Gemeinde, weil dort ein Liedermacher auftrat, trafen sich an

3 Teilnehmer an Friedensgebeten in Ostberlin. Foto, 1987.

der Zionskirche mitten im Stadtbezirk Prenzlauer Berg, weil im nahe gelegenen Gemeindehaus in der Griebenowstraße eine Diskussion oder eine Dichterlesung stattfand, besuchten die Blues-Messen in der Gethsemanekirche nahe der Schönhauser Allee oder in der Samariterkirche in Friedrichshain und lernten auf diesem Umweg die Orte der Passionsgeschichte* kennen.
Immer wieder fanden nun Veranstaltungen statt, für die selbst die drei- bis viertausend Menschen fassenden Bauten kaum noch ausreichten. Junge Leute saßen in den Gängen und rund um den Altar, und selbst die Emporen füllten sie bis zum letzten Platz. ... Hier in den Kirchen waren weder polizeiliche Voranmeldungen nötig noch staatliche Einflussnahmen auf die Inhalte der angebotenen Themen möglich. Wenn Gemeindekirchenrat und Pfarrer ihr Einverständnis erklärten, konnte man kurzfristig Informations-Andachten, Fürbitten oder Mahnwachen ansetzen. ...

4 Gebt die Ziele der Friedensbewegung der DDR wieder.
5 Schätzt die Bedeutung der Kirche für die jugendliche Oppositionsbewegung ein.

säkular*:
weltlich.

Passionsgeschichte*:
Biblische Geschichte des Leidens und der Kreuzigung Christi.

Mutiger Widerstand Einzelner

Wolf Biermann

Der 1936 in Hamburg geborene Wolf Biermann zog 1953 siebzehnjährig als überzeugter Kommunist in die DDR. Schon während seines Studiums übte er Kritik an der SED und trat für einen „richtigen" Sozialismus ein. Wegen seiner scharfen Kritik am DDR-Regime bekam der Liedermacher und Dichter 1965 ein totales Auftritts- und Veröffentlichungsverbot. Seine Lieder wurden trotzdem besonders von Jugendlichen gesungen und verbreitet. Nach einem Konzert in Köln wurde Biermann 1976 von der DDR ausgebürgert und ihm die Wiedereinreise verweigert. Seine Ausbürgerung führte in der DDR zu zahlreichen Protesten und zu einer Stärkung der Oppositionsbewegung.

Sein Lied „Ermutigung" aus dem Jahre 1968 wurde zur heimlichen Nationalhymne der DDR.

Wolf Biermann (geb. 1936), Aufnahme von 1963.

Offene Arbeit*:
Unter diesem Titel bot die Kirche insbesondere Jugendlichen der unterschiedlichsten Gruppen Raum, ohne Vorbedingungen ihren Interessen nachzugehen.

Wolf Biermann:
Warte nicht auf bessre Zeiten, 1965:

Manchen hör ich bitter sagen/ „Sozialismus – schön und gut/ Aber was man uns hier aufsetzt/ Das ist der falsche Hut!"/ Manchen seh ich Fäuste ballen/ In der tiefen Manteltasche/ Kalte Kippen auf den Lippen/ Und in den Herzen Asche

Wartest du auf bessre Zeiten/ Wartest du mit deinem Mut Gleich dem Tor, der Tag für Tag/ An des Flusses Ufer wartet/ Bis die Wasser abgeflossen/ Die doch ewig fließen

Q1 Ermutigung

Du, lass dich nicht verhärten
in dieser harten Zeit.
Die allzu hart sind, brechen,
die allzu spitz sind, stechen
und brechen ab sogleich.
Du, lass dich nicht verbittern
in dieser bittren Zeit.
Die Herrschenden erzittern
– sitzt du erst hinter Gittern –
doch nicht vor deinem Leid.
Du, lass dich nicht erschrecken
in dieser Schreckenszeit.
Das wolln sie doch bezwecken,
dass wir die Waffen strecken
schon vor dem großen Streit.
Du, lass dich nicht verbrauchen,
gebrauche deine Zeit.
Du kannst nicht untertauchen,
du brauchst uns und wir brauchen
grad deine Heiterkeit.
Wir wolln es nicht verschweigen
in dieser Schweigezeit.
Das Grün bricht aus den Zweigen,
wir wolln das allen zeigen,
dann wissen sie Bescheid.

1 Recheriert zum Leben Wolf Biermanns in Bibliotheken und im Internet.

1 Matthias Domaschk (Mitte). Foto, 1977.

2 *Hört bei YouTube Lieder von Biermann an und beschreibt den Eindruck, den sie heute auf euch machen.*

Matthias Domaschk

Ein Beispiel für den Lebensweg eines jugendlichen Oppositionellen in der DDR war der 1957 in Görlitz geborene Matthias Domaschk. Durch seine Mutter kam er 1972 in Kontakt mit der Jungen Gemeinde seines Wohnortes. Während der Diskussionen mit seinen Altersgenossen erfuhr Matthias Domaschk das erste Mal von den Repressionen, die Menschen in der DDR erleiden mussten, wenn sie den Staat kritisierten. Er entschloss sich, aktiv in der Offenen Arbeit* mitzuwirken und so seinen Protest gegen staatliche Schikanen zum Ausdruck zu bringen. Matthias Domaschk organisierte u.a. Konzerte und sammelte Unterschriften gegen die Ausbürgerung von prominenten Künstlern aus der DDR. Im November 1976 wurde er wegen „politischer Untergrundtätigkeit" verhaftet, seine Wohnung durchsucht und mehrere Freunde zu Gefängnisstrafen verurteilt. Im Mai 1977 musste er kurz vor den Abiturprüfungen die Schule ohne Abschluss verlassen. Nach der Ableistung des Wehrdienstes engagierte er sich ab 1979 wieder in der Jungen Gemeinde, gründete Lesekreise und verbreitete oppositionelle Literatur. Nach einer erneuten Verhaftung starb Matthias Domaschk am 12. April 1981 unter ungeklärten Umständen in der Stasi-Haftanstalt Gera.

Mutiger Widerstand Einzelner

Roland Jahn

Der 1953 in Jena geborene Roland Jahn studierte nach seinem Wehrdienst in Jena Wirtschaftswissenschaften. Er protestierte gegen die Ausbürgerung Wolf Biermanns 1976 durch die DDR-Behörden. Am 1. Mai 1977 trug er bei der Maidemonstration ein leeres weißes Plakat, um gegen die Zensur der DDR zu protestieren. Deswegen wurde er vom Studium ausgeschlossen und musste als Transportarbeiter arbeiten. Er setzte seine Protestaktionen fort, wurde mehrmals festgenommen und verurteilt. Nach dem ungeklärten Tod seines Freundes Matthias Domaschk (s. S. 146) gab er eine Traueranzeige in der Lokalzeitung auf. Mit anderen Mitgliedern der „Jungen Gemeinde" Jenas gründete er 1983 eine „Friedensgemeinschaft", die einen sozialen Friedensdienst anstelle des Wehrdienstes forderte. Im Juni 1983 wurde er gewaltsam aus der DDR ausgebürgert. Mitarbeiter der Staatssicherheit (Stasi) setzten ihn gefesselt in einen Zug nach Westdeutschland. Jahn, nun Leiter der „Bundesbehörde für die Stasi-Unterlagen", in einem Interview 2012:

M1 ... Ich war bei den Jungen Pionieren, bei der Freien Deutschen Jugend, ging zum Grundwehrdienst. Selbst wenn jemand jetzt sagt: Der Jahn war schon immer ein Querulant – eigentlich lief ich viele Jahre in vorgeschriebenen Bahnen.
Frage: Aber irgendwann zogen Sie dann durch Jena und sangen: „Wir sind geboren, um frei zu sein."
Jahn: Das ... ist bis heute mein Lebensmotto. Aber dieses Freisein von Angst ist nicht einfach. Als ich von der Universität geschmissen werden sollte, da musste meine eigene Seminargruppe abstimmen. Am Vorabend saßen wir noch zusammen, und alle sagten: Roland, wir stehen zu dir. Dann stimmten sie 13 zu 1 gegen mich. Das war ein Schock. Und dann kamen die Kommilitonen einzeln zu mir, um sich zu entschuldigen: Einer wollte zum Beispiel seinen Vater nicht gefährden, der in einer führenden Position war. Ich habe das verstanden. Ich hatte ja selber oft meinen Mund gehalten, weil mein Vater sagte: Junge, Hände weg von der Politik, das bringt nur Ärger. ...

2 Roland Jahn bei einer Demonstration in der Jenaer Innenstadt. Foto, 1983.

Die „Gruppe Wolfspelz" in Dresden

Um die Dresdnerin Anette Ebischbach formierte sich Anfang der 1980er-Jahre eine Oppositionsgruppe. Anette Ebischbach kam 1981 in Kontakt mit der Jungen Gemeinde der Dreikönigskirche. Begeistert von der dort entwickelten Idee eines Sozialen Friedensdienstes als Ersatz für den Wehrdienst in der DDR, begann sie sich für die Friedensbewegung zu engagieren. Schon bald gerieten die Mitglieder ihrer Gruppe in Konflikt mit der Kirche, da sie radikale pazifistische Ideen vertraten, welche die Kirche ablehnte. Im Rahmen der Aktion „Schwerter zu Pflugscharen" organisierte Anette Ebischbach am 13. Februar 1982 einen Schweigemarsch zur Ruine der Dresdner Frauenkirche, an dem fast 8000 Menschen teilnahmen. Wegen ihres Einsatzes wurde Anette Ebischbach verhaftet, verhört und körperlich bedroht und erst nach kirchlicher Fürsprache entlassen.

3 *Versucht euch in die Lage von Matthias Domaschk, Roland Jahn und Anette Ebischbach zu versetzen. Wie hättet ihr damals gehandelt?*

4 *Befragt mithilfe der Methodenseite S. 86/87 Zeitzeugen.*

Manche raufen sich die Haare/ Manche seh ich hasserfüllt Manche seh ich in das Wolltuch/ Des Schweigens eingehüllt/ Manche hör ich abends jammern/ „Was bringt uns der nächste Tag/ An was solln wir uns noch klammern/ An was? An was? An was?"/

Wartest du auf bessre Zeiten/ ...

Manche hoffen, dass des Flusses/ Wasser nicht mehr fließen kann/ Doch im Frühjahr, wenn das Eis taut/ fängt es erst richtig an/ Manche wollen diese Zeiten/ wie den Winter überstehn/ Doch wir müssen Schwierigkeiten/ Bestehn! Bestehn! Bestehn -

Warte nicht auf bessre Zeiten/ ...

Viele werden dafür sorgen/dass der Sozialismus siegt/Heute! Heute, nicht erst morgen!/ Freiheit kommt nie verfrüht/ Und das beste Mittel gegen/ Sozialismus (sag ich laut)/ Ist, dass ihr den Sozialismus/ AUFBAUT!!! Aufbaut!

Wartet nicht auf bessre Zeiten/ Wartet nicht mit eurem Mut/ Gleich dem Tor, der Tag für Tag/ An des Flusses Ufer wartet/ Bis die Wasser abgeflossen/ Die doch ewig fließen/ die doch ewig fließen

Jugend in Westdeutschland

Blitzlicht: Geschichtliche Einordnung

Aus den drei Westzonen entstand 1949 die Bundesrepublik Deutschland. Sie orientierte sich unter dem Einfluss der drei Besatzungsmächte USA, Großbritannien und Frankreich politisch und kulturell am Westen. Aus den Wahlen zum Deutschen Bundestag ging 1949 eine von der CDU geführte Koalitionsregierung hervor, der erste Bundeskanzler war Konrad Adenauer (s. S. 29). Seine Regierung verfolgte bewusst die Westintegration der Bundesrepublik in scharfer Abgrenzung zur DDR.

In vielen Bereichen knüpfte man an die Zeit der Weimarer Republik an. Die meisten Jugendlichen wuchsen zunächst unter ärmlichen Verhältnissen auf, in den Grundschulen saßen über 40 Kinder in einer Klasse, die Versorgung mit Kindergartenplätzen war schlecht und blieb den freien Trägern, besonders den Kirchen überlassen. Nur vier Prozent der Jugendlichen besuchten in den Fünfzigerjahren ein Gymnasium.

Trotz der Proteste der Erwachsenen war der Siegeszug der amerikanischen Unterhaltungskultur in Westdeutschland unaufhaltsam. Die Radiosender der Besatzungsmächte und Radio Luxemburg bestimmten den Musikgeschmack der Jugendlichen.

Zwischen Freiheit und Tradition

Weil viele Kinder und Jugendliche nach dem Zweiten Weltkrieg ohne Vater aufwuchsen und die Mütter die Versorgung der Familie übernehmen mussten, blieben sie zunächst weitgehend sich selbst überlassen. Erst als einige Väter aus der Kriegsgefangenschaft zurückkehrten und das beginnende Wirtschaftswachstum Mütter an den häuslichen Herd zurückzwang, konnten traditionelle Erziehungsformen und -werte erneut zur Geltung gebracht werden. Viele Kinder und Jugendliche verloren dabei die Freiheit, die sie in der Nachkriegszeit genossen hatten. Die Eltern knüpften an die Regeln und Normen der Vorkriegsfamilie an. Die Heranwachsenden hatten nun wieder genau Auskunft zu geben, was sie taten, mit wem sie sich wann und wo trafen.

sanktioniert*:
bestraft.

1 „Halbstarke". Foto, 1953.

Rock'n'Roll

Susanne Zahn schrieb 1992 über den Einfluss des Rock'n'Roll aus den USA in den Fünfzigerjahren:

M1 ... Lange Haare für Jungen und Jeans für Mädchen, das waren bereits Akte der Rebellion, die ein gewisses Maß an Mut erforderten in einer Zeit, in der die vorbehaltlose Anpassung an die Wertewelt der älteren Generation erwartet und jedes Aus-der-Rolle-Fallen sanktioniert* wurde. Hinzu kam die Bevorzugung des Rock'n'Roll, ... Der Rock'n' Roll als ursprünglich „schwarze" Musik mit seinen mitreißenden, zur freien Bewegung auffordernden Rhythmen, die von den Stars auch mit viel Körpergefühl und zum Teil aggressiv-sexueller Ausdrucksweise präsentiert wurden, eignete sich vorzüglich, um die prüden Erwachsenen zu schockieren und durch Mitschwingen, Mitschreien, Mitsingen die Jugendlichen zum Ausdruck bringen zu lassen, dass sie hier eine Musik gefunden hatten, die ihrem Lebensgefühl entsprach. ...

Rock'n'Roll verführte dazu, sich zu bewegen, bewirkte eine Entgrenzung des Tanzverhaltens gegenüber der traditionellen Form des Gesellschaftstanzes und ließ die Jugendlichen so „außer Rand und Band" geraten, dass es nach einer Bill-Haley-Tournee im Herbst 1958

Rock'n' Roll und „Halbstarke"

2 Jugendliche während eines Konzerts des amerikanischen Rock'n'Roll-Stars Bill Haley in Essen . Foto, 1958.

in mehreren deutschen Großstädten jeweils nach dem Konzert zu sogenannten Halbstarkenkrawallen kam, bei denen das Mobiliar der Konzerthallen zertrümmert wurde. ...

Die „Westdeutsche Allgemeine Zeitung" schrieb am 1. Dezember 1956:
Q1 ... Letzter Lagebericht von der Rock-and-Roll-Front. ... Das Capitol* ... steht noch – vier Schaufenster zu Bruch – sechs Autos umgeworfen – zwölf Verkehrsschilder demoliert – ein Dutzend Mülltonnen vernichtet. Eine regelrechte Schlacht zwischen Polizei und Rock-and-Rollern wurde am Samstagabend geschlagen: mit einem Wasserwerfer und Gummiknüppeln ging eine Hundertschaft ... gegen die „außer Rand und Verstand" tobenden Jahrgänge 1938 bis 1944 vor und schlug sie in die Flucht. ...

Udo Lindenberg erinnerte sich 1980:
M2 ... Damals, 1957, ich war elf, schoss aus dem Radio Elvis Presley mit „Tutti Frutti" und die ersten Takte verbannten meine bisherigen Lieblingslieder „Ave Maria", „Was hat der Hans mit der Grete getan", „Der lachende Vagabund" und sogar „Marina" schlagartig aus meinem Frischlingsherzen. Worum es ging, verstand ich nicht, aber dieser Schluck-

aufgesang und die elektrisierende Musik rockten mich durch und ich rannte in die Küche, schnappte Töpfe und Kochlöffel, trommelte die letzte Minute von „Tutti Frutti" mit, und damit war die für mich damals gerade aktuelle Berufsentscheidung zwischen Seefahrer und Trommler gefallen. Elvis Presley hatte mich angezündet und ich dachte: jetzt ist Erdbeben. ...

Über das Phänomen der „Halbstarken*" waren die Erwachsenen sehr beunruhigt. Nur fünf Prozent der männlichen Jugendlichen zwischen 15 und 20 Jahren wurde zu ihnen gezählt, sie prägten aber die öffentliche Diskussion. Im Kern ging es den Jugendlichen um Selbstverwirklichung und das Erproben eigener Möglichkeiten. So plötzlich die Jugendrevolte ausbrach, so plötzlich flaute sie auch wieder ab. Die Heranwachsenden passten sich schnell an die vorherrschenden gesellschaftlichen Wertvorstellungen an.
1 *Besorgt euch Musik von Elvis Presley und bewertet diese Musik aus eurer Sicht.*
2 *Fragt ältere Verwandte und Bekannte, wie sie ihre Jugend in den 50er-Jahren erlebt haben.*

Elvis Presley, das amerikanische Idol der Rock'n'Roll-Ära.

James Dean in „Denn sie wissen nicht, was sie tun".

Capitol:*
Name eines Kinos in Dortmund.

Halbstarke:*
Jugendliche, die in Gruppen abends an Ecken herumstanden und „Dummheiten" machten. Zu ihrer äußeren Aufmachung gehörten ein auffälliger Haarschnitt, Röhrenhosen (Jeans), der Petticoat, bunte Hemden, Lederjacken oder schwarz-weiß karierte Sakkos.

„No future" oder „Just for fun"?

1 Straßenszene in München. Foto, um 1970.

2 Jugendliche demonstrieren in München gegen die Notstandsgesetze. Foto, 1968.

Jugendleben in der offenen Gesellschaft

In der Bundesrepublik Deutschland entwickelten sich seit den 60er-Jahren zahlreiche unterschiedliche jugendliche Lebensstile. Viele Jugendliche ahmten die neueste Jugendmode und die Musik aus den USA und Großbritannien nach, die durch die Medien weltweit verbreitet wurden.

Freiheit und Selbstverantwortung waren die Schlagworte der jungen Generation. Verwirklicht wurden sie u. a. durch das frühzeitige Ausziehen aus der elterlichen Wohnung und das Zusammenleben in Wohngemeinschaften. Dem Vorbild der studentischen Jugend folgten auch Lehrlinge und junge Arbeiter. Politisch schlossen sich viele Jugendliche der APO, der außerparlamentarischen Opposition, an, da sie sich in den großen Parteien nicht vertreten fühlten.

Opposition und Protest

Die Studenten- und Schülerbewegung der späten 60er-Jahre, die als Protest gegen den Vietnamkrieg begann, veränderte das Zusammenleben der Erwachsenen und Jugendlichen nachhaltig. Neben dem Protest gegen den Vietnamkrieg wandten sich die Jugendlichen auch gegen den nach ihrer Meinung bestehenden Mangel an Demokratie in der Bundesrepublik. Sie rebellierten besonders gegen die von einer großen Koalition aus CDU/CSU und SPD beschlossenen Notstandsgesetze, die für den Fall eines staatlichen Notstandes die Grundrechte der Bürger stark einschränken konnten.

Die Wochenzeitung „Die Zeit" schrieb im Oktober 1968 über die protestierenden Jugendlichen:

Q1 ... Noch nie war eine Jugend in Deutschland auf eine so entschlossene und zugleich überzeugende Weise jung. Dies ist eine erstaunlich schöne Generation jener Deutschen, die doch in der Welt als die Hässlichen etikettiert werden. Die Mädchen in ihren verwegenen Pullovern, die Jungens mit ihren imponierenden Backenbärten, sie erinnern an die apartesten* Modelle aus der Werbebranche. ...

Der neue Lebensstil prägte eine ganze Generation, die so genannten 68er. Eine freiere Lebensgestaltung und der Bruch mit vielen Traditionen setzten sich durch. Das begann beim „Duzen" innerhalb der Betriebe und Arbeitsgruppen und setzte sich im politischen Protest gegen die staatlichen und als willkürlich angesehenen Regelungen fort. Bisherige Normen des Umgangs an Schulen und Universitäten und die allgemeine Kleiderordnung wurden verworfen. Verwaschene Jeans und der Pullover prägten das Bild der Jugendlichen.

1 *Beschreibt das Leben von Jugendlichen in der Bundesrepublik Deutschland um 1968 mithilfe der Materialien dieser Seite.*

apart*:
ungewöhnlich und reizvoll.

„No future" oder „Just for fun"?

3 **Gorleben, Mai 1980:** Atomkraftgegner errichteten auf dem Gelände des geplanten Atommüll-Endlagers nahe der niedersächsischen Stadt ein Anti-Atom-Dorf und nannten es „Republik freies Wendland". Im Juni räumte die Polizei das Hüttendorf. Foto.

Verschiedene Jugendkulturen nebeneinander

Wie weit sich der Einzelne den Regeln der jeweiligen Jugendkultur unterwarf oder sich eher an den traditionellen Werten orientierte, war schon in den 50er-Jahren eine individuelle Frage. Doch während in den 50er- und frühen 60er-Jahren die Halbstarken die einzige Jugendkultur waren, die sich von den traditionellen Verhaltensmustern ablöste, gliederte sich die Jugendkultur um 1970 in verschiedene Strömungen auf. Hippies und Rocker verkörperten bereits damals gegensätzliche Lebensweisen.

Ende der 70er-Jahre kamen die ökologisch und pazifistisch ausgerichteten Alternativen dazu. Gerade jüngere und gebildetere Bevölkerungsteile wurden von den gewaltfreien und basisdemokratischen Gruppen angesprochen. Weil es ihnen im Unterschied zur APO nicht mehr so sehr um grundlegende gesellschaftliche Veränderungen als vielmehr um das Erreichen konkreter Ziele vor Ort ging, engagierten sich die von der Parteipolitik Enttäuschten häufig in Bürgerinitiativen*. Das Anwachsen dieser kritischen Grundeinstellung führte Anfang der 80er-Jahre zur Gründung der Partei „Die Grünen".

„No future" war dagegen eher die Einstellung der anarchisch ausgerichteten Punks, denen sich zu Beginn der 80er-Jahre die äußerlich angepassten Popper entgegenstellten. Diesen lag mehr an beruflichem Fortkommen und persönlichem Glück.

Auch rechtsextreme Gruppen fanden sich seit den 80er-Jahren beispielsweise als Skinheads zusammen. Sie spielten eher eine untergeordnete Rolle. Auf der anderen Seite bildeten sich die politisch orientierten, anarchistischen* Autonomen. Sie wurden von der Öffentlichkeit besonders wahrgenommen, weil sie sich bei Demonstrationen regelmäßig mit der Polizei Straßenschlachten lieferten.

2 *Versetzt euch in einen „Basisdemokraten" und in einen „No-future"-Jugendlichen aus den 80er-Jahren. Legt eure jeweilige Grundhaltung dar und diskutiert sie.*

Bürgerinitiativen*:
Von politischen Parteien und anderen Verbänden unabhängiger Zusammenschluss von Bürgern mit einem gemeinsamen Ziel, z. B. für den Bau einer Umgehungsstraße.

anarchistisch*:
gegen jede Form der politischen Ordnung.

Jugend heute

1 **Loveparade in Berlin.** Foto, 2001.

2 **Rente mit 20?** Karikatur, 1998.

Wie ticken Jugendliche 2012?

Auch 2012 waren Jugendliche so unterschiedlich wie zu allen Zeiten. Die Studie eines Forschungsinstituts, die im Frühjahr 2012 veröffentlicht wurde, bestätigt diese allgemeine Erfahrung. Die Forscher stellten fest, dass Jugendliche 2011/2012 sich selbst unter einem großen Leistungsdruck in der Schule und in der Berufsausbildung sehen. Die unsicheren Berufsaussichten erhöhen diesen Druck. Werte wie Familie, Sicherheit, Freundschaft sind den befragten Jugendlichen wichtig, ebenso aber auch Feste feiern und konsumieren.

Aus den nicht repräsentativen Befragungen des Forschungsinstituts lassen sich allgemeine Aussagen ableiten:

– Religion wird als Privatsache angesehen, die Kirchen spielen keine große Rolle für die Jugendlichen.

– Die Schule gilt vielen als Ort, wo man etwas fürs Leben lernen kann, Jugendliche aus ärmeren Familien sehen die Schule aber auch als Ort des Scheiterns. Alle wünschen sich von den Lehrerinnen und Lehrern als Menschen und nicht nur als Schüler wahrgenommen zu werden.

– Jugendliche engagieren sich in Vereinen und suchen die Mitarbeit in sozialen und ökologischen Bereichen. Sie sind politisch interessiert, finden sich aber in den herkömmlichen Formen und Angeboten der Politik und der Parteien nicht wieder. Eine „gerechte" Gesellschaft ist ihnen wichtig.

– Die Nutzung sozialer Netzwerke gehört zum Alltag, sie werden als Ergänzung und nicht als Ersatz realer sozialer Beziehungen angesehen. Das Internet ist ein wichtiger „elternfreier" Raum zur Findung einer eigenen Identität.

– Jugendliche aus ärmeren Schichten sehen ihre Situation als schwierig an, sie fühlen sich von anderen Jugendlichen zudem ausgegrenzt. Die Forscher beschreiben sie mit dem Wort „Durchbeißer". Jugendliche aus „konservativ-bürgerlichen" Familien schildern die Forscher als „früh vergreist", weil sie so werden wollen wie die Erwachsenen und den Leistungsdruck der Gesellschaft akzeptieren.

1 *Gebt die Aussagen der Forscher mit euren Worten wieder.*

2 *Diskutiert mit eurer Nachbarin, eurem Nachbarn, welche Aussagen der Forscher auch auf euch zutreffen.*

Jugend heute

3 Schülerinnen und Schüler einer Abschlussklasse präsentieren ihre Zeugnisse. Foto, 2004.

Mädchen „Bildungsgewinner"

Aus einer Untersuchung zur „Jugend 2010":

M1 ... Stetig mehr junge Frauen besuchen weiterführende Schulen. Das Gymnasium ist dabei insgesamt auf dem Vormarsch, und waren 43 Prozent der Schülerinnen 2002 dort anzutreffen, sind es in 2010 inzwischen 48 Prozent. Bei den männlichen Altersgenossen ist der Anteil dagegen im gleichen Zeitraum nur von 39 Prozent auf 40 Prozent ... gestiegen. ...

Aus knapp der Hälfte der Jugendlichen (49 Prozent), die 2002 angaben, das Abitur anzustreben, ist in 2010 eine gute Mehrheit (55 Prozent) geworden. Auch hier ist der Anstieg bei jungen Frauen – von 53 Prozent in 2002 auf 60 Prozent in 2010 – im Vergleich zu den jungen Männern – von 46 Prozent in 2002 auf 51 Prozent auf 2010 – höher. ...

„Sitzenbleiben Jungensache"

M2 ... Für mehr als jeden vierten Jugendlichen (28 Prozent), der in 2010 die Schule besucht, gehört es dazu, dass in der bisherigen Schullaufbahn die Versetzung bereits einmal gefährdet war. Fast jeder fünfte Schüler im Jugendalter (19 Prozent) hat bereits einmal eine Klasse wiederholt. ... Statistisch bedeut-

sam sind weiterhin die Unterschiede zwischen den Geschlechtern. Junge Männer sind deutlich häufiger versetzungsgefährdet (31 Prozent) und vom Sitzenbleiben betroffen (21 Prozent) als junge Frauen (25 Prozent bzw. 16 Prozent). Damit verlaufen die Bildungskarrieren von jungen Frauen nicht nur hinsichtlich des Schulabschlusses erfolgreicher, sondern auch schon während der Schullaufbahn reibungsloser. ...

2002 und 2010 sind die Anteile der jugendlichen Schüler, die aus einfachen Verhältnissen stammen und eine Klasse wiederholen mussten, aber immer noch jeweils höher als die Anteile unter den jugendlichen Schülern aus besseren Elternhäusern. Bezogen auf die gefährdete Versetzung gilt weiterhin, dass fast jeder zweite jugendliche Schüler aus der Unterschicht (46 Prozent) bereits einmal die Erfahrung des drohenden Sitzenbleibens gemacht hat. In der Oberschicht (24 Prozent) ist dies „nur" bei fast jedem Vierten der Fall. ...

3 Stellt mögliche Ursachen für den größeren Bildungserfolg von Mädchen zusammen.
4 Prüft anhand von Erfahrungen in eurer Schule, ob das „Sitzenbleiben" sinnvoll ist.

In Bibliotheken und im Internet findet ihr unter dem Stichwort „Jugend" Materialien und Hinweise zur selbstständigen Weiterarbeit. Weitere Suchworte können sein: Jungpioniere, Thälmannpioniere, FDJ, Rock'n'Roll, Beat, Halbstarke, Studentenbewegung, 68er, Schlager.

Auf der Website der Bundeszentrale für politische Bildung (www.bpb.de) finden sich unter dem Suchwort Jugend, Jugendkultur zahlreiche Materialien und zum Teil kostenlose Hefte oder Broschüren.

Literaturhinweise

Klaus Farin: Jugendkulturen in Deutschland. Bpb Bonn 2011, auch als pdf

Bernd Lindner: Jugendkultur in der DDR zwischen Staatsgründung und Mauerbau, (pdf) www.bpb.de/themen/PVN557.html

Kaspar Masse: Körper, Konsum, Genuss – Jugendkultur und mentaler Wandel in beiden deutschen Gesellschaften, pdf, www.bpb.de/publikationen/NE9WVJ.html

Michael Rauhut: Beat in der Grauzone, DDR-Rock 1964-1972 – Politik und Alltag. Basisdruck Berlin 1983

Ulrich Mählert, Gert-Rüdiger Stephan: Blaue Hemden – Rote Fahnen, Die Geschichte der FDJ, Opladen 1996

Saskia Handro: Alltagsgeschichte, Alltag, Arbeit, Politik und Kultur in der SBZ und der DDR. Schwalbach 2006

Freya Klier: Lüg Vaterland. Erziehung in der DDR. München 1990

50 Jahre Shell Jugendstudie in Deutschland. Berlin 2002

Deutschland in den fünfziger Jahren. München 2006

Das kann ich schon ...

Arbeitsbegriffe

✓ Freie Deutsche Jugend (FDJ)
✓ Halbstarke
✓ Jugendweihe
✓ Jungpioniere
✓ Konfirmation
✓ Rock'n'Roll
✓ Beat
✓ Friedensbewegung
✓ Just for fun

Was wisst ihr noch?

1 Berichtet über die Jugendpolitik der DDR.
2 Stellt zusammen, was Jugendlichen in West und Ost gemeinsam war.
3 Sucht Beispiele für die Musik der 60er- und 70er-Jahre und kommentiert sie.
4 Welche Ziele hatten die Jugendlichen, die sich in West und Ost in Friedensgruppen betätigten?

1 Entwerft ein Referat zum Thema: „Jugend in Ost und West".
2 Gestaltet eine Collage zum Thema: „Ja, die Jugend damals ... War alles besser?"

5. Migration und Integration

Weltweit befinden sich Millionen von Menschen auf der Flucht – vor Kriegen und Bürgerkriegen, vor politischer, religiöser, ethnischer oder rassistischer Verfolgung. Sie suchen Schutz, Freiheit und Unterhalt. Meist wollen die Flüchtlinge auch wieder zurück, doch oft ist ihnen das unmöglich. Sie müssen dann in der Fremde eine neue Heimat finden – als Asylanten, Aus-, Ein- oder Zuwanderer.

Auch aus wirtschaftlichen Interessen verlassen Menschen ihre Heimat. Immer aber ist es die Hoffnung auf eine bessere Zukunft, die Menschen das Risiko der Auswanderung eingehen lässt.

Menschen unterwegs

1 Hugenottenverfolgung in Frankreich 1685. Farblithografie von Maurice Leloir, 1904.

2 Englische Einwanderinnen in New York. Foto 1911.

3 Deutsche Kinder aus Polen treffen in Deutschland ein. Foto, um 1948.

4 Illegale Einwanderer aus Afrika landen mit einem Gummiboot an der Küste Südspaniens. Foto, 2000.

5 Syrische Flüchtlinge auf dem Weg nach Jordanien. Foto, 2012.

6 1854 wanderten Sorben nach Texas aus und gründeten dort die Stadt Serbin. Erinnerungsmedaille, 2004.

Menschen auf der Flucht

Im Jahr 2011 waren rund 44 Mio. Menschen auf der Flucht. Das waren so viele wie seit über 15 Jahren nicht mehr, berichtete das UN-Flüchtlingshilfswerk. Auch im Jahr 2012 reißen die Meldungen über Flüchtlinge nicht ab.

1 *Schaut euch die Bilder an und beschreibt, was ihr seht. Besprecht, welche Gründe die Menschen veranlasst haben könnten, ihre Heimat zu verlassen.*

2 *Gestaltet eine Zeitleiste und zeichnet darin maßstabsgerecht die in den obigen Bildern dargestellten Auswanderungen ein.*

3 *Sammelt aus aktuellen Tageszeitungen Berichte zu Flüchtlingsbewegungen. Legt eine Folie über die Karte (Bild 7), tragt diese Bewegungen ein und gestaltet damit in Gruppen eine Wandzeitung.*

Was ist Migration?

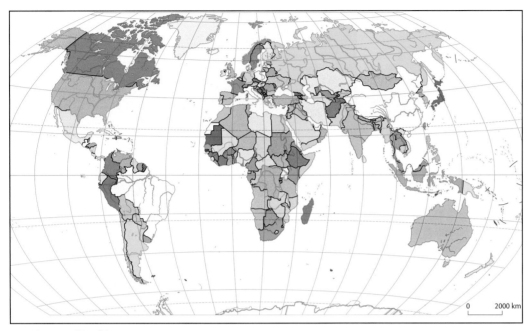

7 „Stumme" Weltkarte

M1 Definitionen von Migration

a) Annette Treibel (Soziologin):
Migration ist der auf Dauer angelegte bzw. dauerhaft werdende Wechsel in eine andere Gesellschaft bzw. in eine andere Religion von einzelnen oder mehreren Menschen.

b) Bundesamt für Migration und Flüchtlinge:
Von Migration spricht man, wenn eine Person ihren Lebensmittelpunkt räumlich verlegt. Von internationaler Migration spricht man dann, wenn dies über Staatsgrenzen hinweg geschieht.

c) Wirtschaftslexikon Gabler:
Wanderungsbewegungen von Menschen (Arbeitskräften) zwischen Staaten oder administrativen Untereinheiten eines Staates (Binnenwanderung), die zu einem längerfristigen und dauernden Wechsel des ständigen Aufenthaltsortes der daran beteiligten Personen führen.

4 Lest die Definitionen zur Migration (M1). Besprecht sie mit euren Banknachbarn oder in kleinen Gruppen und ergänzt die Definitionen gegebenenfalls.

5 Entscheidet mithilfe der Definitionen, ob es sich in den folgenden Fällen um Migration handelt:

– Ein Ingenieur aus Russland findet eine Anstellung an der TU Chemnitz. Er zieht mit seiner Familie nach Chemnitz.

– Eine deutsche Frau heiratet einen Mann aus Tunesien und tritt zum Islam über. Die Familie wohnt weiter in der Heimatstadt der Frau, in Dresden.

– Eine türkische Familie wohnt schon seit 10 Jahren in Leipzig. Die in Leipzig geborenen Kinder werden in der Schule als Ausländer angesehen.

Menschen angekommen

1 Joy Denalane , Soul- und Hiphop-Sängerin, geb. in Berlin, der Vater stammt aus Südafrika, die Mutter ist Deutsche.

2 Samy Deluxe, geb. in Hamburg, Rapper, der Vater stammt aus dem Sudan, die Mutter ist Deutsche.

3 Wladimir Kaminer, Schriftsteller und Kolumnist russischer Herkunft.

„Integration fängt bei mir an"

Etwa ein Drittel aller Kinder in Deutschland und nahezu die Hälfte der Kinder in Großstädten leben in Familien mit Migrationshintergrund. 2009 lag die Zahl der Menschen mit Migrationshintergrund in Deutschland bei rund 16 Mio. In vielen gesellschaftlichen Bereichen sind sie bereits fest integriert. Was wäre etwa die Deutsche Fußball-Nationalmannschaft ohne die „Migranten-Jungs"? Von den 23 Spielern, die 2012 im Kader der Nationalmannschaft stehen, haben 11 einen Migrationshintergrund. In der erfolgreichen U 21 (Europameister 2009) hatten von den 11 Spielern sogar 8 Spieler ausländische Wurzeln. „Integration fängt bei mir an" – so heißt es auf einem Poster des DFB. Dieser hat eine Kommission „Integration" gebildet, deren Vorsitz die türkischstämmige CDU-Politikerin Gül Keskinler innehat.

Einige Beispiele

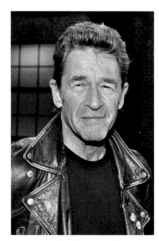

4 Peter Maffay, Musiker (Tabaluga u.a.), stammt aus Rumänien.

Peter Maffay (geb. 1949) lebt seit 1963 in Deutschland. Neben seiner künstlerischen Tätigkeit ist er auch politisch engagiert. Er ist in der Friedensbewegung aktiv und Schirmherr mehrerer Stiftungen. Auf Mallorca hat er einen Bauernhof errichtet, auf dem traumatisierte Kinder aus aller Welt zwei Wochen kostenlos Urlaub machen können.

Peter Maffay ist Träger des Bundesverdienstkreuzes und Botschafter der Deutschen José Carreras Leukämie-Stiftung.

Peter Maffay über seine Herkunft:

M1 ... Ich wurde in Kronstadt geboren, unter schwierigen politischen Umständen. Als Kind habe ich selber Diskriminierung erlebt. In Rumänien waren wir Angehörige einer Minderheit. Man hat uns Kinder nach dem Krieg als „Hitleristen" bezeichnet. Als kleiner Knopf bist du halt empfänglich für Verachtung und Ablehnung. ... Dann kamen wir nach Deutschland, und auch hier wurde uns manchmal deutlich gemacht, dass wir Migranten sind. ...

Menschen angekommen

Hamit Altintop (geb. 1982) hat türkische Eltern, wurde aber in Deutschland geboren. Ab seinem 15. Lebensjahr spielte er bei der SG Wattenscheid 09, von 2003 bis 2007 in der Bundesliga für den FC Schalke 04. 2007/2008 wechselte er zu Bayern München. Seit Mai 2011 spielt er bei Real Madrid. Hamit Altintop gehört der türkischen Nationalmannschaft an.

Hamit Altintop:

M2... Für einen engagierten Fußballspieler ist Integration doch einfach. Wenn ein Verein ihn will, wird geholfen, wo es nur geht. Bei mir wurde wegen meines Talents auch oft ein Auge zugedrückt. Aber wie werden normale Leute unterstützt? Und: Was tut der Einzelne selbst dafür, um integriert zu sein? Ich beobachte das auch in meinem Umfeld. Viele Leute jammern, alles sei schlecht und schwer. Und sie fordern immer nur. Ich frage dann: „Und was tust du?"...

5 **Hamit Altintop**, Profi-Fußballspieler, geb. in Gelsenkirchen, türkischer Abstammung.

Mesut Özil (geb. 1988) wuchs als Sohn türkischer Einwanderer in Gelsenkirchen auf. Neben Rot-Weiß Essen und Schalke 04 war Werder Bremen eine wichtige Station seiner Karriere. Seit 2010 spielt Mesut bei Real Madrid und in der deutschen Nationalmannschaft.

Mesut Özil:

M3... „Wenn in der Kabine ein Witz gemacht wird, dann muss ich im Moment noch einfach so mitlachen, weil ich so viel noch nicht verstehe. Aber es ist mein Ziel, bald alles richtig zu verstehen." Gleichzeitig kritisiert Özil aber auch, dass manche Einwanderer gar nicht erst die Chance für eine Integration bekämen. „Das finde ich einfach schade, denn jeder Mensch verdient Respekt und einen entsprechenden Umgang." ...

6 **Mesut Özil**, Profi-Fußballspieler, geb. in Gelsenkirchen, türkischer Abstammung.

Einigendes Band – die Menschenrechte
Cem Özdemir:

M4 ... Dieses einigende Band einer inklusiven Gesellschaft* sind für mich die universellen Werte der Menschenrechte. Danach soll jeder Mensch mit identischen Rechten und Pflichten wahrgenommen werden, ungeachtet der Herkunft, dem Geschlecht, der Religion, der Weltanschauung, dem Alter, der sexuellen Identität oder Behinderung. ... Erst der gegenseitige Respekt erzeugt in einer vielfältigen Gesellschaft wie der unsrigen die notwendige Identifikation mit unserem demokratischen Gemeinwesen – allerdings nur dann, wenn der Grundsatz anerkannt wird, dass die Freiheit des Einzelnen immer da aufhört, wo die Freiheit anderer eingeschränkt wird. Maßstab ist hier unser Grundgesetz. ...

1 *Stellt weitere bekannte Menschen mit Migrationshintergrund vor.*
2 *Recherchiert bei Vereinen eurer Stadt und versucht herauszufinden, wie viele Sportler mit Migrationshintergrund dort trainieren.*
3 *Erklärt den Unterschied zwischen „Integration" und „Inklusion".*

inklusive Gesellschaft*.
Eine inklusive Gesellschaft nimmt sich aller Menschen an – der Kinder, Eltern, Migranten, Arbeitenden und Arbeitslosen, Kranken und Alten. Es sollen keine Sonderwelten entstehen.

Cem Özdemir
(geb. 1965) ist seit 2012 Vorsitzender der Partei Bündnis 90/Die Grünen und Europaabgeordneter. Er erlernte den Beruf eines Erziehers und studierte anschließend Sozialpädagogik.

Flüchtlinge des 17. Jahrhunderts

1 Verfolgung der Hugenotten in Frankreich: „Bartholomäusnacht"* in Paris 1572. Undatiertes Gemälde von François Dubois.

Glaubensflüchtlinge

Flucht und Vertreibung aus religiösen Gründen hatte es in Europa immer wieder gegeben, seit das Christentum im 4. Jahrhundert n. Chr. Staatsreligion geworden war. Auch heute noch fliehen Menschen auf der ganzen Welt aus ihrer Heimat, weil sie ihren Glauben nicht praktizieren dürfen. So wandern Christen aus islamischen Ländern, etwa aus Ägypten, aus, weil ihr Glaube dort unterdrückt wird.

Die Hugenotten

In Frankreich gab es im 16. Jahrhundert zwei christliche Konfessionen, die katholische und die reformierte. Die Reformierten wurden Hugenotten genannt. Sie lebten in der Überzeugung, dass ein fleißiges, erfolgreiches Leben vor Gott großen Gefallen finden würde.
Von Anfang an mussten die Hugenotten darum kämpfen, ihren Glauben ausüben zu dürfen. Aber 1598 gab König Heinrich IV. den Hugenotten, einem Zehntel der Bevölkerung,

im Edikt* von Nantes folgende Zusicherungen:
– Sie durften sich in allen Gebieten Frankreichs aufhalten und
– ungehindert ihren Gottesdienst feiern*,
– durften an Universitäten, Schulen und Hospitälern wegen ihres Glaubens nicht benachteiligt werden und
– alle Ämter bekleiden.

Ludwig XIV. und die Hugenotten

Knapp 90 Jahre nach dem Edikt von Nantes war Ludwig XIV. (1643–1715) nicht mehr bereit, die freie Religionsausübung seiner Untertanen zu dulden. Er verbot die reformierte Religion schließlich ganz.
Am 18. Oktober 1685 befahl er:

Q1 … gefällt es Uns, dass alle Kirchen der angeblich reformierten Religion, die in unserem Königreich … liegen, unverzüglich zerstört werden. …
2. Wir verbieten Unseren … Untertanen von der … reformierten Religion, sich noch ferner zu versammeln, um Gottesdienst … zu halten. …
3. Wir befehlen allen reformierten Predigern, die sich nicht bekehren wollen, … Unser Königreich zu verlassen bei Strafe der Galeeren. …
9. Wir verbieten ganz ausdrücklich … allen Unseren Untertanen von der … reformierten … Religion, aus unserem Königreich auszuwandern bei Strafe der Galeeren für die Männer und Einziehung von Leib und Gut für die Frauen. …

1 Schreibt die wichtigsten Aussagen des Verbotsedikts mit eigenen Worten auf.
2 Beurteilt die Vorgehensweise des Königs.
3 Vermutet, wie die Reformierten darauf reagiert haben könnten.

Die Flucht der Hugenotten

Trotz des Verbots wanderten in den Jahren von 1685 bis 1719 rund 200 000 bis 300 000 Hugenotten aus Frankreich aus. Sie flohen ins benachbarte Ausland, vor allem in die Schweiz, die Niederlande und in etliche deutsche Fürstentümer. 15 000 von ihnen kamen

Religionsflüchtlinge in Deutschland

nach Brandenburg-Preußen, davon allein 6000 nach Berlin. Bereits um 1700 soll jeder fünfte Einwohner Berlins französischer Herkunft gewesen sein.

Anwerbung für Brandenburg

Dass so viele Hugenotten nach Brandenburg kamen, war kein Zufall. Der Große Kurfürst hatte Werber ausgeschickt, die möglichst viele Glaubensflüchtlinge nach Brandenburg holen sollten. Ihnen wurden Pässe gegeben und Geld für die Reise.

Im Edikt von Potsdam verkündete der Kurfürst 1685:

Q2 ... Wir, Friedrich Wilhelm, von Gottes Gnaden Markgraf zu Brandenburg, ... Kurfürst, tun kund und zu wissen, ... dass wir aus gerechtem Mitleiden, ... welches wir mit unseren wegen des heiligen Evangeliums ... bedrängten Glaubensgenossen ... haben müssen, ... mit diesem Edikt, ihnen eine sichere und freie Zuflucht in allen unseren Landen ... anbieten (werden) und ihnen hiermit kundtun, welche Rechte, Freiheiten und Vorrechte wir ihnen gnädigst zuzugestehn gesonnen sind, um dadurch die große Not und Trübsal ... auf einige Weise erträglicher zu machen. ...

3. ... Wir stellen denen, die sich in unseren Landen niederlassen wollen, frei, sich denjenigen Ort, welchen sie für ihren Beruf und für ihre Lebensart am bequemsten finden, zu wählen. ...

4. Diejenigen Möbel, auch Kaufmanns- und andere Waren, welche sie ... mit sich bringen..., sollen von allen Auflagen, von Zoll und Gebühren ... gänzlich befreit sein. ...

4 Entnehmt dem Text, welche Gründe den Kurfürsten zur Anwerbung der Hugenotten bewogen.
5 Überlegt, ob er auch andere als religiöse Motive gehabt haben könnte. Bedenkt dabei auch die Berufe der meisten Hugenotten.

Die Flüchtlinge und die Einheimischen

Die ersten Glaubensflüchtlinge lebten meist unter ihresgleichen. Der französische Schneider konnte beim französischen Bäcker sein

2 Empfang der französischen Flüchtlinge durch den Großen Kurfürsten im Potsdamer Schloss. Kolorierter Holzstich nach einem Gemälde von Hugo Vogel, 1885.

Weißbrot kaufen und umgekehrt. Sie besuchten den französischen Gottesdienst, gingen in die französische Schule und heirateten bevorzugt untereinander.

Zunächst wurden die Flüchtlinge von einem Teil der Bevölkerung abgelehnt. Es gab sogar fremdenfeindliche Übergriffe. Diese Haltung änderte sich jedoch erstaunlich schnell. Die Franzosen wurden zunehmend akzeptiert. In den Dreißiger- und Vierzigerjahren des 18. Jahrhunderts nahmen die Eheschließungen zwischen Franzosen und Einheimischen zu. Im Siebenjährigen Krieg (1756 bis 1763) kämpften die in Brandenburg eingewanderten Hugenotten auf preußischer Seite gegen Frankreich. Die französische Kirchengemeinde und der eigene Unterricht blieben aber bis zum Ende des 18. Jahrhunderts bestehen.

6 Erläutert, warum die Hugenotten rückblickend als relativ früh eingegliederte Zuwanderergruppe bezeichnet werden können.

Auswanderung nach Amerika

1 Deutsche Auswanderer im Hamburger Hafen. Stahlstich, 1872.

*Bevölkerungsent-
wicklung in den
USA:
1800–1860
(in Millionen)*

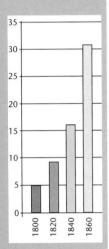

*Daniel Friedrich List
(1789–1846),
bedeutender deut-
scher Wirtschaftsthe-
oretiker des 19. Jahr-
hunderts. Er gilt als
Begründer der mo-
dernen Volkswirt-
schaftslehre.*

Aufbruch in die „Neue Welt"

Vor allem im 19. Jahrhundert wanderten Menschen aus Europa in andere Länder aus. Die „Neue Welt", besonders die Vereinigten Staaten von Amerika, wurde zu einem Anziehungspunkt für Auswanderungswillige, darunter viele Deutsche.

1 *Beschreibt Bild 1 und überlegt, welche Anstrengungen und Gefahren es bei einer solchen Reise gegeben haben könnte.*

2 *Stellt Vermutungen darüber an, warum die Menschen gerade nach Amerika auswanderten.*

In den meisten europäischen Ländern wuchs die Bevölkerungszahl im 19. Jahrhundert stark an. Seit Beginn des Jahrhunderts wanderten Menschen nach Übersee aus. Sehr viele Menschen suchten ihre neuen Lebensgrundlagen in Amerika, weil sie sich in dem großen Land ein wirtschaftlich gesichertes Dasein in Freiheit erhofften.

Es gab mehrere Auswanderungswellen in die Vereinigten Staaten, die zwei bedeutendsten in den Fünfziger- und den Achtzigerjahren des vergangenen Jahrhunderts. Insgesamt wanderten zwischen 1815 und 1920 etwa fünf Millionen Deutsche aus.

Ursachen und Motive der Auswanderung

Ein Deutscher 1754 in einem Bericht über wenig später ankommende Landsleute:

Q1 ... Es kommen nun in diesen Jahren unter den viel Tausenden Kolonisten viele freche, verkehrte und unruhige Köpfe mit herein, solche, die in Europa weder Gott noch der Welt und geistlichen Obrigkeiten haben Gehorsam leisten wollen; Männer, die mit keinem Nachbar haben friedlich wohnen können; Leute, die den Müßiggang und ein unmäßiges Leben gelebt und geführt und nur auf List und Ränke denken, wie sie hier ohne Arbeit reich und hochangesehen werden können. ...

Friedrich List, der 1822 selbst aus politischen Gründen nach Amerika auswanderte, befragte 1817 im Auftrag des württembergischen Königs Auswanderer aus Südwestdeutschland nach ihren Gründen:

Q2 ... Michael Munz, ... , verheiratet und hat 6 Kinder, ist ohne alles Vermögen:
Ich weiß weiter keine Ursache anzugeben, weswegen ich auswandere, als dass ich bei dem gegenwärtigen schlechten Verdienst und bei der großen Teuerung meine Familie

Was wird versprochen?

nicht erhalten kann. Ich habe Nachricht von Verwandten in Amerika, welche es dort gut haben. Ein Vetter, der mit mir zieht, versorgt mich mit Geld.

… Carl Minner, Schneider, …, 34 Jahre alt, hat 1 Kind und ungefähr 1000 Gulden Vermögen: Man kann sich eben nicht mehr nähren, weil das Handwerk nicht mehr geht und die Teuerung zu groß ist.

… Johannes Schäufele, …

… Wenn in Schorndorf nicht bald eine Änderung gemacht wird, so wandert die halbe Stadt aus. Vom Oberamtmann an bis auf den Bettelvogt drückt alles auf den Bürger und der Bürger darf nicht sprechen. Wenn man vor den Beamten kommt, so gibt es ein Donnerwetter über das andere. …

3 Findet heraus, welche Ursachen und Motive es für die Auswanderung gab (Q1, Q2).
4 Fertigt auf der Grundlage des Clusters eine Mindmap an, indem ihr die Inhalte des Clusters neu ordnet und strukturiert (Bild 2).
5 Überlegt, warum in Lists Bericht Frauen nicht erwähnt werden. Wanderten nur Männer aus?
6 Formuliert Erwartungen, die die Auswanderer gehabt haben könnten.
7 Befragt Mitschüler mit Migrationshintergrund in eurer Klasse, warum ihre Eltern oder Großeltern nach Deutschland gekommen sind.
8 Vergleicht die in eurer Befragung herausgefundenen Gründe mit euren Arbeitsergebnissen zu Aufgabe 3.

Amerikanische Einwandererwerbung in Deutschland

Auswanderungsinteressierte wurden bereits in Deutschland durch Zeitungsanzeigen angesprochen. Dafür sorgten Einwandereragenten, die von einzelnen amerikanischen Staaten beauftragt waren, wie etwa F. Melchior vom Staat Süd-Carolina.

Am 14. November 1867 war in der „Allgemeinen Auswanderungs-Zeitung" zu lesen:

Q3 … Wichtig für Auswanderer

Der Staat Süd-Carolina hat ein liberales Gesetz zum Schutze der Einwanderer erlassen und die Bürger des Staates haben über eine Million Acker Land zu sehr niedrigen Preisen

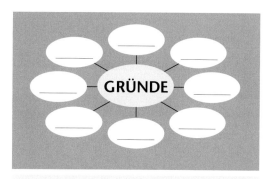

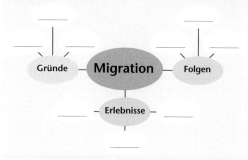

2 Ungeordnete Gedankensammlung (Cluster, oben); Gedanken geordnet, strukturiert und übersichtlich (Mindmap, unten).

bei dem Agenten des Staates zum Verkauf registriert. Ländereien, die früher 40 bis 50 Dollar pro Acker kosteten, sollen jetzt zu 3 bis 6 Dollar pro Acker verkauft werden. Auch werden ein paar Tausend Acker unkultiviertes Land unter der Bedingung, dass der Ansiedler sich ein Haus darauf baut, unentgeltlich abgetreten. Für Landsleute mit einem kleinen Kapital bietet sich dort eine außerordentlich günstige Gelegenheit dar. Auch sind tüchtige Handwerker sowie Knechte und Mägde sehr in Nachfrage. …

9 Beschreibt, welches Angebot einem Auswanderungsinteressierten gemacht wird (Q3).
10 Vermutet, welche Absichten und Wirkungen ein solches Inserat gehabt haben könnte.

Traum und Wirklichkeit

Dringende Warnung an auswandernde Mädchen.

Nimm im Auslande keine Stelle an ohne vorherige sichere Erkundigung!
Wende dich in Not und Gefahr an das Nachweisungsbureau für Auswanderer am Bahnhof oder an die Bahnhofsmissionarin (Georgstr. 22) oder auch an den Wirt!

Deutsches Nationalkomitee zur internationalen Bekämpfung des Mädchenhandels (Bureau: Berlin W., Lützowplatz 14).

1 **Plakat.** Um 1910.

Ankunft in Amerika

1 *Stellt anhand des Plakates Vermutungen darüber an, welche Gefahren einem auswandernden Mädchen drohten.*

Fast sechs Millionen Deutsche wanderten im 19. Jahrhundert in der „Neuen Welt" ein. Ein Drittel von ihnen waren Frauen. Die meisten reisten im Familienverband mit Mann, Kindern und anderen Verwandten. Mehrere Hunderttausend waren allein stehend. In den USA suchten sie eine Stellung.

Zu diesen Frauen gehörte Anna Maria Klinger. Sie war das erste von sieben Kindern einer armen Weinbauernfamilie. Alle ihre Geschwister wanderten nach ihr nach Amerika aus.

Nach kurzem Aufenthalt in den USA schrieb sie an ihre Familie:

Q1 ... New York, den 18. März 1849

... Am selben Tag, als ich in New York ankam, kam ich noch in Dienst zu einer deutschen Familie, gegenwärtig bin ich zufrieden mit meinem Lohn gegenüber Deutschland: Ich habe im Monat 4 Dollar, nach unserem Geld 10 Gulden. Wenn man einmal Englisch sprechen kann, dann geht es bedeutend besser,

denn die Englischen geben guten Lohn, da hat die Magd 7 bis 10 Dollar den Monat, denn wer das Englisch nicht kann und nicht versteht, kann auch nicht den Lohn verlangen. Nun bin ich aber in der Hoffnung, dass es bald besser gehen wird, denn es ist immer so, im Anfange gefällt es keinem so, und besonders, wenn man so allein und verlassen in einem fremden Land dasteht wie ich, keinen Freund und Verwandten um mich her. ...

2 *Stellt zusammen, wie Anna Maria Klinger ihre Situation nach ihrer Ankunft beurteilt.*

Von den Großstädten in das Landesinnere

New York war für die Einwanderer oft nur der Anfangspunkt auf der Suche nach einem gesicherten Auskommen.

Von den Städten der Ostküste aus zogen viele Deutsche weiter nach Westen. Viele Einwanderer haben mehrfach den Wohnort und auch den Beruf gewechselt und sind in den USA weitergewandert, ehe sie sich endgültig niederließen.

3 *Sucht im Atlas eine Übersichtskarte von Nordamerika. Ermittelt mit ihrer Hilfe und der Karte (Bild 2), wo sich ein großer Teil der Einwanderer aus Deutschland ansiedelte.*

Deutsche nicht überall willkommen

Äußerst skeptisch und mit vielen Vorurteilen behaftet äußerten sich die bereits Angesiedelten den Neuankömmlingen gegenüber. Hierzu einige Stimmen von Neuankömmlingen:

Q2 ... Deutsche – Menschen niederen Grades?

a) Ein Jurastudent von der Wesermündung 1863:

Die Amerikaner sind sehr geneigt, die Deutschen etwas hintan zu setzen. Sie halten die Eingewanderten nur gut zum Arbeiten und bemogeln dieselben, wo sie können. ...

b) Ein Arzt aus Rostock 1863:

Die Amerikaner haben einen großen Widerwillen gegen alle Deutschen und setzen sie überall zurück. ...

c) Ein Drucker aus Westfalen 1835:

In seinem Dünkel hält er (der Nordamerikaner) die Ausländer für Menschen niederen Grades; und dies trifft hauptsächlich die Deutschen. ...

Traum und Wirklichkeit

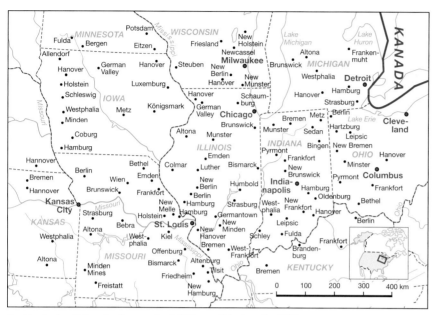

2 Deutsche Ortsgründungen im Mittleren Westen der USA.

4 *Vergleicht die Äußerungen in Q 2 mit heutigen Vorbehalten gegenüber Fremden. Diskutiert darüber.*

Der Traum vom Aufstieg

Amerika galt als Land unbegrenzter Möglichkeiten. Viele träumten vom Aufstieg und glaubten, mit Fleiß und Ausdauer könne jeder „vom Tellerwäscher zum Millionär" werden.
Louis Dilger wanderte 1880 nach Amerika aus, weil er als Bäcker im Ruhrgebiet keine Arbeit fand. In St. Louis musste er bald seinen erlernten Beruf wechseln. In den Jahren 1885–86 war er Fuhrmann, 1888–97 Arbeiter im Maschinenbau, der Metallindustrie und an anderen Arbeitsplätzen, 1898–1904 selbstständiger Krämer, 1907 Rohrleger, 1909–11 Waggonbauer, 1912–17 Reparateur, 1918 bis 1919 Arbeiter, 1922 Tester, 1925–29 Angestellter, 1930 Packer, 1931 Parkarbeiter, 1932–33 städtischer Arbeiter. Seine Tochter Clara arbeitete 1910 in einer Fabrik, die 16-jährige Tochter Florence in einer Wäscherei. Ein Schwiegersohn schaffte den Aufstieg zum Topmanager. In einem Brief an einen Verwandten in Deutschland schrieb er am 28. Januar 1894:

Q3 .... Lieber Wilhelm, hier sind die Zeiten so schlecht, wie ich sie noch nicht gesehen habe in den 13 Jahren, die ich hier bin. Alle Arbeit und Gewerbe stocken, Hunderttausende ohne Verdienst, dabei die Lebensmittel sehr teuer mit Ausnahme von Mehl. Doch bin ich bis jetzt noch immer glücklich, indem ich noch immer Arbeit habe. Wir haben uns einen Lohnabzug von 10 % gefallen lassen müssen. …

Der ersehnte Erfolg hing oft davon ab, ob die Einwanderer die englische Sprache beherrschten und ob sie ihre beruflichen Voraussetzungen (z. B. als Handwerker und Facharbeiter) nutzen konnten. Daher bemühten sich die amerikanischen Behörden seit 1870 darum, dass alle Einwandererkinder gemeinsam dieselben Schulen besuchten.
Vielen Deutschen gelang der Aufbau eines gesicherten Daseins jedoch nicht. Sie entschieden sich zur Rückwanderung nach Deutschland. Schätzungen über ihre Zahl schwanken zwischen 10 und 25 Prozent.
5 *Beurteilt den Werdegang von Louis Dilger und seiner Familie. Hat sich der Traum vom Aufstieg für ihn erfüllt?*

Auswanderung aus Sachsen

1 **Die Auswanderer-Registrierstation in Leipzig. Auswanderer aus Südosteuropa auf dem Weg zur Einschiffung werden in Leipzig registriert.** Zeichnung, 1908.

Auswanderung nach Übersee

Bis zum Beginn des 19. Jahrhunderts waren kaum sächsische Bürger nach Übersee ausgewandert. Einzige Ausnahme bildeten die ca. 700 Mitglieder der Herrnhuter Brüdergemeine, die 1735 zur Missionierung der indianischen Urbevölkerung nach Georgia/USA aufbrachen. Die in der ersten Hälfte des 19. Jahrhunderts auftretenden landwirtschaftlichen und industriellen Krisen förderten die Auswanderung aus Sachsen jedoch enorm. Mehrere aufeinanderfolgende Missernten und eine hohe Arbeitslosigkeit zwangen viele Familien in den 1830er-Jahren, ihre Heimat zu verlassen und sich anderswo eine neue Existenz aufzubauen. Besonders attraktiv erschien dabei die Neue Welt, nicht zuletzt lockten fast unbegrenzt verfügbarer, freier Boden, politische Freiheit, Sicherheit und ausreichend Arbeitsplätze.

Kontrollierte Auswanderung

Die zunächst freie Auswanderung wurde zunehmend eingeschränkt. Mit Abschluss der freien Landnahme und ersten Wirtschaftskrisen in den USA gegen Ende des 19. Jahrhunderts wurden Einwanderungsgesetze erlassen. Durch festgelegte Quoten für jede Nationalität sollte die Zahl der Immigranten eingedämmt werden. Auch für sächsische Auswanderer wurde damit Nordamerika als Ziel unattraktiv. Verglichen mit anderen deutschen Gebieten blieben die Auswanderungsraten in Sachsen jedoch niedrig.

1 *Erläutert anhand der Texte die verschiedenen Phasen der Auswanderung aus Sachsen.*

Sorben verlassen Sachsen

Aus einem Ausreiseantrag eines sorbischen Webers 1855:

Q1 ... Ich habe hier zwar mein Brot, aber auch die Überzeugung, dass ein Arbeiter hier nichts erwerben kann. Ich wandere deshalb hauptsächlich aus, um für meine Kinder eine bessere Zukunft zu bereiten. ...

Aus einem Brief eines sorbischen Auswanderers nach Australien 1844:

Q2 ... Sämtliche Passagiere, die meist ohne einen Heller eingetroffen seien, sind bereits jetzt im Besitz von Land und Vieh. ... In der ersten Hälfte des 19. Jahrhunderts entschlossen sich auch zahlreiche sorbische Einwohner zur Auswanderung. Besonders die traditionelle Textilindustrie in der Lausitz war von einer Krise betroffen. Zahlreiche Weber und Tuchmacher wanderten in das Gebiet um Warschau aus. ...

Konkurrenz durch Textilindustrie

Ferner überschwemmte die englische Textilindustrie den deutschen Markt mit billigen Produkten und löste einen Preissturz aus. Der Großteil der sorbischen Weber arbeitete noch per Hand und stand nun vor dem finanziellen Ruin. Um überleben zu können, wanderten ab 1820 mehrere sorbische Familien aus, u. a. nach Russland, Frankreich und in die Schweiz,

Sorben wandern aus

und bauten sich dort meist als Landwirte eine neue Existenz auf. Auch die einheimischen sorbischen Bauern waren betroffen. Etwa 50 von ihnen entschlossen sich 1834, einem Angebot aus Kronstadt zu folgen und eine eigene Siedlung in Siebenbürgen zu gründen.

Auswanderung aus politischen Gründen

Seit den 1820er-Jahren versuchten die Sorben, bei der sächsischen Regierung mehr kulturelle Eigenständigkeit und soziale Gleichberechtigung zu erlangen. Die sächsische Regierung lehnte diese Forderungen jedoch weitestgehend ab. Enttäuscht von dem unbefriedigenden Ausgang der Revolution 1848/49, wandten sich viele Sorben von ihrer Heimat ab. Neben der durch Wirtschaftskrisen ausgelösten Not waren die nationale Entrechtung und die Behinderung der Religionsausübung durch die offizielle Kirche Hauptgründe der sorbischen Auswanderung.

Höhepunkt der Auswanderungsbewegung

In der Mitte des 19. Jahrhunderts erreichte die sorbische Auswanderungsbewegung ihren Höhepunkt. So gründeten 1854 über 600 Sorben aus der Oberlausitz im US-Staat Texas die eigenständige Siedlung Serbin. Hier pflegten sie seitdem ihre Kultur und sprachen über Jahrzehnte hinweg im Gottesdienst und in der Schule sorbisch. Noch 1961 gab es in Texas 42 Personen, die das Sorbische beherrschten. Neben den USA war auch Australien Ziel sorbischer Aussiedler. 1849 gingen ca. 150 Familien aus der Oberlausitz und 200 aus der Niederlausitz nach Australien und ließen sich in der Nähe von Melbourne nieder. Mehrere Familien wanderten in dieser Zeit auch nach Südafrika, Kanada und Südamerika aus. Ab 1870 sank die Zahl sorbischer Auswanderer drastisch. In der Folgezeit verließen nur noch einzelne Sorben ihre Heimat.

Rückgang der Auswanderung

Bis 1855 waren knapp 150 000 Menschen aus Sachsen in die USA ausgewandert. Nach 1860 ließ die Zahl der Auswanderer merklich nach. Zum einen nahm die sächsische Wirtschaft einen enormen Aufschwung, zum anderen schreckte der bis 1865 dauernde amerika-

2 Wendische Bäuerinnen aus dem Kreis Lebus, Mark Brandenburg. Kolorierte Lithografie, 1880, von Konrad Ahrendts (1855–1901).

nische Bürgerkrieg viele Auswanderungswillige ab. Neben Nord- wurde nun auch Südamerika zum beliebten Ziel, insbesondere Brasilien und Argentinien.

2 *Vergleicht Ursachen und Richtung der Auswanderung in Sachsen mit der sorbischen Auswanderung.*

3 *Recherchiert im Internet über die Auswanderung der Sorben 1854 nach Texas oder nach Australien. Erkundigt euch dabei u.a. über das „Wendish Fest" in Serbin/Texas (USA).*
Empfehlung für den Beginn der Recherche:
http://de.wikipedia.org/wiki/Texas Wendish Heritage Museum;
http://www.sorbe.de/sorben-im-ausland.html

Geflohen und vertrieben

1 Flüchtlingslager aus Nissenhütten in Ehndorf in der Nähe von Neumünster in der britischen Besatzungszone 1948/1949. Foto.

Angekommen in der Fremde

Am Ende des von Deutschland ausgelösten Zweiten Weltkriegs wurden Millionen von Menschen aus ihrer Heimat vertrieben. Dies traf besonders die Deutschen, die aus den deutschen Ostgebieten vor der heranrückenden Roten Armee geflohen sind (s. auch S.14-17).

Wie wurden diese Menschen dort, wo sie sich niedergelassen haben, aufgenommen und wie haben sie sich zurechtgefunden?

„Wir haben Euch nicht gerufen!"

Über das Leben der Flüchtlinge in Weetzen (Niedersachsen), 16.12.1947:

Q1 ... „Warum seid Ihr gekommen? Wir haben Euch nicht gerufen!" Mit diesen hartherzigen Worten empfing sie (die Flüchtlinge) ein Beauftragter der Gemeinde Weetzen. Und genauso wie der Empfang war dann auch die Unterbringung der Flüchtlinge. Ein dunkler Raum in einer Gastwirtschaft, dessen Größe wir auf 24 Quadratmeter schätzen, beherbergt nicht weniger als 25 Personen, Frauen, Männer und Kinder. Die Luft ist stickig. Es gibt weder Außenfenster noch eine andere Lüftungsmöglichkeit. Die Wände sind triefnass. Das auf den Fußboden geschüttete Stroh ist feucht, es liegt schon vier Wochen da, neues kann angeblich nicht beschafft werden. Auch die Decken und Kleidungsstücke sind feucht. ...

Hilfsbereitschaft und Ablehnung

Sarah Meißner, eine Schülerin aus Flößberg bei Leipzig, befragte ihren Großvater, der aus Schlesien fliehen musste:

Q2 .... Ich persönlich habe keine schlechten Erfahrungen hier im Dorf gemacht, im Gegenteil. Man hat uns Hausrat und Möbel zur Verfügung gestellt und es wurde viel geteilt. Uns wurden auch Lebensmittel zugesteckt. ... An böswillige Anfeindungen oder Ablehnungen uns gegenüber kann ich mich nicht erinnern, die Hilfsbereitschaft war schon sehr groß. Man kann sagen, das ganze Dorf ist eben enger zusammengerückt. ..."

Dieselbe Schülerin befragte auch ihre ebenfalls aus Schlesien geflohene Großmutter:

Unfreiwillig in der Fremde

2 Geflüchtete Kinder im Lagerbüro des Lagers Uelzen, 1947. Foto.

Q3 ... Die meisten Bewohner des Dorfes standen uns Flüchtlingen ablehnend gegenüber und wir bekamen mitunter zu hören: „Warum seid ihr denn nicht dort geblieben, wo ihr hergekommen seid?" Das tat uns mitunter sehr weh, denn wir haben unsere damalige Heimat ja nicht freiwillig verlassen." ...

Maßnahmen gegen die Not

Vorschläge des Pfarrers Alfred Rieger aus Kiedrich (Rheingau) an den hessischen Flüchtlingsbeauftragten zur Behebung der Flüchtlingsnot, 24.10.1946:

Q4 ... Es darf nicht mehr vorkommen, dass Flüchtlingen, auch nachweisbar politisch völlig unbelasteten, bei über 1 Jahr während Warten auf eine Arbeits- und Berufsstellung erklärt wird, es müssten erst die Einheimischen berücksichtigt werden. ...

In Presse, Rundfunk und dergl. müsste der tief eingewurzelten Minderbewertung der aus dem Osten kommenden Deutschen systematisch entgegengearbeitet werden. Vor allem aber muss der von manchen Stellen bewusst vertretenen Ansicht begegnet werden, dass in allen Ostgebieten die Ausgewiesenen und Flüchtlinge durch ihre politischnationale Haltung und ihr Benehmen gegen die slawischen Nachbarvölker selber schuld an ihrem Schicksal seien. ...

1 *Untersucht Q1 bis Q4 und stellt die positiven und negativen Sichtweisen der Einheimischen auf die Flüchtlinge gegenüber. Welche Begründungen wurden vorgebracht? Welche Vorurteile waren dabei? Nehmt selbst Stellung.*

2 *Benennt die Erfahrungen, die die Flüchtlinge selbst gemacht haben.*

3 *Vergleicht die Sicht auf die Flüchtlinge mit heutigen Vorurteilen gegenüber Fremden. Was stellt ihr fest?*

4 *Sucht in eurer eigenen Familiengeschichte oder bei Freunden und Bekannten (mit deren Einverständnis) nach ähnlichen Schicksalen. Geht dabei nach der Methode „Zeitzeugenbefragung" vor (S. 86/87).*

5 *Stellt eure Recherchen in einem Referat vor.*

Armutsmigration nach Europa

1 **Flüchtlingsboot aus dem Senegal vor La Gomera.** Foto, 2006.

Prozedere*:
Verfahren.

internieren*:
in staatlichen Ge-
wahrsam nehmen.

Piroge*:
kleines Holzschiff.

Comisaria*:
Polizeistation.

Repatriierung*:
Rückführung in die
Heimat.

Tausende fliehen nach Spanien
Über eine große Einwanderungswelle aus Afrika nach Spanien berichtete die „Neue Zürcher Zeitung" am 12. September 2006:
M1... Die Kanarischen Inseln liegen rund zehnmal näher bei der afrikanischen Westküste als beim spanischen Festland. Weil Marokko seit letztem Jahr seine Küsten besser kontrolliert, sind sie deshalb zum logischen Ziel für den Strom von Armutsmigranten geworden, der aus Afrika nach Europa drängt. Allein in den letzten sieben Tagen haben etwa 3000 Ankömmlinge, fast alles junge Schwarze aus Senegal und umliegenden Ländern, die Inseln erreicht. Seit Januar sind es schon 24 000, mehr als fünfmal so viel wie im ganzen letzten Jahr. ... Das spanische Prozedere* für papierlose Immigranten verlangt die Erfassung durch die Polizei und die Ausfertigung eines (ohne Feststellung der Nationalität wirkungslosen) Ausweisungsbefehls durch den Richter. Es folgt die Internierung* bis maximal 40 Tage. ... In Teneriffa landen die meisten Pirogen* aus Westafrika, und in das Hauptquartier Süd der Nationalpolizei im Seebad Las Americas werden die Ankömmlinge nach der ersten Betreuung durch das Rote Kreuz im Hafen Los Cristianos für ein bis drei Tage gefahren. Die Comisaria* ist in einem geräumigen Neubau untergebracht; dennoch ist sie natürlich nicht für die Massenbeherbergung von Gästen eingerichtet. Letzte Woche sollen vorübergehend bis zu 2000 Einwanderer in Gängen, Garagen, Kellern und Innenhöfen gehaust haben. Nun ist auf dem Parkplatz zusätzlich ein großes Zelt aufgestellt worden. ... Selbstverständlich wissen die Immigranten, wie sie ohne Preisgabe ihrer Identität eine Repatriierung* vermeiden, durch die Maschen der spanischen Gesetzgebung schlüpfen und als „Illegale" im Land bleiben können. Von ihren Landsleuten dagegen können sie leichter identifiziert werden. Die Regierung von Senegal, für welche die Auswanderung ein willkommenes Ventil ist, hat sich schwergetan mit der Zusammenarbeit. ...

1 *Berichtet mithilfe von M 1 über den Flüchtlingsstrom nach Spanien.*
2 *Sucht in Lexika und im Internet Informationen über den Senegal und erklärt, warum der Regierung des Senegal die „Flucht" ihrer Bürger willkommen sein soll.*

Flucht vor Bürgerkriegen

2 **Proteste gegen den geplanten Grenzzaun am Evros, Griechenland.** Foto, Februar 2012.

Neue Flüchtlingswelle

Die „Süddeutsche Zeitung" vom 11.6.2011:

M2... Eine neue Flüchtlingswelle schwappt nach Süditalien. Mehr als 1500 Immigranten kamen am Samstag wieder auf der winzigen Mittelmeer-Felseninsel Lampedusa an. Wie italienische Medien berichteten, stammen die meisten von ihnen aus Tunesien. Rund 300 der Immigranten kämen hingegen aus Libyen, hieß es. Ihr Kahn mit zahlreichen Frauen und Kindern an Bord war schon in der Nacht von der Küstenwache in den Hafen geleitet worden. ... In den vergangenen Wochen hingegen flohen zunehmend Menschen vor dem blutigen Bürgerkrieg aus Libyen nach Süditalien. Nach jüngsten Angaben des italienischen Innenministeriums trafen seit Beginn der Unruhen in Nordafrika im Januar insgesamt mehr als 42800 Immigranten an den italienischen Küsten ein. ...

Griechenland will Graben bauen

Griechenlands Regierung hat mit dem Bau eines Grabens gegen Migranten begonnen. Der „Spiegel" berichtet darüber, 4.8.2011:

M3... Erst sollte ein Sperrzaun die Menschen abhalten, jetzt wird offenbar auch ein Graben gebaut: Griechenland will so den massenhaften Zustrom von Zuwanderern stoppen, meldet die Athener Zeitung „To Vima". Der Graben solle entlang des Flusses Evros verlaufen, der die griechisch-türkische Grenze markiert. ... 30 Meter breit und sieben Meter tief soll er werden. „To Vima" meldet, der Graben werde 120 Kilometer lang, andere Medien sprechen offenbar von einer Länge von nur 20 Kilometern. ... Viele Menschen versuchen, über den Evros nach Griechenland und damit in die EU zu schwimmen – und sterben dabei. ... Die Zahl der Zuwanderer, die diese Route nach Europa wählen, ist in den vergangenen Jahren rapide angestiegen. Entlang der griechisch-türkischen Grenze hat die europäische Grenzagentur Frontex im vergangenen Jahr rund 48 000 Menschen entdeckt. ...

3 *Versucht herauszufinden, warum die Menschen aus Libyen geflüchtet sind (M2 und Internet).*

4 *Sucht Gründe, warum die Afrikaner nicht in ihre Heimat zurückkehren wollen.*

5 *Vergleicht das Leben eines Flüchtlings mit eurem Leben und überlegt, was passieren müsste, damit ihr unter allen Umständen in ein anderes Land fliehen wollt.*

6 *Nehmt Stellung zur Maßnahme der griechischen Regierung, einen Graben gegen Armutsflüchtlinge zu bauen (M3).*

7 *Ermittelt mithilfe einer Internetrecherche aktuelle Flüchtlingsbewegungen und berichtet der Klasse.*

173

Methode: Pro-und-Kontra-Diskussion

Hilfe bei der Entscheidung: die Pro-und-Kontra-Diskussion

Es kommt im Leben immer wieder vor, dass Menschen eine klare Entscheidung treffen müssen, obwohl sich aus der eigenen Sicht heraus Vor- und Nachteile vermischen. Um die Entscheidungsfindung zu erleichtern, kann man eine Pro-und-Kontra-Diskussion durchführen. Dabei geht es um die Entscheidungsfrage, die mit „Ja" oder „Nein", mit „dafür" oder „dagegen" beantwortet werden kann. Meistens stehen sich zwei Gruppen gegenüber, die beide für sich behaupten, die richtigen Argumente zu haben.

3 Schülerinnen und Schüler bei der Pro-und-Kontra-Diskussion. Foto.

1. Schritt: Thema vorstellen

Bestimmt zunächst einen Gesprächsleiter. Am besten schreibt ihr das Thema als Entscheidungsfrage an die Tafel, zum Beispiel: Soll Deutschland die Grenzen für Zuwanderer weiter öffnen?

2. Schritt: Abstimmung

Vor der Diskussion stimmen die Zuhörer über die Frage ab; notiert das Ergebnis an der Tafel.

3. Schritt: Wahl der Anwälte

Jede Gruppe wählt ein bis drei „Anwälte". Sie sollen bereit sein, die Argumente ihrer Seite vorzutragen.

4. Schritt: Streitgespräch und Befragung

Wenn die Argumente vorgetragen sind, können die Anwälte die Vertreter der Gegenseite befragen oder mit ihnen ein Streitgespräch beginnen. Der Gesprächsleiter lenkt den Ablauf des Gesprächs und erteilt den Sprechern das Wort.

5. Schritt: Die Zuhörer fragen

Anschließend können auch die Zuhörer die Vertreter fragen. Die Gesprächsleitung erteilt hierzu das Wort.

6. Schritt: Plädoyer

Am Ende hält je ein Anwalt jeder Partei einen Schlussvortrag, das Plädoyer. Darin fasst er aus Sicht seiner Gruppe die wichtigsten Argumente zusammen.

7. Schritt: Abstimmung und Auswertung

Danach folgt die Schlussabstimmung. Vergleicht mit der Abstimmung vom Beginn der Diskussion. Haben sich die Meinungen geändert? Warum? Fühlen sich die Teilnehmer bei ihrer Entscheidung jetzt sicherer? Oder müssen noch bestimmte Fragen geklärt werden? Ist die Methode geeignet, gegensätzliche Standpunkte zu verdeutlichen?

1 *Bildet Gruppen und bereitet eine Pro-und-Kontra-Diskussion vor. Wählt zunächst eine der folgenden Fragen aus oder formuliert eine eigene Pro-und-Kontra-Frage.*

– Soll der Zuzug von Ausländern begrenzt werden?
– Leben zu viele Ausländer bei uns?
– Sollen Armutsmigranten abgewiesen werden?
– Sollen mehr hochqualifizierte Ausländer angeworben werden?

Materialien:

Anstieg der Ausländerzahlen

Von 1960 bis 2010 stieg die Zahl der Ausländer von knapp 700 000 auf rd. 6,75 Mio. Ihr Anteil an der Bevölkerung erhöhte sich von 1,2 auf 8,3 Prozent. Seit vermehrt Ausländer nach Deutschland einwandern, gab es massive Widerstände konservativer Politiker gegen „noch mehr Ausländer".

Zuwanderungsbedarf

Diese Widerstände haben in den letzten Jahren deutlich abgenommen. Zum einen hat die Wirtschaft die Zuwanderung besonders qualifizierter Arbeitskräfte durchgesetzt. Zum anderen hat die Bevölkerungsentwicklung einen langfristigen Zuwanderungsbedarf ergeben. Der deutsche Arbeitsmarkt und damit verbunden die Sozialsysteme bekämen sonst schwerwiegende Probleme, unser wirtschaftlicher Wohlstand geriete in Gefahr. Deshalb verlagerte sich die Diskussion ab 2001 auf die Fragen: „Wie viel Zuwanderung wollen wir?" und „Welche Zuwanderer wollen wir bzw. wie können wir Zuwanderung bedarfsgerecht steuern?"

Das Zuwanderungsgesetz

Mit dem Zuwanderungsgesetz von 2004 wurde Deutschland zum Einwanderungsland. Einwandern dürfen demnach Hochqualifizierte mit ihren Familien und Selbstständige, die in Deutschland Arbeitsplätze schaffen. Die Anerkennung ausländischer Zeugnisse wurde 2012 erleichtert.

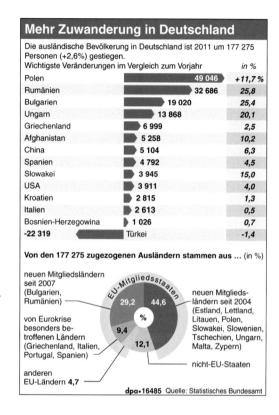

Mehr Zuwanderung in Deutschland

Die ausländische Bevölkerung in Deutschland ist 2011 um 177 275 Personen (+2,6%) gestiegen.
Wichtigste Veränderungen im Vergleich zum Vorjahr

		in %
Polen	49 046	+11,7 %
Rumänien	32 686	25,8
Bulgarien	19 020	25,4
Ungarn	13 868	20,1
Griechenland	6 999	2,5
Afghanistan	5 258	10,2
China	5 104	6,3
Spanien	4 792	4,5
Slowakei	3 945	15,0
USA	3 911	4,0
Kroatien	2 815	1,3
Italien	2 613	0,5
Bosnien-Herzegowina	1 026	0,7
-22 319 Türkei		-1,4

Von den 177 275 zugezogenen Ausländern stammen aus ... (in %)

EU-Mitgliedsstaaten

neuen Mitgliedsländern seit 2007 (Bulgarien, Rumänien) **29,2**

44,6 neuen Mitgliedsländern seit 2004 (Estland, Lettland, Litauen, Polen, Slowakei, Slowenien, Tschechien, Ungarn, Malta, Zypern)

von Eurokrise besonders betroffenen Ländern (Griechenland, Italien, Portugal, Spanien) **9,4**

%

12,1 nicht-EU-Staaten

anderen EU-Ländern **4,7**

dpa·16485 Quelle: Statistisches Bundesamt

M1 Der Spiegel im Dezember 2011: „... Angesichts der Krise in ihren Heimatländern wandern viele Griechen und Spanier nach Deutschland aus. Das geht aus neuen Daten des Statistischen Bundesamts hervor. Demnach stieg die Zahl der griechischen Einwanderer im ersten Halbjahr 2011 um 84 Prozent oder 4100 Personen. Aus Spanien kamen 49 Prozent mehr, was 2400 Personen entspricht.

Beide Länder sind von der aktuellen Finanz- und Wirtschaftskrise besonders stark betroffen und kämpfen mit hohen Arbeitslosenquoten. In Griechenland sind laut offizieller Statistik 18 Prozent der Menschen ohne Job, in Spanien fast 23 Prozent. Besonders hoch sind die Quoten unter Jugendlichen. In Griechenland sind 35 Prozent der 15- bis 24-Jährigen arbeitslos, in Spanien sogar 45 Prozent. Die EU-Kommission hatte deshalb jüngst eine Initiative gegen Jugendarbeitslosigkeit gestartet.

...Insgesamt kamen in den ersten sechs Monaten des Jahres etwa 435 000 Menschen nach Deutschland – 19 Prozent mehr als im Vergleichszeitraum 2010. Rund 62 Prozent von ihnen hatten vorher in einem anderen EU-Staat gelebt. ... Zugleich verließen weniger Menschen Deutschland als im ersten Halbjahr 2010. Rund 300 000 Deutsche und Ausländer kehrten der Bundesrepublik den Rücken – das waren 6000 weniger als im Vorjahreszeitraum. Damit zogen insgesamt 135 000 Menschen mehr zu als weggingen, das entspricht einem Plus von 122 Prozent gegenüber dem ersten Halbjahr 2010. ..."

Material:
– Stichwort Migration in allen Bibliotheken oder als Suchwort in Suchmaschinen.
– Bundeszentrale für politische Bildung: http://www.bpb.de/gesellschaft/migration/dossier-migration.
– „Geschichte(n) schreiben"; Schülerwettbewerb – Prämierte Arbeiten zu Flucht, Vertreibung und Integration (Bund der Vertriebenen e.V., Europäisches Jugendwerk e.V., gefördert vom Sächsischen Staatsministerium des Inneren).

Tipps zum Weiterlesen

Günter Grass: Im Krebsgang. dtv, München 2004

Michael Smith: Boston! Boston! dtv, München 1999

Willi Fährmann: Kristina, vergiss nicht. Arena Verlag, Würzburg 1995

Ursula Wölfel: Mond, Mond, Mond. Bertelsmann, München 2000

Tipps im Internet

www.unhcr.de
(Flüchtlingskommissariat der Vereinten Nationen)

www.bamf.de
(Bundesamt für Migration und Flüchtlinge)

Arbeitsbegriffe

- ✓ Migration
- ✓ Gastarbeiter
- ✓ Integration
- ✓ Inklusion
- ✓ Hugenotten
- ✓ Auswanderung in die USA
- ✓ Siedlungsgebiete
- ✓ Zusammengehörigkeitsgefühl
- ✓ Binnenwanderung
- ✓ Massenauswanderung
- ✓ Flüchtlinge
- ✓ Aussiedler
- ✓ Armutsmigration nach Europa

Was wisst ihr noch?

1 Was bedeutet Migration?
2 Was bedeutet Integration?
3 Warum flohen die Hugenotten aus Frankreich?
4 Im 19. Jahrhundert wanderten viele Deutsche nach Amerika aus. Nennt ihre Motive.
5 Mit welchen Problemen mussten die deutschen Auswanderer in Amerika fertig werden?
6 Erläutert den Begriff Aussiedler.
7 Überlegt ob sich die Gründe für die Auswanderung heute im Vergleich zu früher geändert haben.
8 Beschreibt die Situation der Flüchtlinge aus Afrika und ihre Aufnahme in Europa.

Museumstipp zum Thema „Flucht und Vertreibung nach dem Zweiten Weltkrieg":
Görlitz, Schlesisches Museum.

1 Entwerft ein Lernplakat zum Thema „Migration – Integration".
2 Stellt zusammen, was ihr mitnehmen würdet, wenn ihr auswandert.
3 Befragt Mitschülerinnen und Mitschüler mit Migrationshintergrund, was sie bei uns vermissen.

7. Held oder Tyrann?

Helden?

In diesem Kapitel geht es um die Auseinandersetzung mit historischen Persönlichkeiten und deren Einfluss auf die Geschichte. Wir beurteilen diese Persönlichkeiten oft aus unserer heutigen Sicht. Damit wird man ihnen aber nicht gerecht, weil man die Umstände der Zeit nicht berücksichtigt, in der sie gelebt haben.

Auf den nachfolgenden Seiten könnt ihr erarbeiten, wie ihr zu einer ausgewogenen Beurteilung historischer Persönlichkeiten kommt. Dies wird an einem Beispiel gezeigt, an Martin Luther.

Tyrannen?

Personen in der Geschichte

1 **Jeanne d'Arc.** Gemälde, Öl auf Leinwand, Künstler unbekannt, um 1450.

2 **Martin Luther.** Gemälde von Lucas Cranach dem Älteren, Öl auf Leinwand, 1529.

Wie wird eigentlich ein Held gemacht?

Um zum „Held" zu werden, sind sicherlich herausragende Taten notwendig. Aber das allein reicht nicht. Die zeitgenössische Bewertung dieser Taten spielt eine große Rolle. Als Beispiel sei hier auf das Schicksal von Jeanne d'Arc verwiesen, die während des Hundertjährigen Krieges die Franzosen gegen die Engländer führte, verraten wurde und schließlich auf dem Scheiterhaufen endete. Einige Jahre später wurde das Urteil jedoch aufgehoben und Jeanne d'Arc zur Märtyrerin erklärt.

Aus Schwarz wird Weiß

Das Bild historischer Personen verändert sich im Lauf der Zeit. So werden z.B. aus Menschen, die sich gegen Ungerechtigkeiten gewehrt haben und vorher als „Feinde der Obrigkeiten" galten, häufig Freiheits- und Widerstandskämpfer. Aus Schwarz wird Weiß, der Böse wird zum Guten, der Tyrann wird zum Helden – und umgekehrt. Woran liegt das?

Auf den Blickwinkel kommt es an

Das liegt zum einen daran, dass im Lauf der Zeit neue Informationen auftauchen, die bisher nicht berücksichtigt werden konnten. Sie veranlassen dazu, einen Sachverhalt neu zu bewerten. Außerdem wird jede Aussage über ein Ereignis, ein Datum oder einen Zusammenhang von Personen gemacht, die eine bestimmte Sichtweise, einen bestimmten Standpunkt haben. Dies können Historiker, aber auch Schriftsteller oder Journalisten sein. Sie alle haben eine eigene „Perspektive", einen eigenen Blickwinkel, der sich im Lauf der Zeit verändern kann. Es ist wichtig, dies bei der Einschätzung historischer Ereignisse, aber auch historischer Persönlichkeiten zu berücksichtigen.

Helden und Tyrannen

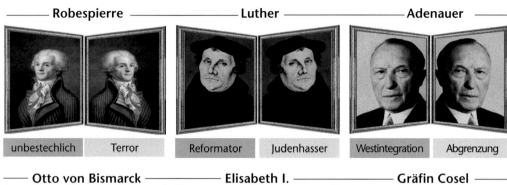

Robespierre		Luther		Adenauer	
unbestechlich	Terror	Reformator	Judenhasser	Westintegration	Abgrenzung

Otto von Bismarck		Elisabeth I.		Gräfin Cosel	
Zuckerbrot	Peitsche	hochgebildet	machthungrig	klug	intrigant

3 Historische Persönlichkeiten sind meistens zwiespältig.

Die „Großen" und die „Stillen"

Es gibt also eine Welt der Helden und Tyrannen, der Guten und Bösen, der Menschen mit ihren Stärken und Schwächen:
– der Männer … wie Martin Luther, Maximilien Robespierre oder Walter Ulbricht;
– der Frauen … wie Jeanne d'Arc oder Gräfin Cosel.
Doch es gibt natürlich nicht nur die Großen und Bekannten, sondern auch die Stillen und Leisen – die, die oft im Hintergrund bleiben.

1 *Von Adenauer bis Zetkin: Findet zu jedem Buchstaben des Alphabets den Namen einer historischen Persönlichkeit. Legt vorher fest, ob auch Vornamen zugelassen sind oder nur die Nachnamen zählen.*
2 *Präsentiert eure ABC-Liste in der Klasse mündlich, mit Kärtchen an der Tafel sichtbar, auf Overhead-Folie oder mittels Beamer:*
– Vor- und Nachnamen (Konrad Adenauer)
– nur Nachnamen
– nur Nachnamen, unter ihnen müssen mindestens fünf Sachsen sein (drei Joker: Q, X und Y)

Die ABC-Methode

Eine gute Methode zum Einstieg in den Lernbereich ist die ABC-Methode. Vorwissen kann aktiviert und schließlich im Gespräch vertieft werden.

Eine Kurzbiografie erstellen

Vorstellung einer historischen Persönlichkeit

Held oder Tyrann? Wollte er das Gute oder wollte er nur seine Macht und seinen Reichtum sichern? War er sich seiner Verantwortung für andere Menschen bewusst, oder dachte er nur an seinen eigenen Vorteil?

Um eine historische Persönlichkeit näher kennenzulernen, muss man sich intensiv mit der Biografie dieser Person und mit ihrem historischen Umfeld beschäftigen. Am Beispiel Martin Luthers kann man sehen, wie die Materialien gestaltet sein können, die man zur Untersuchung einsetzt. Dabei handelt es sich jeweils um Anregungen, die helfen sollen, die jeweilige Persönlichkeit möglichst wirklichkeitsnah und verständlich vorzustellen.

1 *Erstellt eine Kurzbiografie. Bildet dazu Teams und einigt euch mithilfe der ABC-Liste auf eine historische Persönlichkeit, die ihr vorstellen wollt.*

2 *Recherchiert nun im Internet und in entsprechender Literatur. Haltet unbedingt die Quellen fest.*

3 *Stellt die wichtigsten Lebensdaten zusammen. Eine Möglichkeit hierfür ist die Form eines „Steckbriefes".*

4 *Zusätzlich zum Steckbrief könnt ihr ein Leporello erstellen. Berücksichtigt dabei, dass ihr auf einem Leporello mehr Informationen unterbringen könnt als auf einem Steckbrief.*

Beispiel als Anregung für eigene Ideen: Lebenslauf („Steckbrief") Martin Luthers

Name: Martin Luther
geboren: 10.11.1483 in Eisleben

Schullaufbahn:
Mansfelder Stadtschule
Magdeburger Domschule
Franziskanerstift Eisenach
Universität Erfurt

1 **Luther als Augustinermönch.** Kupferstich von Lucas Cranach d. Ä., um 1520.

Berufliche Laufbahn:
1501 Universität Erfurt,
ab 1505 Juristische Fakultät, „Blitzerlebnis"*
Wechsel in das Kloster der Augustiner Eremiten (Erfurt).
Dort wird er Mönch.
1512 Doktor der Theologie in Wittenberg

Leistungen:
31.10.1517 Thesenanschlag gegen Ablasshandel in Wittenberg
1521 Bibelübersetzung auf der Wartburg
Stifter der protestantischen Religion
Prägung der deutschen Sprache („Dem Volk aufs Maul geschaut")

Familie:
1523 Hochzeit mit Katharina von Bora, einer ehemaligen Nonne, sechs Kinder

gestorben:
18.2.1546 in Mansfeld, Überführung des Leichnams nach Wittenberg

„Blitzerlebnis":
Im Juli 1505 wurde Luther nach dem Besuch seiner Eltern in Mansfeld auf dem Rückweg nach Erfurt von einem schweren Gewitter überrascht. Er hatte Todesangst und rief zur Heiligen Anna, der Mutter Marias: „Hilf du, heilige Anna, ich will ein Mönch werden!"

Eine Kurzbiografie erstellen

Das Leporello

Möglich ist auch die Präsentation mittels eines Leporellos (Faltblatts). Ein Leporello ist ein faltbares Heft in Form eines langen Papier- oder Kartonstreifens, der ziehharmonikaartig zusammengelegt ist und auseinandergezogen werden kann. Das Leporello wird vor allem für Foto- und Bilderserien, Faltblätter und Prospekte verwendet. Es muss eine logische Struktur und Gliederung aufweisen. Texte, Bilder, Schemata usw. können genutzt werden. Sie sollten aber die einzelnen Blätter nicht „überfrachten".

Wie ein Leporello gegliedert werden kann, könnt ihr Bild 2 entnehmen.

Woher kommt der Name „Leporello"?

In Wolfgang Amadeus Mozarts Oper „Don Giovanni" (Don Juan) kommt ein Diener namens Leporello vor, der Pate stand für den Namen des kleinen Faltheftchens, das wir zur Präsentation nutzen wollen.

Leporello führte für seinen Herrn eine Liste über alle weiblichen Eroberungen, die auch eine Bildersammlung enthält. Da diese Liste aber aufgrund der unglaublichen Verführungskünste Don Giovannis sicher „die Mauern des Schlosses gesprengt" hätte, ließ sich der schlaue Leporello ein Faltsystem einfallen. Seidem wird mit dem Begriff „Leporello" ein Faltblatt bezeichnet.

So gelingt euch das Leporello:

1. Sammelt geeignete Bilder und Informationen.

2. Legt die Leporello-Größe fest, z. B. 25 x 25 cm.

3. Besorgt euch festes Papier und schneidet die Blätter zu. Achtet dabei auf den Klebefalz an jedem Blatt.

4. Gestaltet die Blätter. Achtet auf kurze Überschriften, wenig Text und aussagekräftige Bilder.

5. Klebt die einzelnen Blätter zu einem Leporello aneinander. Achtet auf die Anordnung des Deckblattes und der Quellenangaben.

Deckblatt ———————————————————————— **Quellen**

| Kindheit Jugend Studium | Beruflicher Werdegang | Besondere Leistungen | Familie Privates | Wirkung auf Zeit |

2 Anregung für die Anfertigung eines Leporellos.

„Noch eine Frage ...!" – Interview

1 Luther im fiktiven Interview.

Was sagen die Prominenten selbst?

Ob die gewählte historische Persönlichkeit nun zu den Helden oder den Tyrannen, zu den „Guten" oder den „Bösen" gehörte, ist oft gar nicht einfach zu entscheiden. Dazu muss man noch mehr Details aus ihrem Leben kennen. Die Informationen der Kurzbiografie (S. 182) reichen dafür nicht aus. Hier kann zusätzlich ein fiktives (erdachtes) Interview mit der gewählten Person helfen. Das unten stehende „Interview" mit Martin Luther kann als Anregung genutzt werden.

1 *Führt ein fiktives (erdachtes) Interview mit eurer historischen Persönlichkeit durch. Als Grundlage nutzt ihr Texte verschiedener Medien wie Bücher, Zeitschriften und Internet. Vergesst dabei aber nicht, die Quellen zu notieren.*
2 *Überlegt euch eine Liste von Fragen. Versucht dabei, Widersprüche im Leben der historischen Person zu finden.*
3 *Stellt nun eure Fragen und formuliert Antworten. Haltet euch dabei aber an die wesentlichen Fakten und lasst eure Person historisch korrekt antworten.*
4 *Schreibt das Interview auf.*
5 *Schließlich könnt ihr euer Interview der Klasse präsentieren, indem ihr Requisiten nutzt, wie z.B. Mikrofone mit dem Namen eures „Senders", oder ein Studio gestaltet.*

Beispiel: Ein fiktives Interview mit Martin Luther

Moderator:
Sehr geehrter Herr Luther. Ich begrüße Sie recht herzlich in unserer Sendung und freue mich, Sie als Gast begrüßen zu können. Natürlich habe ich mich im Vorfeld noch einmal mit Ihrem Lebenslauf intensiv beschäftigt. Gleichzeitig bin ich auf Fragen gestoßen, die ich gern heute mit Ihnen klären würde. Des Weiteren haben natürlich auch wieder die Zuschauer die Möglichkeit, anzurufen oder ihre Fragen per Mail an uns weiterzuleiten ... In Ihrem Lebenslauf konnte ich verschiedene Nachnamen lesen. Wie können Sie das erklären, Herr Luther?

Martin Luther:
Der Nachnahme Luther geht auf den damals bei uns ansässigen Ritter Wiegand von Luder zurück, der aus dem Adelsgeschlecht von Luder (aus Großluder) stammt.

Moderator:
Ach ja, Großluder ist auch heute noch eine Gemeinde im Landkreis Fulda in Osthessen.

Martin Luther:
Genau. So führte also meine Familie diesen Namen in unterschiedlichen Varianten, wie Luder, Lutra, Lutar oder Luttura. Ich entschied mich schließlich mit 29 Jahren für „Luther".

Moderator:
Wie wurden Sie eigentlich erzogen?

Martin Luther:
Meine Eltern haben mich hart gehalten, sodass ich darüber schüchtern wurde. Meine Mutter schlug mich einmal, weil ich eine schlechte Nuss genommen hatte, bis das Blut floss. Mein Vater schlug mich einmal so sehr, dass ich floh, und es dauerte lange, bis ich ihm verzeihen konnte. Letztendlich aber haben es meine Eltern herzlich gut mit mir gemeint.

Moderator:
Dann herrschten in der Schule wohl auch strenge Regeln?

Martin Luther:
Ja, das kann man wohl sagen. Schnell setzten die Lehrer die Rute ein, so bin ich an einem Tag 15-mal geschlagen worden, weil ich einen lateinischen Vers nicht aufsagen konnte. Außerdem gab es den „Wolf". Der „Wolf" war

„Noch eine Frage ...!" – Interview

ein Mitschüler, der im Auftrag des Lehrers alle Schüler aufschreiben sollte, die sich nicht ordentlich benahmen, fluchten oder gar deutsch sprachen.

Moderator:
Nach der Schule gingen Sie dann erst einmal zum Studium nach Erfurt.

Martin Luther:
Die Leute sagten, dass die Universität in Erfurt sehr gut sei, und so schrieb ich mich dort ein. Nach dem Studium der Philosophie, wie es damals jeder Student am Anfang tat, nahm ich ein juristisches Studium auf, um Rechtsgelehrter zu werden. Das war der Wunsch meines Vaters.

Moderator:
Ein Zuschauer möchte in diesem Zusammenhang Ihren inneren Wandel vom feuchtfröhlichen Jurastudenten zum gottesfürchtigen Priester hinterfragen.

Martin Luther:
Oh ja, das war ein prägendes Erlebnis. Ich weiß noch, wie ich in diesem Moment rief: „Hilf du, heilige Anna, ich will ein Mönch werden!" Ich schrieb mich dann im Augustinerkloster in Erfurt und später zum Theologie-Studium in Wittenberg ein.

Moderator:
Das Geschäft mit Reliquien* stand damals hoch im Kurs. Aber noch begehrter sollen ja die Ablassbriefe* gewesen sein. Angeblich konnte man sich schon für 9 Dukaten von den Sündenstrafen für einen Kirchenraub frei kaufen. Mord kostete sogar noch weniger.

Martin Luther:
Ja, es ist eine Schande, weil die Gläubigkeit der Menschen ausgenutzt wurde. Es ist gewiss, dass, sobald Geld im Kasten erklingt, auch Geldgier und Gewinnsucht vermehrt werden.

Moderator:
Für viele Menschen ist ihre Abkehr von den aufständischen Bauern nicht verständlich. Durch Ihre Bibelübersetzung haben die Bauern doch das Unrecht der Herren erkannt!

2 Luther hält eine philosophisch-theologische Vorlesung in der Universität Wittenberg, 1508. Radierung von Gustav Koenig, 1847.

Martin Luther:
Ich wollte die Bauern warnen und schrieb viele Mahnbriefe. Es hat nichts genutzt. Nun bin ich der Meinung, dass es besser ist, alle Bauern zu erschlagen als die Obrigkeiten, weil diese Bauern ohne Gottes Einverständnis das Schwert nehmen. Lest doch dazu einmal meine Abhandlung „Wider die räuberischen und mörderischen Rotten der Bauern".

Moderator:
Unsere Sendezeit geht zu Ende. Deshalb muss ich mich jetzt von Ihnen verabschieden und danke Ihnen sehr für das Gespräch.

Martin Luther:
Auf Wiedersehen.

Reliquie:*
Eine Reliquie (lateinisch: Überbleibsel) ist nach der Lehre der katholischen Kirche ein Körperteil oder Teil des persönlichen Besitzes eines Heiligen. Es gibt auch Berührungsreliquien. Das sind Gegenstände, mit denen der Heilige in Berührung kam oder gekommen sein soll. Reliquien dienen der religiösen Verehrung.

Ablass*:*
Mit einem „Ablass" konnte man nach der Lehre der katholischen Kirche seine Sündenstrafen verringern. Den Ablass konnte man durch Gebete und gute Werke erlangen. Zur Finanzierung des Baues des Peterdoms in Rom verkaufte die Kirche „Ablassbriefe", Urkunden, mit denen man angeblich seine Sündenstrafen mindern konnte. Gegen diesen Missbrauch wandte sich Luther. Er empfand den Ablasshandel als Betrug und nahm ihn zum Anlass für seine 95 Thesen.

Aus den 95 Thesen Luthers:
Man lehre die Christen, dass, wer dem Armen gibt oder dem Bedürftigen leiht, besser handelt, als wer Ablass löst. (These 43)

Luther – Mann mit zwei Gesichtern

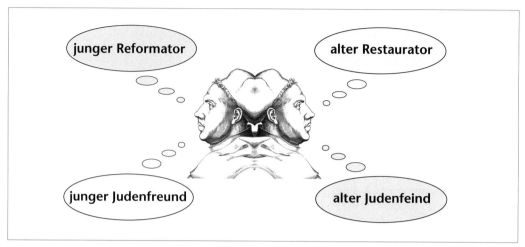

junger Reformator

alter Restaurator

junger Judenfreund

alter Judenfeind

1 **Martin Luther als Januskopf.** Bildmontage unter Verwendung einer Radierung nach einem Kupferstich von Lucas Cranach d. Ä., 1521.

Luther in seiner Zeit

Martin Luther war ein Mann mit zwei Gesichtern. Das liegt auch daran, dass er in zwei Welten hineingeboren wurde. Es war die Zeit des Übergangs vom Mittelalter in eine neue Epoche. Es ist die Zeit, in der die Menschen es wagten, zu denken, die Zeit, in der Fragen gestellt wurden, die Zeit der Renaissance* und des Humanismus*.

Renaissance (frz.: Wiedergeburt): europäische Bewegung der Wiederbelebung antiker Kunst und Gedanken im 15. und 16. Jahrhundert.*

Humanismus: Geisteshaltung in der Epoche der Renaissance, die den Menschen als schöpferische Einzelperson in den Mittelpunkt stellte.*

Kirchenbann: Ausschluss aus der Gemeinschaft der Kirche.*

2 **Münze mit Januskopf,** ca. 220 v. Chr. Janus war der römische Gott des Anfangs und des Endes. Die meisten Abbildungen zeigen ihn mit Doppelgesicht. Er gilt als Symbol der Zwiespältigkeit.

1 *Klärt, was man heute unter „Januskopf" versteht. Seht euch dazu Bild 2 mit dem Text an. Skizziere einen Januskopf. Ihr könnt Bild 1 als Anregung nutzen.*

2 *Lest die Texte auf dieser Doppelseite und listet in eurem Januskopf „gut" und „böse" anhand von genauen Textpassagen auf.*

Die Haltung Luthers zu Ablasshandel und Bauernkrieg

Die Doppelgesichtigkeit Luthers lässt sich an mehreren Fragen verdeutlichen. So lehnte er den Ablasshandel ab und rief im Kampf dagegen sogar zur Rebellion gegen den Papst auf (1517), gegen die höchste Autorität seiner Zeit. Diese Auseinandersetzung war so heftig, dass der Papst den Kirchenbann* über Luther verhängte.

Später (1525) nahm Luther zum Bauernkrieg Stellung. Zunächst hatte er Verständnis für die Unzufriedenheit der Bauern und warnte die Fürsten: „Lasst ab von eurem Frevel und eurer Gewalttat. Bemüht euch, gerecht zu handeln. ..." Als er jedoch sah, dass es zu Aufruhr kam, nahm er die Partei der Fürsten ein. Er schrieb sogar über den Bauern: „Er ist ein Glied des Teufels. ... Darum, ihr lieben Herren: Steche, schlage, würge hier, wer kann."

Luther – Mann mit zwei Gesichtern

3 1517 – Martin Luther schlägt an der Wittenberger Schlosskirche seine Thesen an. Gemälde von Ferdinand Pauweis, 1872.

4 Deckel des Werkes „Von den Juden und Iren Lügen" (Von den Juden und ihren Lügen) von Martin Luther, 1543.

Luther und die Juden

Luther bemühte sich als junger Mann um eine Annäherung zwischen Christen und Juden. So schrieb der junge Luther Schriften wie: „Dass Jesus Christus ein geborener Jude sei". Er trat dafür ein, aufeinander zuzugehen, sich auszutauschen und das Verhältnis zu den Juden neu zu betrachten.

Nach seiner Auffassung sollten Benachteiligungen aufhören und Juden nicht mehr in „Gettos" leben müssen. Sie sollten „... nicht wie Hunde, sondern wie Menschen freundlich und gleichwertig behandelt werden". In dieser Zeit kämpfte Luther gegen die mittelalterlichen Vorurteile, die etwa darin bestanden, dass Juden „Brunnenvergifter" seien oder „Ritualmorde" durchführten. Er kämpfte um Versöhnung mit den Juden: „Denn aus ihnen kam das Heil, nicht aus uns." Doch endeten seine Reden auch damals schon stets mit dem Nachsatz: „...ob wir etliche bekehren möchten".

Aus Unverständnis wird Hass

Luther wollte die Juden zum Christentum bekehren. Weil er damit wenig Erfolg hatte, wurde aus seiner anfänglichen Sympathie für die Juden mit den Jahren Ablehnung, gar Hass. So warf Luther den Juden schließlich Sturheit vor und schrieb: „Wer beharrlich der Wahrheit des Evangeliums die Anerkennung verweigert, der ist vom bösen Willen beseelt." Vielleicht war Luther aber zu dieser Zeit schon selbst ein alter, sturer und dickköpfiger Mann geworden, für den Toleranz ein Fremdwort war.

Voller Ablehnung für die Juden schrieb er 1543 Schriften wie: „Von den Juden und ihren Lügen" (s. Bild). 4 Er verfasste sogar Zeilen, die zur Verfolgung und Vernichtung der Juden aufriefen. „Sie sind unsere öffentlichen Feinde, wenn sie uns alle töten könnten, täten sie es gern. Sie nennen Maria eine Hure, Jesus ein Hurenkind. Ihr sollt sie nicht leiden, sondern vertreiben."

Für Luther war ein Miteinander, ein Zusammenleben zwischen Juden und Christen undenkbar geworden.

Einschätzung heute: Held oder Tyrann?

1 Luther vor dem Reichstag in Worms. Gemälde von Anton von Werner, 1877.

Held oder Tyrann?

Schon das Interview mit Martin Luther hat gezeigt, wie sich die Stellung einer historischen Persönlichkeit ändern kann. Heute noch beliebt ... und morgen schon verdammt. Verschiedene Zeiten bringen unterschiedliche Betrachtungsweisen mit sich. Gehen wir dem auf den Grund.

1 *Beschreibt, wie eure gewählte historische Persönlichkeit im Laufe der Geschichte (von den Herrschenden oder vom Volk) eingeschätzt wurde.*

2 *Sammelt auch hierzu Materialien, wie z.B. Zeitungsausschnitte und Weblinks.*

3 *Nutzt das folgende Beispiel über Martin Luther als Anregung.*

Luther im 19. Jahrhundert

Im 19. Jahrhundert entstand eine große Zahl von Luther-Bildern. Meist waren diese jedoch kein Spiegel der Wirklichkeit, sondern mehr oder weniger Heldenbilder (s. Bild 1).

4 *Arbeitet heraus, wie Luther in Bild 1 dargestellt wird. Was sagt dies über die Zeit aus, in der das Bild entstanden ist?*

Luther im Nationalsozialismus

Luthers Äußerungen gegen die Juden wurden von den Nationalsozialisten immer wieder für ihre eigene antisemitische Propaganda genutzt. Gerade Luthers Schrift „Von den Juden und ihren Lügen" wurde zur Rechtfertigung für Aktionen der Nazis gegen die Juden genutzt. Hitler lobte Luther bereits 1923 als antisemitischen Vordenker: „Luther war ein großer Mann, ein Riese. Mit einem Ruck ... sah er den Juden, wie wir ihn erst heute zu sehen beginnen ...".

Noch 1946, bei den Nürnberger Kriegsverbrecherprozessen, versuchte sich Julius Streicher, der Herausgeber der Nazi-Zeitung „Der Stürmer", mit einem Luther-Zitat zu rechtfertigen: „Die Juden sind ein solch verzweifeltes, durchböstes, durchgiftetes Ding, dass sie 1400 Jahre unsere Plage, Pestilenz und alles Unglück gewesen sind." Streichers Antisemitismus darf allerdings nicht mit der Judenfeindlichkeit Luthers gleichgesetzt werden. Luthers Haltung war religiös geprägt. Er warf den Juden vor, nicht den christlichen Glauben anzunehmen. Der Judenhass der Nationalsozialisten beruhte auf einer wissenschaftlich nicht haltbaren Rassentheorie, die behauptete, Juden seien minderwertige Menschen.

Einschätzung heute: Held oder Tyrann?

Luther in der DDR

In der Zeit der DDR verschwand Luther hinter dem Helden Thomas Müntzer. Es galt als richtig, dass Müntzer als Anführer im Deutschen Bauernkrieg Luthers Reformation weitergeführt habe, wogegen sich Luther feige vom Volk abgewandt habe und auf die Seite der Fürsten übergetreten sei. Im Gegensatz zu Luther förderte Müntzer die gewaltsame Befreiung der Bauern. Anfang der 1980er-Jahre setzte sich in der DDR ein positiveres Lutherbild durch. Er galt nun als Vertreter deutscher Identität*.

Luther und die katholische Kirche

Nach dem Thesenanschlag belegte der Papst Luther mit der höchsten kirchlichen Strafe, dem Bann. Bis in unser Jahrhundert hinein war und ist Luther für die Mehrheit der römisch-katholischen Christen der, der einen Großteil der Menschen vom rechten Glauben abbrachte – ein Kirchenspalter.

Im Jahr 2017 jährt sich der Thesenanschlag Luthers in Wittenberg zum 500. Mal. In der katholischen Kirche gibt es mittlerweile viele Menschen, die für eine Aussöhnung mit der evangelischen Kirche und mit Luther eintreten.

Luther und die evangelische Kirche

Luther war für die evangelische Kircher stets Leitfigur, nämlich die Person, die die Reinheit des Glaubens wieder in den Mittelpunkt rückte. Die evangelische Kirche würdigt ihn als standfesten Reformator, der selbst vor Papst und Kaiser seine Thesen nicht widerrief – „Hier stehe ich und kann nicht anders" (1521 in Worms) – und als Bibelübersetzer (1521) und Herausgeber solch herausragender Schriften wie „Von der Freyheit eines Christenmenschen" (1520).

Weil Luther jedoch ein Doppelgesicht hatte (einerseits Reformator, andererseits Judenhasser und Bauernfeind), ist das eine, eindeutige, runde Lutherbild nicht mehr möglich.

So fand Bischof Wolfgang Huber in seiner Festrede zur Eröffnung der Lutherdekade „Luther 2017 – 500 Jahre Reformation" durchaus kritische Worte:

„Sein mitunter polemischer Charakter, seine ambivalente* Rolle in den Bauernkriegen, seine beschämenden Aussagen zu den Juden ... , all dies gehört in das Bild seiner Person hinein. ... Vergangene Jubiläumsfeiern für Martin Luther wie für die Reformation haben diese Ambivalenz mitunter verdrängt."

Dies erschwert Protestanten die Orientierung an Luther.

Luther heute

Hubertus Mynarek (geb. 1929), Philosoph, Theologen- und Kirchenkritiker, schreibt in seinem Buch „Die neue Inquisition": „Nach heutigem Rechtsverständnis war Luther ein Krimineller, den der Staatsanwalt sofort verhaften ließe wegen Volksverhetzung ...".

Martin Luther ist „in". In der ZDF-Umfrage „Die größten Deutschen" belegte er Platz zwei. Im Film „Luther" wird er als Held dargestellt, der das Mittelalter beendete und die Aufklärung nach Deutschland brachte.

In einem 1983 von der Friedrich-Ebert-Stiftung veröffentlichten Buch heißt es: „Der Reformator Martin Luther ... war einer der großen Deutschen, ohne die das deutsche Volk nicht zu nationaler Identität gefunden hätte."

Allgemein beliebt ist Luther auch wegen seiner volksnahen Sprache und seiner teilweise sehr deftigen Ausdrucksweise.

5 *Beschreibt den Wandel des Lutherbildes, und formuliert für jeden Zeitabschnitt ein Schlagwort.*

Wolfgang Huber (geb. 1942), evangelischer Theologe, von 2003 bis 2009 Ratsvorsitzender der Evangelischen Kirche in Deutschland (EKD).

Thomas Müntzer (1489–1525), evangelischer Theologe und Revolutionär in der Zeit des Bauernkrieges.

Identität*: *Selbstgewissheit, Selbstverständnis.*

ambivalent*: *doppeldeutig.*

Methode: Position beziehen

Wir beziehen Position

1 *Bildet euch nun eine eigene Meinung. Bemüht euch dabei, alle Seiten der Persönlichkeit darzustellen. Ordnet ein: Held oder Tyrann?*

2 *Präsentiert eure Ergebnisse in einer geeigneten Form. Einigt euch in der Klasse vorher, welche Formen ihr zulassen wollt.*

Die auf dieser Seiten vorgestellten Formen sind denkbar. Zusätzliche Anregungen hierfür könnt ihr auch auf den Seiten 182 bis 186 finden.

3 *Ihr wollt nun wissen, was eure Mitschüler über eure historische Persönlichkeit denken und welche Informationen „angekommen" sind?*

4 *Erstellt kleine Quizaufgaben, Rätsel und vielleicht auch ein Spiel zu eurer historischen Persönlichkeit. Auch ein Text als Zusammenfassung ist natürlich möglich.*

Ergebnisse präsentieren ...

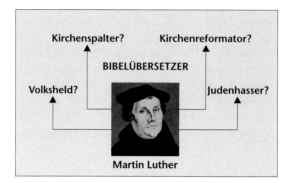

... als Cluster oder Mindmap

... als Wandzeitung

Name: Martin Luther
geboren: 10.11.1483
in Eisleben
Schullaufbahn:
Mansfelder Stadtschule
Magdeburger Domschule
Franziskanerstift Eisenach
Universität Erfurt
Berufliche Laufbahn:
1501 Universität Erfurt,
ab 1505 Juristische Fakultät,
„Blitzerlebnis"*

... oder über Beamer

Was ist ein Werturteil?

Sich für Geschichte und Politik zu interessieren heißt auch, Stellung zu beziehen, also ein persönliches Werturteil abzugeben.

In einem Werturteil kommt zum Ausdruck, was und wie wir heute über eine Sache denken. Es kann z. B. Zustimmung oder Ablehnung, Sympathie oder Antipathie ausdrücken.

Ein Werturteil über Menschen und ihr Handeln in der Vergangenheit zu bilden hilft uns auch, uns in der Gegenwart zu orientieren. Voraussetzung ist dabei jedoch stets, die Menschen in den jeweiligen Verhältnissen zu sehen, in denen sie lebten.

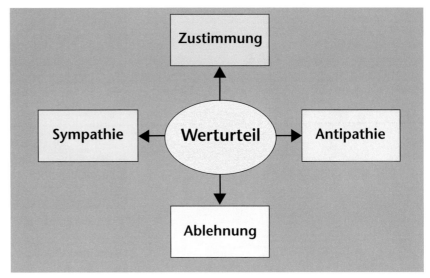

1 Bestandteile des Werteurteils

1. Schritt: Klären, was und wer beurteilt werden soll

– Welche Einstellungen oder Handlungen von Menschen sollen beurteilt werden?
– Welche Fragestellung ist leitend?
– Halten wir das Handeln von Menschen für:
• gerechtfertigt oder nicht?
• vorbildhaft oder abschreckend?
• Erfolg versprechend oder zum Scheitern verurteilt?
• Werte schaffend oder Werte vernichtend?

2. Schritt: Einen Maßstab heranziehen und offenlegen

Was kann uns als Maßstab dienen?
• die Menschenrechte?
• das Grundgesetz?
• eine Religion?
....

3. Schritt: Ein begründetes Werturteil formulieren

– Das Werturteil muss nicht immer eindeutig sein, ihr könnt auch abwägen (einerseits – andererseits). Eine Begründung ist notwendig.

4. Schritt: Werturteile vergleichen

– Zu welchen Urteilen sind Mitschüler/innen oder andere Menschen gekommen?
– Weisen sie überzeugende Einstellungen und Argumente nach?
– Unterschiedliche Menschen beurteilen oft verschieden.
Respektiert die anderen Meinungen.

1 *Bildet Gruppen und formuliert mithilfe der Materialien dieses Kapitels ein Werturteil über Luther.*
2 *Vergleicht eurer Werturteil mit dem anderer Gruppen eurer Klasse. Erklärt die unterschiedlichen Urteile.*
3 *Bildet Gruppen und bereitet ein Werturteil für eure ausgesuchte Persönlichkeit vor.*

2 Meinungsaustausch: Wie kommen wir zu einem begründeten Werturteil?

191

1 **Apotheose (Vergöttlichung) Bismarcks.** Gemälde, 1890

3 **Bismarckdenkmal in Hamburg, errichtet 1906.**

Literatur:
Eberhard Kolb: Bismarck. München (Beck) 2009.
Lothar Gall: Bismarck. Der weiße Revolutionär. Berlin (Ullstein TB) 1997.
Suchwort in Bibliotheken und Internet: Bismarck.

4 **Napoleon.** Gemälde, 1805/1810.

2 **Gräfin Cosel.** Gemälde um 1710.

Literatur:
Gabriele Hoffmann: Constantia von Cosel: Die Geschichte einer Mätresse. Köln (Bastei Lübbe) 2011
Katja Doubeck: Die Gräfin Cosel: Liebe und Intrigen am Hof Augusts des Starken. München (Piper) 2008.
Suchwort in Bibliotheken und Internet: Gräfin Cosel.

Literatur:
Volker Ulrich: Napoleon. Reinbek (Rowohlt) 2006.
Johannes Willms: Napoleon – eine Biografie. München (Pantheon) 2007.
Suchwort in Bibliotheken und Internet: Napoleon.

Arbeitsbegriffe

✓ Held
✓ Tyrann
✓ Werturteil
✓ Perspektive

Was wisst ihr noch?

1 Was ist ein Tyrann?
2 Wer wird wie zum Helden?
3 Warum ändert sich die Beurteilung eines Menschen im Laufe der Jahrhunderte?
4 Was muss man bei einem Werturteil beachten?
5 Können auch „normale" Menschen Vorbild sein?

· Unser zwiespältiger Held

1 Entwerft ein Plakat zu „eurem" Helden. Macht mit Bildern und kurzen Informationstexten seine beiden Seiten deutlich.
2 Bildet euch zu „eurem" Helden/Tyrannen ein Werturteil (s. S. 191).

8. Wahrheit oder Manipulation?

NEUES DEUTSCHLAND

„Ich verstehe Ihre Frage so, daß es in West- deutschland Menschen gibt, die wünschen, daß wir die Bauarbeiter der Hauptstadt der DDR dazu mobilisieren, eine Mauer aufzurichten. Mir ist nicht bekannt, daß eine solche Absicht besteht. Die Bau- arbeiter unserer Haupt- stadt beschäftigen sich hauptsächlich mit Woh- nungsbau, und ihre Ar- beitskraft wird dafür voll eingesetzt.

Niemand hat die Absicht, eine Mauer zu errichten!"

Zu allen Zeiten haben Politiker versucht, durch Beeinflussung und Manipulation das Denken der Menschen zu bestimmen. In diesem Kapitel könnt ihr an zwei Beispielen untersuchen, wie Geschichtslügen enstanden sind und warum sie verwendet wurden: an der These vom „antifaschistischen Schutzwall", den die DDR-Führung zur Begründung des Baus der Berliner Mauer im Jahr 1961 in die Welt setzte, und an der „Dolchstoßlegende" aus der Zeit der Weimarer Republik.

Der „antifaschistische Schutzwall"

Das Maß ist voll!

Unsere Geduld ist zu Ende!

Der Staat der Arbeiter und Bauern, unsere Deutsche Demokratische Republik, schützt vom heutigen Tage an wirksam seine Grenzen gegen den Kriegsherd Westberlin und gegen den Bonner Atomkriegsstaat.

Arbeiter und Genossenschaftsbauern, Angehörige der Intelligenz, Handwerker und Bürger des Mittelstandes, Werktätige in Stadt und Land des Bezirkes Suhl!

Stellt Euch geschlossen hinter die Schutzmaßnahmen unseres Arbeiter-und-Bauern-Staates!

Nehmt von allen Reisen nach Berlin, die nicht der unmittelbaren Arbeit dienen, Abstand!

Bekundet jetzt noch entschlossener Eure Treue zur Arbeiter-und-Bauern-Macht!

Wir bedrohen niemanden — aber wir fürchten auch keine Drohung!

Nicht Strauß siegt — Ulbricht wird siegen — und Ulbricht sind wir!

Wir sind eins mit dem mächtigen sozialistischen Weltsystem, an dessen Spitze die unbesiegbare Sowjetunion steht. Wir sind eins mit den Worten Chruschtschows: „Ihr Herren Imperialisten, eure Arme sind zu kurz!" Wer uns angreift, wird durch die Riesenfaust des Sozialismus zerschlagen!

Schuld an Unbequemlichkeiten, die für diesen oder jenen unserer Bürger mit unseren Schutzmaßnahmen verbunden sind, hat einzig und allein das Verbrechergesindel in Bonn und Westberlin!

1 Flugblatt der SED-Bezirksleitung Suhl, 13. August 1961.

Wie wurde der Mauerbau gerechtfertigt?

Mit dem Bau der Mauer am 13. August 1961 schottete sich die DDR-Führung weitgehend von der Bundesrepublik Deutschland ab und zementierte die deutsche Teilung für drei Jahrzehnte.

Ein derart massiver Eingriff in die Lebensverhältnisse der Menschen durch die DDR-Führung erforderte eine überzeugende Begründung.

Wie wurde der Bau dieser Grenzbefestigung gerechtfertigt, und wie wurde diese Begründung in der DDR-Bevölkerung, aber auch in Westdeutschland bewertet?

Eine Geschichtslüge beginnt

Aus einem DDR-Geschichtslehrbuch (1980):

Q1 ... Gegen Ende der Fünfzigerjahre stellte der Kampf um den Frieden in Europa erhöhte Anforderungen an die sozialistische Staatengemeinschaft. Obwohl die Regierung der DDR im Bündnis mit der Sowjetunion alles getan hatte, um die Regierung der BRD zu einer Politik der Vernunft und des guten Willens zu bewegen, verschärften die aggressiven Kreise des Imperialismus die Spannungen immer mehr. ...

Offen erklärten die Militaristen ihre Absicht, die Ergebnisse des Zweiten Weltkrieges zu ihren Gunsten zu revidieren (rückgängig zu machen). Im Frühjahr 1961 gingen diese Kräfte verstärkt zur Kriegsvorbereitung gegen die DDR über. ... Zugleich verstärkte die Regierung der BRD den Wirtschaftskrieg gegen die DDR. So wurde das laufende Handelsabkommen für Ende 1960 gekündigt. Auf diesem Weg sollte die Wirtschaft der DDR gestört werden, um Versorgungsschwierigkeiten und schließlich Unzufriedenheit unter der Bevölkerung zu schüren. Parallel dazu forcierten Agenten und Geheimdienste ihre feindliche Tätigkeit. Sabotageakte häuften sich. Die Abwerbung von Fachkräften aus der DDR durch kriminelle Menschenhändler erreichte neue Ausmaße. Dadurch sollte vor allem die medizinische Betreuung zum Erliegen gebracht werden ... Bei all diesen Aktionen gegen die DDR wurde die offene Grenze gegenüber Westberlin brutal ausgenutzt, um die DDR zu schädigen. ...

Was verschweigen die offiziellen DDR-Darstellungen?

Adenauers Politik zielte in den 50er-Jahren vor allem auf eine Verständigung mit den Siegermächten hin. Dies zeigte sich bei seinem konsequenten Bestreben um Versöhnung mit Frankreich, was schließlich 1963 im Deutsch-Französischen Freundschaftsvertrag gipfelte. Dies zeigte sich vor allem bei seiner Moskaureise im Jahr 1955, die u. a. die Aufnahme diplomatischer Beziehungen zwischen der BRD und der Sowjetunion zum Ergebnis hatte.

Die offiziellen Darstellungen gehen auch nicht auf die eigentlichen Gründe ein, warum viele DDR-Bürger das Land verlassen wollten: die Unzufriedenheit der DDR-Bevölkerung mit ihren Lebensverhältnissen, die geringe Aussicht auf schnelle Besserung der Lage und die Niederschlagung des Volksaufstandes vom 17. Juni 1953 (s. auch S. 46-49).

Aufdeckung einer Geschichtslüge

2 **FDJ-Demonstration in Dresden, 29.8.1961.** Foto.

Die Stimmung in der DDR-Bevölkerung

Aus einem DDR-Geschichtslehrbuch:

Q2 ... Die Mehrheit der Werktätigen der DDR begrüßte und unterstützte die Sicherheitsmaßnahmen. Zahlreiche Berliner besuchten in den darauf folgenden Tagen die im Einsatz befindlichen Angehörigen der bewaffneten Organe. Delegationen aus Betrieben und viele einzelne Bürger brachten Blumen und Geschenke, um auf diese Weise ihren Dank auszudrücken. ...

Aus einer Postanalyse des Ministeriums für Staatssicherheit:

Q3 ... Am 17.8.1961 in der Zeit von 8.00 bis 20.00 Uhr wurden insgesamt 697 Sendungen zensiert, und zwar

562 Sendungen DDR-Post
117 Sendungen WD*- und WB*-Post

Dabei wurden 27 Äußerungen von der Bevölkerung der DDR festgestellt, die sich wie folgt aufgliedern: 0 positiv; 27 negativ ...

Kurze inhaltliche Zusammenfassung der negativen Äußerungen: DDR: Hier stellt man die Maßnahmen unserer Regierung als eine Ungeheuerlichkeit, wenn nicht gar als großen Quatsch, dar. ... Die Leute sind wie geschlagen, haben keine rechte Lust mehr zum Arbeiten, alle sind sehr verbittert. ...

Eine Person aus Frankfurt (Oder) schreibt nach Stuttgart: Seit gestern sind die Grenzen gesperrt. Dass Ihr damals gleich nach dem Westen gegangen seid. Ihr Glücklichen. Wir sind hier eingesperrt. Vom Frieden sprechen die Menschen, und den Krieg bereiten sie vor. ...

1 *Erarbeitet aus Bild 1, Bild 2 und Q1, mit welchen Begründungen versucht wurde, das Feindbild „BRD" aufzubauen.*

2 *Prüft diese Begründungen anhand des Textes und anhand der Seiten 50 bis 53. Was wurde im DDR-Lehrbuch verschwiegen, worin bestand die Manipulation?*

3 *Beschreibt anhand von Q2 und Q3 die Stimmung in der Bevölkerung. War die Darstellung der DDR für ihre Bürgerinnen und Bürger glaubwürdig?*

4 *Verwendet zur Analyse der Quellen auf dieser Seite die Methode „Texte vergleichen" auf S. 200/201.*

WD*:
Westdeutschland.

WB*:
Westberlin

Der Mauerbau – Einschätzungen

1 Erich Honecker, Mitglied des Politbüros der SED, leitete die Vorbereitungen für den Berliner Mauerbau. Hier besucht er am 15.9.1961 Einheiten der Grenzpolizei im Kreis Bad Salzungen. Foto.

Chruschtschow über den Mauerbau

Der frühere Botschafter der Bundesrepublik in der Sowjetunion, Hans Kroll, erinnerte sich an ein Gespräch mit Chruschtschow einige Tage nach dem Bau der Mauer 1961:

Q1 ... Ich sagte ihm, dass nicht nur die Berliner Bevölkerung, sondern das ganze deutsche Volk die Sperrmauer durch seine alte Hauptstadt als Provokation empfinde. ... Zu meiner Überraschung gab Chruschtschow zu, dass er diese Gefühle des deutschen Volkes verstehe. Wörtlich fuhr er fort: „Ich weiß, die Mauer ist eine hässliche Sache. Sie wird auch eines Tages wieder verschwinden. Allerdings erst dann, wenn die Gründe fortgefallen sind, die zu ihrer Errichtung geführt haben. Was sollte ich denn tun? Mehr als 30 000 Menschen, und zwar mit die besten und tüchtigsten Menschen aus der DDR, verließen im Monat Juli (1961) das Land. Man kann sich unschwer ausrechnen, wann die ostdeutsche Wirtschaft zusammengebrochen wäre, wenn wir nicht alsbald etwas gegen die Massenflucht unternommen hätten. Es gab aber nur zwei Arten von Gegenmaßnahmen: die Lufttransportsperre oder die Mauer. Die erstgenannte hätte uns in einen ernsten Konflikt mit den Vereinigten Staaten gebracht, der möglicherweise zum Krieg geführt hätte. Das konnte und wollte ich nicht riskieren. Also blieb nur die Mauer übrig. Ich möchte Ihnen auch nicht verhehlen, dass ich es gewesen bin, der letzten Endes den Befehl dazu gegeben hat. Ulbricht hat mich zwar seit längerer Zeit und in den letzten Monaten immer heftiger gedrängt, aber ich möchte mich nicht hinter seinem Rücken verstecken. Er ist viel zu schmal für mich." ...

Historiker über den Mauerbau

Der westdeutsche Historiker Christoph Kleßmann, 1997:

M1 ... Die Fluchtgründe waren, wie Umfragen ergaben, vielfältig und lassen kaum eindeutige Kategorisierungen zu. Die pauschale Behauptung der SED von „Abwerbung" und „Menschenhandel" gehört in jedem Falle in das Arsenal abstruser Propaganda, die zur Rechtfertigung des Mauerbaus diente. Aber auch die Vorstellung, politische Motive hätten primär den Entschluss zur Flucht bestimmt, ist schief. Nur für eine Minderheit waren politische Gründe im engeren Sinne maßgeblich. In den meisten Fällen war die Flucht, wie Ernst Richert 1966 schrieb, „Binnenwanderung zu den günstigeren Lebensverhältnissen", allerdings „illegal und unter Aufgabe von Hab und Gut". Es hat zudem eine im Westen selten registrierte – und auch nicht präzise erfassbare – Rückwanderung

Der Mauerbau – Einschätzungen

2 Einem Ostberliner Paar gelingt am 15.8.1961 die Flucht über den Teltowkanal in den Westen. Foto.

von West nach Ost gegeben, deren Gesamtumfang bis 1961 auf etwa 500 000 Personen geschätzt worden ist. ... (Dies) sollte jedoch nicht zur Bagatellisierung* der politischen Fluchtbewegung führen. Schon in einem Brief vom 11. November 1960 an Ministerpräsident Grotewohl wies die Synode* der Evangelischen Kirche der Union darauf hin, dass viele Menschen aus allen Berufen flüchteten, „weil sie das Mindestmaß an Freiheit, Wahrhaftigkeit und Gerechtigkeit vermissen, das für sie zu einem sinnvollen menschlichen Leben gehört". ...

Der westdeutsche Historiker Klaus Schroeder, 2000:

M2 ... Die Fundamente des (DDR-)Staates waren auf Gewalt und Zwang sowie auf Fremdherrschaft gegründet, gleichzeitig konnte sich die Parteiführung auf eine große Zahl von Partei- und Staatsfunktionären verlassen, die zumeist ihren schnellen sozialen Aufstieg der rabiaten sozialistischen Umgestaltung und der damit einhergehenden Vertreibung der alten Funktionseliten verdankten. Doch die Wirkungsmöglichkeiten der totalitären SED-Politik waren in den Fünfzigerjahren durch die offene Grenze zur Bundesrepublik

begrenzt. Vertreibung und Flucht von Millionen seiner Einwohner beeinträchtigte die Funktionsfähigkeit des Staates und zwang die SED zur vollständigen Schließung der Westgrenzen der DDR. Das von ihr installierte und in den nachfolgenden Jahrzehnten perfektionierte Grenzregime symbolisierte die fehlende Legitimation* des Staates wie auch seine freiheits- und damit letztlich menschenverachtende Politik. ...

1 *Vergleicht Chruschtschows Äußerungen (Q1) mit den offiziellen Begründungen für den Mauerbau (S. 196/197). Welche Schlüsse lassen sich daraus ziehen?*
2 *Arbeitet heraus, worin Christoph Kleßmann und Klaus Schroeder die Hauptgründe für den Mauerbau sehen (M1 und M2). Worin unterscheiden sie sich?*
3 *Vergleicht die Einschätzung Chruschtschows mit denen der westdeutschen Historiker. Formuliert Aussagen über die Gründe des Mauerbaus.*

Bagatellisierung:*
zu einer unbedeutenden Kleinigkeit machen.

Synode:*
Kirchenversammlung.

Legitimation:*
Rechtfertigung.

Methode: Texte vergleichen

Sichtweisen wahrnehmen

Im bisherigen Unterricht habt ihr gelernt, Textquellen zu verstehen und kritisch zu untersuchen. Auf dieser Methodenseite geht es nun darum, zu untersuchen, wie die selbe Tatsache aus unterschiedlicher politischer Perspektive beschrieben und bewertet wird.

Textuntersuchung

Wenn man einen Text richtig verstehen will, muss man ihn mehrmals lesen. Beim ersten Lesen versucht man nur zu erfassen, um was es geht. Beim zweiten und dritten Lesen macht man sich Notizen und erarbeitet sich den Inhalt mit den folgenden Fragen:

Fragen zum Verfasser

– Was wissen wir über die Verfasserin, den Verfasser (Lebensdaten, Amt, Herkunft usw., oder ist der/die anonym, d. h. ungenannt)?
– Wann wurde der Text geschrieben; schreibt sie/er als Zeitzeuge oder viele Jahre nach dem Ereignis?

Fragen zum Text

– Um welche Textsorte handelt es sich (Geschichtsdarstellung, Bericht, Urkunde, Brief, Zeitungsartikel, Flugschrift, Roman, Erklärung von Politikern usw.)?
– Wovon handelt der Text? Hier geht es um die Beantwortung der „W"-Fragen: Wer? Wo? Wann? Was? Wie? Warum? Gibt es unbekannte Wörter, die ihr im Lexikon nachschlagen müsst?

Fragen zur Sichtweise (Perspektive):

– Welche Absichten verfolgte der Verfasser mit seinem Text?

– Gibt es Textstellen (Wörter), die eine bestimmte Wertung oder ein Urteil enthalten?
– Versucht der Autor neutral zu sein, oder ergreift er deutlich Partei für bestimmte Personen?
– Wie steht der Verfasser/die Verfasserin zu seiner/ihrer Gesellschaft?

Vergleich der Textquellen

– Gibt es in den Texten übereinstimmende und sich widersprechende Aussagen?
– Worin liegen die Unterschiede?
– Wie lassen sich die Unterschiede erklären? (unterschiedliche politische Einstellung, Ansichten)

Stellungnahmen zum 13.8.1961

Walter Ulbricht, Erster Sekretär des ZK der SED und Vorsitzender des Staatsrats der DDR, hielt am 18.8.1961 eine Fernseh- und Rundfunkansprache:

Q1 ... Meine lieben Bürger der Deutschen Demokratischen Republik und liebe Freunde in Westdeutschland und Westberlin! Ereignisreiche Tage liegen hinter uns. Hier und da gingen die Wogen etwas hoch. Sie glätten sich allmählich. Die von Schöneberg und Bonn künstlich geschürte Aufregung ist abgeebbt. Natürlich müssen wir weiterhin wachsam sein. Aber das Land geht seinen ruhigen Gang. ...
Die Arbeiter und mit ihnen alle ehrlichen Werktätigen der Deutschen Demokratischen Republik atmen erleichtert auf. Das Treiben der Westberliner und Bonner Menschenhändler und Revanchepolitiker hatten alle satt. Mit wachsendem Zorn hatten sie zugesehen, wie sie von dem militaristischen

Gesindel für dumm gehalten und bestohlen wurden. Unsere Geduld wurde von den Bonner Militaristen für Schwäche angesehen. Ein peinlicher Irrtum, wie sich inzwischen erwiesen hat. Sie wissen – meine verehrten Zuhörer –, dass wir jahrelang beharrlich vorgeschlagen haben, alle irgendwie strittigen Fragen durch friedliche Verhandlungen und durch Vereinbarungen zu lösen. ... Aber wie haben die unbelehrbaren westdeutschen Militaristen und Revanchepolitiker auf unsere Angebote geantwortet? Die Regierung in Bonn hat sie ebenso abgelehnt wie die mehr als 100 vorangegangenen Angebote. Kriegsminister Strauß beschleunigte die atomare Aufrüstung der unter dem Befehl von Hitlergeneralen stehenden Bonner NATO-Armee. Er erklärte in frechem Übermut, der Zweite Weltkrieg sei noch nicht beendet. Er knüpfte direkt an die abenteuerlichen Pläne Hitlers und Himmlers an. ...
Um diese Gefahren für den Frieden unseres Volkes und auch der anderen Völker zu beseitigen, haben wir uns rechtzeitig mit unseren Freunden verständigt und uns darauf geeinigt, die gefährliche Situation zu bereinigen.
Die Maßnahmen unserer Regierung haben dazu beigetragen, den in diesem Frühherbst 1961 durch die westdeutschen Militaristen und Revanchepolitiker bedrohten Frieden in Europa und der Welt zu retten. Mögen auch die Bürger Westdeutschlands und Westberlins begreifen, dass es sehr wohl möglich ist, dass ihnen durch unsere Maßnahmen das Leben gerettet wurde ...

Erklärung von Bundeskanzler Konrad Adenauer am 13. August 1961 zu den Sperrmaßnahmen in Berlin:

Q2 ... Die Machthaber der Sowjetzone haben heute Nacht damit begonnen, unter offenem Bruch der Viermächtevereinbarungen West-Berlin von seiner Umgebung abzuriegeln. Diese Maßnahme ist getroffen worden, weil das der mitteldeutschen Bevölkerung von einer auswärtigen Macht aufgezwungene Regime der inneren Schwierigkeiten in seinem Machtbereich nicht mehr Herr wurde. Die übrigen Ostblockstaaten haben von dem Zonenregime verlangt, diesen Zustand seiner Schwäche und Unsicherheit zu beseitigen. Der gesamten Weltöffentlichkeit wurde durch die Massenflucht aus der Zone tagtäglich gezeigt, unter welchem Druck die Bewohner stehen und dass ihnen das in der ganzen Welt anerkannte Selbstbestimmungsrecht nicht gewährt wird. Durch die Willkür des Pankower Regimes ist eine ernste Situation heraufbeschworen worden. Im Verein mit unseren Alliierten werden die erforderlichen Gegenmaßnahmen getroffen. Die Bundesregierung bittet alle Deutschen, auf diese Maßnahmen zu vertrauen. Es ist das Gebot der Stunde, in Festigkeit, aber auch in Ruhe der Herausforderung des Ostens zu begegnen und nichts zu unternehmen, was die Lage nur erschweren, aber nicht verbessern kann.
Mit den Deutschen in der Sowjetzone und in Ost-Berlin fühlen wir uns nach wie vor aufs Engste verbunden; sie sind und bleiben unsere deutschen Brüder und Schwestern. Die Bundesregierung hält an dem Ziel der deutschen Einheit in

1 SED-Parteichef und DDR-Staatschef Walter Ulbricht (vorn Mitte) beim Appell der Kampfgruppen am 22. August 1961 in der Karl-Marx-Allee in Berlin (Ost). Foto.

Freiheit unverrückbar fest. Bei der Bedeutung des Vorgangs habe ich den Außenminister gebeten, die ausländischen Regierungen durch die deutschen Vertretungen unterrichten zu lassen.
...

1 Klärt in Q1 und Q2 zunächst die unbekannten Begriffe.
2 Untersucht Q1 und Q2 mithilfe der Fragen zum Textvergleich.
3 Formuliert eine zusammenfassende Stellungnahme, in der ihr beide Reden vergleicht und bewertet.

Glossar
Schöneberg: Gemeint ist der Senat West-Berlins, der im Rathaus des Stadtteils Schöneberg amtierte.
Revanche-Politiker: Östliche Bezeichnung für westdeutsche Politiker, denen unterstellt wird, die Ergebnisse des Zweiten Weltkrieges durch Krieg zu ändern.
Vier-Mächte-Vereinbarung: Vereinbarung der vier Siegermächte über die gemeinsame Verwaltung Berlins und die Aufteilung in vier Sektoren vom September 1945; nicht zu verwechseln mit dem Vier-Mächte-Abkommen von 1972.
Zonenregime: Gemeint ist die DDR.
Pankower Regime: Gemeint ist die DDR-Regierung, die ihren Sitz in Berlin-Pankow hatte.

Die „Dolchstoßlegende"

Paul von Hinden-burg
*(1847-1934),
Generalfeldmarchall
im Ersten Weltkrieg,
bildete mit General
Ludendorff ab 1916
die Oberste Heeres-
leitung (OHL). Hin-
denburg war von
1925 bis 1934
Reichspräsident.*

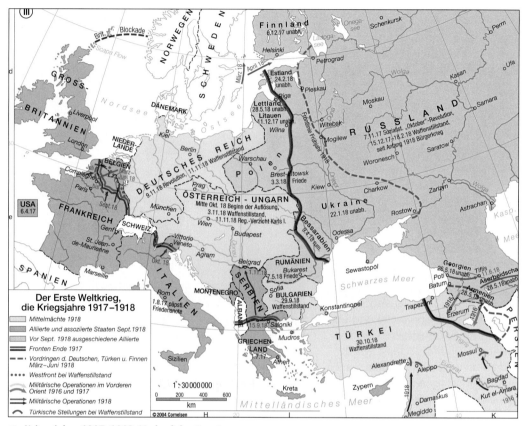

Der Erste Weltkrieg, die Kriegsjahre 1917–1918

- Mittelmächte 1918
- Alliierte und assoziierte Staaten Sept.1918
- Vor Sept. 1918 ausgeschiedene Alliierte
- Fronten Ende 1917
- Vordringen d. Deutschen, Türken u. Finnen März–Juni 1918
- Westfront bei Waffenstillstand
- Militärische Operationen im Vorderen Orient 1916 und 1917
- Militärische Operationen 1918
- Türkische Stellungen bei Waffenstillstand

1 : 30 000 000
0   200   400   600
km
© 2004 Cornelsen

1 **Kriegsjahre 1917–1918, Verlauf der Fronten.**

Erich Ludendorff
*(1865–19379),
preußischer General
mit großem Einfluss
auf die Kriegspolitik
ab 1916. 1923 am
Hitlerputsch beteiligt.*

Untersuchung einer Geschichtslüge

In der Weimarer Republik (1918–33) und in der Zeit des Nationalsozialismus (1933–45) haben viele Menschen die Behauptung geglaubt, dass die deutsche Niederlage im Ersten Weltkrieg durch einen „Dolchstoß" der Heimat, besonders der Sozialdemokraten, in den Rücken der kämpfenden Soldaten an der Front verursacht worden sei. Diese Lüge war bewusst von den führenden Militärs und den rechtsradikalen Parteien verbreitet worden, um die wahren Ursachen der deutschen Niederlage zu vertuschen. Weiter wollte man mit dieser Behauptung den tragenden Kräften der Revolution von 1918 und den demokratischen Kräften in der Weimarer Republik schaden.

Die Niederlage zeichnet sich ab

1916 war der Erste Weltkrieg mit der Schlacht um Verdun zu einem mörderischen Stellungskrieg geworden, in dem Hunderttausende Menschen starben, ohne dass eine Seite den Krieg für sich entscheiden konnte. Durch den Einsatz von Gas und modernster Waffen wie Panzern und Flugzeugen war das Töten industrialisiert worden.

Nach Anfangserfolgen deutscher Truppen 1914 im Osten und Westen war auch in Deutschland die Kriegsbegeisterung verflogen, Hunger und Mangel bestimmten den Alltag. Die von Deutschland 1914 angestrebten Kriegsziele und eine Vorherrschaft in Europa waren unerreichbar geworden. Friedensinitiativen lehnte die deutsche Führung unter Kaiser Wilhelm II. ab. Im Herbst 1916 sollte eine neue militärische Führung unter den Generälen von Hindenburg und Ludendorff den

Militärische Niederlage an allen Fronten

2 Kriegsalltag 1916. Foto.

militärischen Erfolg sicherstellen. Sie setzte immer noch auf einen „Siegfrieden", mit dem man die Gegner zum Frieden zwingen wollte. Ab dem Herbst 1916 wurden aber die deutschen Truppen durch die Übermacht der Alliierten an Kriegsmaterial und Soldaten an allen Fronten unter großen Verlusten zurückgedrängt. Mit großer Mühe konnte der alliierte Vormarsch zum Stehen gebracht werden. Auch die neue militärische Führung konnte die sich abzeichnende Niederlage nicht aufhalten.

Auf beiden Seiten kam es vermehrt dazu, dass Soldaten das sinnlose Töten nicht mehr einsahen und versuchten, durch Desertieren* oder den freiwilligen Gang in die Gefangenschaft ihr Leben zu retten.

1 Lest in einer Darstellung über den Ersten Weltkrieg nach (Buch oder Lexikon oder Band 8 dieses Schulbuches) und schreibt auf, was über die Ursachen des Krieges und die deutschen Kriegsziele gesagt wird.

2 Klärt, was über die Gründe der deutschen Niederlage in der von euch ausgewählten Darstellung berichtet wird.

3 Erarbeitet aus dem Text Ursachen dafür, warum es Deutschland und seiner militärischen

Führung 1917 nicht gelang, einen „Siegfrieden" durchzusetzen.

4 Erarbeitet euch mit der Karte den Verlauf der Fronten im Westen im Jahr 1918.

3 Letzte Kriegsmobilisierung 1918. Plakat.

desertieren:
unerlaubte Entfernung von der Truppe.

Kriegsanleihen:
langfristige Kredite, die die Bevölkerung eines kriegführenden Staates ihrer Regierung zur Kriegsfinanzierung gibt.

Forderungen nach Waffenstillstand

1 Französische Karikatur zu den deutschen Offensiven im Frühjahr / Sommer 1918. Federzeichnung.

2 Britischer Panzer an der Westfront. Foto, um 1917.

Das Eingeständnis

Im Großen Hauptquartier in Spa hielt General Ludendorff vor seinen höchsten Offizieren am 1. Oktober 1918 eine Ansprache, über die Oberst Thaer in sein Tagebuch schrieb:

Q1 ... Er (General Ludendorff) sagte ungefähr Folgendes: Er sei verpflichtet, uns zu sagen, dass unsere militärische Lage furchtbar ernst sei. Täglich könne unsere Westfront durchbrochen werden. Er habe darüber in den letzten Tagen Sr. M.* zu berichten gehabt. Zum 1. Mal sei der O.H.L.* von Sr. M. bzw. vom Reichskanzler die Frage vorgelegt worden, was sie und das Heer noch zu leisten imstande seien. Er habe im Einvernehmen mit dem Generalfeldmarschall geantwortet: Die O.H.L. und das deutsche Heer seien am Ende; der Krieg sei nicht nur nicht mehr zu gewinnen, vielmehr stehe die endgültige Niederlage wohl unvermeidbar bevor. Bulgarien sei abgefallen. Österreich und die Türkei am Ende ihrer Kräfte, würden wohl bald folgen. Unsere eigene Armee sei leider schon schwer verseucht durch das Gift spartakistisch-sozialistischer Ideen. Auf die Truppen sei kein Verlass mehr. Seit dem 8. 8. sei es rapide abwärts

gegangen. Fortgesetzt erwiesen Truppenteile sich als so unzuverlässig, dass sie beschleunigt aus der Front gezogen werden müssten. Würden sie von noch kampfwilligen Truppen abgelöst, so würden diese mit dem Rufe „Streikbrecher" empfangen und aufgefordert, nicht mehr zu kämpfen. Er könne nicht mit Divisionen operieren, auf die kein Verlass mehr sei.

So sei vorauszusehen, dass dem Feinde schon in nächster Zeit mithilfe der kampffreudigen Amerikaner ein großer Sieg, ein Durchbruch in ganz großem Stile gelingen werde, dann werde dieses Westheer den letzten Halt verlieren und in voller Auflösung zurückfluten über den Rhein und werde die Revolution nach Deutschland tragen. Diese Katastrophe müsse unbedingt vermieden werden. Aus den angeführten Gründen dürfe man sich nun nicht mehr schlagen lassen. Deshalb habe die O.H.L. von Sr. M. und dem Kanzler gefordert, dass ohne jeden Verzug der Antrag auf Herbeiführung eines Waffenstillstandes gestellt würde bei dem Präsidenten Wilson von Amerika zwecks Herbeiführung eines Friedens auf der Basis seiner 14 Punkte. ...

Sr. M.*:
Seiner Majestät (Kaiser Wilhelm II.).

OHL*:
Oberste Heeresleitung (Kaiser Wilhelm II., Hindenburg, Ludendorff).

1 Gebt mit euren Worten wieder, was die OHL und die politische Führung über die militärische Lage am 1. 10. 1918 wusste.
2 Erklärt, warum die OHL einen Waffenstillstand fordert. Wie wird er begründet?

Forderungen nach Waffenstillstand

3 Westfront, September 1918. Deutsche Kriegsgefangene werden von US-Soldaten durchsucht. Die USA waren im April 1917 aufseiten der Alliierten in den Krieg eingetreten. Foto, 12.9.1918.

Forderung nach sofortigem Frieden

Am 2.10.1918 klärte Major von dem Bussche-Ippenburg in Ludendorffs Auftrag die Fraktionsführer des Reichstags schonungslos über die hoffnungslose militärische Lage auf. Dies löste dort Entsetzen aus, weil die Oberste Heeresleitung noch im Sommer mit einem groß angelegten Propagandafeldzug die Siegeszuversicht der Deutschen zu stärken versucht hatte.

Schließlich wandte sich Generalfeldmarschall von Hindenburg am 3.10.1918 an den Reichskanzler, Prinz Max von Baden:

Q2 ... Berlin, 3.10.1918

Die Oberste Heeresleitung bleibt auf ihrer am Sonntag, dem 29. September d. J., gestellten Forderung der sofortigen Herausgabe des Friedensangebots an unsere Feinde bestehen. Infolge des Zusammenbruchs der mazedonischen Front, der dadurch notwendig gewordenen Schwächung unserer Westreserven und infolge der Unmöglichkeit, die in den Schlachten der letzten Tage eingetretenen sehr erheblichen Verluste zu ergänzen, besteht nach menschlichem Ermessen keine Aussicht mehr, dem Feinde den Frieden aufzuzwingen. Der Gegner seinerseits führt ständig neue, frische Reserven in die Schlacht. Noch steht das deutsche Heer festgefügt und wehrt siegreich alle Angriffe ab. Die Lage verschärft sich aber täglich und kann die O.H.L. zu schwerwiegenden Entschlüssen zwingen. Unter diesen Umständen ist es geboten, den Kampf abzubrechen, um dem deutschen Volke und seinen Verbündeten nutzlose Opfer zu ersparen, jeder versäumte Tag kostet Tausenden von tapferen Soldaten das Leben. ...

3 *Fasst zusammen, worauf die deutsche Bitte nach einem Waffenstillstand gründete*

Matrosenaufstand in Kiel

1 **Demonstrierende Matrosen in Kiel Ende Oktober 1918.** Foto.

Matrosenaufstand in Kiel

Die „Kieler Zeitung" vom 4.11.1918:

Q1 ... Zu Unruhen ist es am gestrigen Sonntag in der Stadt gekommen. Am Nachmittag 4 Uhr 15 Minuten fand auf dem großen Exerzierplatz eine Versammlung statt, an der sich Marinemannschaften und Arbeiter beteiligten und auf der ein Führer der unabhängigen Sozialdemokraten* eine Ansprache hielt. Nach Beendigung der Versammlung bildete sich ein Zug, der auf seinem Wege in die Stadt die Mannschaften aus der Waldwiese herausholte und und das Lokal erheblich zerstörte und sich verschiedener Waffen bemächtigte. ... Das Ziel des Zuges war die Militär-Arrest-Anstalt in der Feldstraße. Die vom 3. Geschwader wegen schwerer Gehorsamsverweigerungen dort untergebrachten Gefangenen sollten mit Gewalt befreit werden. An der Ecke der Karl- und der Brunswiker Straße bei der Hoffnung war die Straße durch Militär abgesperrt. Der Befehl des Offiziers forderte die Demonstranten zum Auseinandergehen auf. Die Demonstranten drangen trotzdem vor. Darauf gab der Offizier Befehl zu einem Schreckschuss in die Luft. Die Menge drängte aber weiter vor, worauf Befehl zum Scharfschießen erfolgte. Es gab 8 Tote und 29 Verwundete. ...

Was war geschehen?

Die in Kiel und Wilhelmshaven liegende Hochseeflotte hatte von der Seekriegsleitung (SKL) am 29. Oktober Befehl zum Auslaufen erhalten. Die SKL, gegründet vom Admiralstab, war die höchste Kommandobehörde der deutschen Marine. Sie leitete Planung und Durchführung des Seekriegs und lenkte die Verteilung der Seestreitkräfte.

Auszüge aus dem Befehl:

Q2 ... Der Gegner soll unter für uns günstigen Bedingungen zur Schlacht gestellt werden. Hierzu Nachtvorstoß der gesamten Hochseestreitkräfte in den Hoofden, Angriff gegen Streitkräfte und Verkehr an der flandrischen Küste und in der Themsemündung. ... Es ist beabsichtigt, diese Flottenteile am Abend des II. Operationstages zur Schlacht zu stellen, oder sie während des Anmarsches in der Nacht vom II. zum III. Operationstage mit den Torpedobooten anzugreifen. ... Dieser Befehl darf Offizieren und Mannschaften erst bekanntgegeben werden, wenn jeder Verkehr mit dem Lande abgebrochen ist.

Matrosenaufstand in Kiel

2 „Freiheits-Sonntag" in Wilhelmshaven: Festbeleuchtung der Hochseeflotte. Foto, 11.11.1918.

„Ehren- und Existenzfrage der Marine"
Der Flottenbefehl war das Ergebnis von Überlegungen, die die SKL einige Tage zuvor angestellt hatte und die sie in einer Denkschrift vom 24.10.1918 niedergelegt hatte:

Q3 ... Es ist unmöglich, dass die Flotte alsdann in den Endkampf, der einem baldigen oder späteren Waffenstillstand vorausgeht, untätig bleibt. Sie muss eingesetzt werden. Wenn auch nicht zu erwarten ist, dass hierdurch der Lauf der Dinge eine entscheidende Wendung erfährt, so ist es doch aus moralischen Gesichtspunkten Ehren- und Existenzfrage der Marine, im letzten Kampf ihr Äußerstes getan zu haben. ...

Vom Aufstand zum Sturz der Monarchie
Der Befehl der SKL erfolgte also zu einem Zeitpunkt, als die Oberste Heeresleitung den Krieg bereits als verloren erklärt und mit den Kriegsgegnern Kontakte für Waffenstillstandsverhandlungen aufgenommen. Unter den Mannschaften verbreitete sich das Gerücht, dass die Marineleitung ein sinnloses Abenteuer mit heldenhaftem Sterben der Mannschaften plane. Deshalb meuterten die Besatzungen der Schlachtschiffe, verweigerten den Dienst und traten in den Streik. Als ihre Anführer festgenommen wurden, radikalisierte sich die Meuterei. Am 3. November demonstrierten etwa 3000 Matrosen in Kiel für die Freilassung ihrer Kameraden (s. Q1). Vom 5. bis 7. November weitete sich die Revolte auf die meisten Küstenstädte und auf zahlreiche Städte Nordwestdeutschlands sowie München aus. Am 9. November erreichte der Aufstand Berlin. Dort kam es zum Sturz des Kaisers und zur Gründung der Weimarer Republik. Der Matrosenaufstand in Kiel wird häufig zur Rechtfertigung der „Dolchstoßlegende" herangezogen.

1 *Beschreibt das Ziel der Demonstranten in Kiel am 3.11.1918 (Q1).*
2 *Fasst zusammen, warum die Seekriegsleitung die Hochseeflotte einsetzen wollte (Q2, Q3).*
3 *Nennt die Gründe, warum die Matrosen den Einsatz verweigerten (Text, Q3).*
4 *Nehmt selbst Stellung zu dieser Einsatzverweigerung. Diskutiert, ob sie der Grund für die Niederlage der Hochseeflotte war.*
5 *Besprecht, ob es gerechtfertigt ist, den Matrosenaufstand als Beleg für die „Dolchstoßlegende" heranzuziehen.*

Eine Geschichtslüge entsteht

3.-9. November
1918:
Novemberrevolution
in Deutschland.

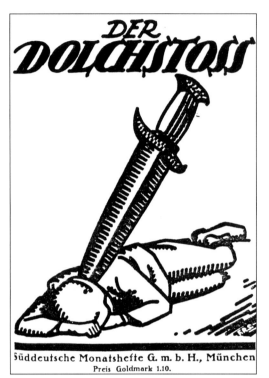

1 Titelblatt der „Süddeutschen Monatshefte",
April 1924.

Der Kampf gegen die Demokratie

In der Revolution vom 9. November 1918 verloren die bisher herrschenden Kräfte aus Militär und Adel ihre Macht. Kaiser Wilhelm II. dankte ab und ging ins Exil nach Holland. Der Rat der Volksbeauftragten aus SPD und USPD übernahm die Macht und leitete unter schwierigsten Umständen die Demokratisierung Deutschlands ein. Zugleich musste er mit den Siegermächten einen Waffenstillstand aushandeln. Den rechtskonservativen und deutschnationalen Kräften, vor allem aber den bisher führenden Militärs, war jedes Mittel recht, um die neue linke Regierung bei der Bevölkerung als „Verräter" und eigentlich Schuldige an der Niederlage hinzustellen.

Der ehemalige Generalfeldmarschall Hindenburg griff den Begriff des „Dolchstoßes" auf, der in einer Schweizer Zeitung einem englischen General zugeschrieben worden war. Das Dementi* des englischen Generals und seine Erklärung, Deutschland sei am 11. November nicht mehr kampffähig gewesen,

Dementi*:
Widerruf.

Odium*:
Makel, übler Beigeschmack.

wurde in Deutschland nicht registriert. Statt dessen verselbstständigte sich die Legende vom „Dolchstoß", die bewusst von nationalistischen und rechtskonservativen Parteien verbreitet wurde.

Eine Legende wird entworfen

Die „Erfindung" der Legende vom Dolchstoß begann aber längst vor der Niederlage im Herbst 1918. Der einflussreiche militärische Berater Ludendorffs, Oberst Max Bauer, entwarf am 2. Juli 1918 ein Schreiben an die Regierung, in dem die Schuldigen für eine mögliche Niederlage bereits genannt werden:

Q1 ... Der Krieg ist noch nicht gewonnen. Wir werden ihn gewinnen, wenn die Heimat nicht mehr dem Heer in den Rücken fällt und wenn dem Heer durch Gewährung dessen, was ihm billigerweise zukommt, das Vertrauen und die Zuversicht erhalten bleibt. ...

In seiner Erklärung vor dem Kronrat am 1.10.1918 über die hoffnungslose Lage der deutschen Truppen griff Ludendorff diesen Gedanken auf und begann unwidersprochen, seine und Hindenburgs Verantwortung für die Niederlage zu vernebeln:

Q2 ... Ich habe aber Sr. M. gebeten, jetzt auch diejenigen Kreise an die Regierung zu bringen, denen wir es in der Hauptsache zu danken haben, dass wir so weit gekommen sind. Wir werden also diese Herren jetzt in die Ministerien einziehen sehen. Die sollen nun den Frieden schließen, der jetzt geschlossen werden muss. Sie sollen die Suppe jetzt essen, die sie uns eingebrockt haben! ...

Diese Geschichtsverfälschung und die Verschiebung der Schuldfrage verbreitete sich schnell in Deutschland und wurde von konservativen Gruppierungen begierig aufgegriffen. Am 7. Oktober berichtete der bayerische Militärbevollmächtigte bei der Obersten Heeresleitung (OHL) Folgendes:

Q3 ...Zur innenpolitischen Lage hört man vielfach die Meinung äußern, es ist ganz gut, dass die linksstehenden Parteien das Odium* dieses Friedensschlusses auf sich nehmen müssen. Der Sturm der Entrüstung wird sich dann gegen diese kehren. Später hofft man

Verkündung der Legende

2 Hindenburg (Mitte) und Ludendorff (rechts) nach ihrem Auftritt im Untersuchungsausschuss der Nationalversammlung. Foto, 1919.

dann, sich wieder in den Sattel zu schwingen und nach dem alten Rezept weiterzuregieren. …

Die Legende wird offen verkündet

Erklärung des Generalfeldmarschalls von Hindenburg vor dem Parlamentarischen Untersuchungsausschuss am 18.11.1919:

Q4 … Getragen von der Liebe zum Vaterland, kannten wir nur ein Ziel, das Deutsche Reich und das deutsche Volk, soweit menschliche Kräfte und militärische Mittel es vermochten, vor Schaden zu bewahren und militärischerseits es einem guten Frieden entgegenzuführen. … Dabei waren wir uns bewusst, dass wir in dem ungleichen Kampf unterliegen müssten, wenn nicht die gesamte Kraft der Heimat auf den Sieg auf dem Schlachtfelde eingestellt wurde und die moralischen Kräfte von der Heimat aus erneuert würden. … Als wir unser Amt übernahmen, stellten wir bei der Reichsleitung eine Anzahl von Anträgen, um die Zusammenfassung aller Kräfte herbeizuführen; was schließlich wieder durch die Einwirkung der Parteien aus unseren Anträgen geworden ist, ist bekannt. Ich wollte kraftvolle und freudige Mitarbeit gewinnen, bekam aber Versagen und Schwäche. … Die Heimat hat uns von diesem Augenblick an nicht mehr gestützt. Wir erhoben oft unsere warnende Stimme. Seit dieser Zeit setzte auch die heimliche Zersetzung von Heer und Flotte ein. Die Wirkung dieser Bestrebungen war der Obersten Heeresleitung während des letzten Kriegsjahres nicht verborgen geblieben. Die braven Truppen, die sich von der revolutionären Einwirkung frei hielten, hatten unter der Einwirkung der revolutionären Kameraden schwer zu leiden. Unsere Forderung, strenge Zucht und strenge Handhabung der Gesetze durchzuführen, wurde nicht erfüllt. So mussten unsere Operationen misslingen, so musste der Zusammenbruch kommen, die Revolution bildete nur den Schlussstein. Ein englischer General sagt mit Recht: Die deutsche Armee ist von hinten erdolcht worden. Wo die Schuld liegt, bedarf keines Beweises. …

1 Lest Q1–Q4 noch einmal und legt dann eine zeitliche Übersicht an, aus der deutlich wird, in welchem Zeitraum die Geschichtslegende vom Dolchstoß entsteht.

2 Untersucht Q4 und schreibt die Vorwürfe auf, die Hindenburg erhebt.

3 Prüft, ob Hindenburg etwas zu seinem und Ludendorffs Verhalten sagt.

4 Hindenburg sagt: „Wo die Schuld liegt, bedarf keines Beweises." Schreibt ihm eine Antwort und begründet, wo eurer Meinung nach die Schuld an der deutschen Niederlage liegt.

5 Erstellt eine Wandzeitung zum Thema „Dolchstoßlegende", in der ihr zeigt, was von dieser Legende zu halten ist.

1 Wahlplakat der Deutsch-Nationalen Volkspartei (DNVP) zu den Reichstagswahlen am 7. Dezember 1924.

Ein Plakat der extremen Rechten

Der Text des Plakates oben lautet:

Q1 ... Wer hat im Weltkrieg dem deutschen Heere den Dolchstoß versetzt? Wer ist schuld daran, dass unser Volk und Vaterland so tief ins Unglück stürzen musste? Der Parteisekretär der Sozialdemokraten Vater sagt es nach der Revolution 1918 in Magdeburg:

„Wir haben unsere Leute, die an die Front gingen, zur Fahnenflucht veranlasst. Die Fahnenflüchtigen haben wir organisiert, mit falschen Papieren ausgestattet, mit Geld und unterschriftslosen Flugblättern versehen. Wir haben diese Leute nach allen Himmelsrichtungen, hauptsächlich wieder an die Front geschickt, damit sie die Frontsoldaten bearbeiten und die Front zermürben sollten. Diese haben die Soldaten bestimmt, überzulaufen, und so hat sich der Verfall allmählich, aber sicher vollzogen."

Wer hat die Sozialdemokratie dabei unterstützt? Die Demokraten und die Leute um Erzberger. Jetzt, am 7. Dezember, soll das Deutsche Volk den zweiten Dolchstoß erhalten. Sozialdemokraten in Gemeinschaft mit den Demokraten wollen uns zu Sklaven der Entente machen, wollen uns für immer zugrunde richten.

Wollt ihr das nicht, dann wählt deutschnational!

Politische Nutzung der Dolchstoßlegende

2 „Judas Verrat". Zeichnung von Willy Knabe. Aus: Der Schulungsbrief, hrsg. vom Reichsorganisationsleiter der NSDAP, Berlin 1942.

Lüge wandelt sich zu „Wahrheit"

Die Autoren Keil und Kellerhoff 2003:

M1 ... Binnen kurzem führte die sich überschlagende Propaganda der Revolutionszeit 1918/19 dazu, dass sich die Lüge auch bei ihren Urhebern zur „Wahrheit" verdichtete. Ihre enorme Wirkung entfaltete diese Legende aus mehreren Gründen. Erstens kam die Forderung nach einem Waffenstillstand für die deutsche Öffentlichkeit sowie nahezu den gesamten Regierungsapparat völlig überraschend – eine Folge der gezielt irreführenden Informationspolitik der OHL. Noch bis in den Sommer 1918 dominierte durch sie in der Öffentlichkeit der Eindruck, ein „Siegfrieden" sei erreichbar. Zweitens bot die Lüge vom „Dolchstoß" auch vielen Frontsoldaten eine bequeme Ausrede. Hunderttausende von ihnen waren 1918 Zeugen oder sogar Teilnehmer des „verdeckten Militärstreiks*". Sie konnten die Erinnerung daran mit dem Hinweis auf den „Dolchstoß" verdrängen. Drittens ließ sich auch die neue, demokratische Regierung unbewusst auf die Legende ein, indem ihre führenden Repräsentanten den heimkehrenden Truppen „bestätigten", sie seien „im Felde unbesiegt" geblieben. Viertens erinnerte der Gehalt der Dolchstoßlegende an einen im damaligen Deutschland allgemein bekannten, literarischen Mythos: der Ermordung Siegfrieds durch Hagen im Nibelungenlied*. Fünftens schließlich brach in Deutschland unmittelbar vor dem Abschluss des Waffenstillstands tatsächlich eine Revolution los. Sie war zwar Folge und nicht Ursache des Zusammenbruchs, aber solche Unterschiede gingen im Kampf der alten Eliten und der großen Mehrheit der Bevölkerung gegen die „bolschewistischen Aufrührer" unter. ...

1 *Untersucht das Plakat (Bild 1) aus dem Jahr 1924. Prüft die Aussagen mithilfe der Informationen dieses Kapitels.*
2 *Fasst den Text zusammen und bewertet ihn.*
3 *Bewertet das Zitat des sozialdemokratischen Parteisekretärs im Plakat (Bild 1) vor dem Hintergrund der Informationen in diesem Kapitel.*
4 *Arbeitet heraus, wie die Nationalsozialisten die Dolchstoßlegende benutzten (Bild 2).*
5 *Fasst M 1 zusammen und nehmt Stellung dazu.*

verdeckter Militär-streik*:
Bezeichnung für die Weigerung der Soldaten, sich 1918 mit aller Kraft für die jeweils durch die militärische Führung angeordneten Aktionen einzusetzen.

Nibelungenlied*:
mittelalterliche Heldengeschichte. Geschildert werden Siegfrieds Tod und der Untergang der Burgunder am Hof des Hunnenkönigs Etzel (Attila).

Material der Bundeszentrale für Politische Bildung:
http://www.bpb.de/politik/extremismus/rechtsextremismus/41345/protokolle-von-zion

Stichwort: Geschichtslügen in allen Bibliotheken oder als Suchwort in Suchmaschinen

Brigitte Bailer-Galanda, Wolfgang Benz, Wolfgang Neugebauer (Hrsg.): Die Auschwitzleugner. „Revisionistische" Geschichtslüge und historische Wahrheit. Elefanten-Press, Berlin 1996.

Die Leugnung des Holocaust steht im Mittelpunkt der internationalen neonazistischen Propaganda. Die Verharmlosung der nationalsozialistischen Gewaltverbrechen geht aber weit über den Kreis des organisierten Rechtsextremismus hinaus. Das vorliegende Buch informiert ausführlich über Inhalte und Träger dieser Propaganda und stellt den revisionistischen Geschichtslügen die historische Wahrheit gegenüber.

Literatur:

Fabian Virchow, Christian Dornbusch (Hrsg.), 88 Fragen und Antworten zur NPD. Weltanschauung, Strategie und Auftreten einer Rechtspartei – und was Demokraten dagegen tun können, Wochenschau Verlag, Schwalbach/Ts. 2008.

In diesem Buch werfen zahlreiche Experten einen Blick hinter die Fassade der NPD, die sich in der Öffentlichkeit oft bieder und bürgernah gibt. Die konkreten Fragen zu den wichtigsten Aspekten der organisatorischen Entwicklung und des politischen Auftretens, zu Programmatik und Personal der Partei machen das Buch sehr übersichtlich. Es bietet daher einen raschen Zugriff für eine erste Orientierung. Zudem wurde Wert darauf gelegt, dass die Texte allgemeinverständlich geschrieben sind.

Markus Tiedemann, „In Auschwitz wurde niemand vergast." 60 rechtsradikale Lügen und wie man sie widerlegt, Verlag an der Ruhr, Mülheim/Ruhr 1996.

Dieses Buch, das sich an Schüler ab der siebten Klasse wendet, will ein thematisch geordnetes Geschichtsbuch und eine Argumentationshilfe gegen die Thesen von Geschichtsrevisionisten und Holocaustleugnern sein. Um diesen sachlich mit Faktenwissen entgegentreten zu können, hat der Autor die gebräuchlichsten Lügen der Rechten gesammelt, analysiert und widerlegt. Alle benutzten Quellen und weiterführende Literatur sind sorgfältig zusammengestellt, sodass Weiterfragen und Weiterforschen ausdrücklich erwünscht ist. Das Buch wurde 1998 mit dem Preis „Das politische Buch" der Friedrich-Ebert-Stiftung ausgezeichnet.

Der deutsche Überfall auf Polen am 1.9.1939 wurde mit einer Lüge begründet. Wie es wirklich war, beschreibt dieses Buch.

Das kann ich schon ...

Arbeitsbegriffe

✓ Geschichtslüge
✓ Manipulation
✓ Historische Wahrheit
✓ Quelleninterpretation
✓ Politische Propaganda

Was wisst ihr noch?

1 Woran erkennt ihr Geschichtslügen?
2 Was wollen Politiker mit einer Geschichtslüge erreichen?
3 Mit welchen Mitteln kann man Geschichtslügen widerlegen?
4 Warum glauben Menschen Geschichtslügen?

Niemand hat die Absicht, eine Mauer zu errichten!"

1 Westliches Plakat, Oktober 1961

Am 17. August 1961 riegelte die DDR-Führung den Ostsektor mit einer Mauer ab ...

3 Plakatentwurf.

2 Westdeutsches Plakat um 1952

1 Erklärt an einem Beispiel warum Politiker Geschichtslügen verbreiten.
2 Entwerft eine Gegenüberstellung von „Lüge" und „Wahrheit" an einem Beispiel.
3 Gestaltet zum Thema „Geschichtslüge" ein Plakat (s. Bild 3).

Das 20. Jahrhundert

Deutsches Kaiserreich

1871	Gründung des Deutschen Reiches, Otto von Bismarck wird Reichskanzler
1878	Sozialistengesetz
1888	Wilhelm II. wird Kaiser
1890	Entlassung Bismarcks, neuer außenpolitischer Kurs

Imperialismus

ab 1870	Eroberungspolitik europäischer Staaten in Afrika und Asien
1884	Deutschland wird Kolonialmacht in Afrika
seit 1900	450 Millionen Einwohner gehören zum „British Empire"
1904	Herero-Aufstand

Der Erste Weltkrieg

28.6.1914	Attentat in Sarajewo
1.8.1914	Beginn des Ersten Weltkriegs

6.4.1917	Kriegseintritt der USA
25./26.10.1917	Oktoberrevolution in Russland
3.3.1918	Friede von Brest-Litowsk
11.11.1918	Ende des Ersten Weltkriegs

Weimarer Republik

3.–9.11.1918	Novemberrevolution in Deutschland
9.11.1918	Ausrufung der Republik
Januar 1919	Januarkämpfe und Nationalversammlung
28.6.1919	Versailler Vertrag
11.8.1919	Weimarer Verfassung
1923	Inflation, Ruhrkampf und Putschversuche
1924–1928	Die Goldenen Zwanziger
8.9.1926	Aufnahme Deutschlands in den Völkerbund
1929	Weltwirtschaftskrise
1929–1933	Aufstieg der NSDAP

Der Nationalsozialismus

30.1.1933	„Machtergreifung"
21.3.1933	„Tag von Potsdam"
23.3.1933	Ermächtigungsgesetz
Mai 1933	Gleichschaltung
1.4.1933	„Judenboykott"
ab 1933	Aufbau des KZ-Systems
15.9.1935	Nürnberger Gesetze
9./10.11.1938	Reichspogromnacht
20.1.1942	Wannsee-Konferenz: Koordinierung der „Endlösung"
bis 1945	Ermordung von fast 6 Millionen Juden

Der Zweite Weltkrieg

1938/39	Anschluss Österreichs und des Sudetenlands; Überfall auf die Tschechoslowakei
23.8.1939	Hitler-Stalin-Pakt
1.9.1939	Beginn des Zweiten Weltkriegs
1942/43	Schlacht um Stalingrad
18.2.1943	„Totaler Krieg"
Juni 1944	Alliierte Invasion
8./9.5.1945	Ende des Zweiten Weltkriegs in Europa
6./9.8.1945	Hiroshima und Nagasaki
2.9.1945	Ende des Zweiten Weltkriegs in Asien

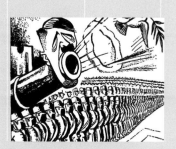

Das 20. Jahrhundert

Das geteilte Deutschland

2.8.1945	Potsdamer Abkommen
1945–1949	Vier Besatzungszonen
1945/46	Nürnberger Prozesse
5.6.1947	Marshall-Plan
21.6.1948	Währungsreform
Juni 1948 bis Mai 1949	Berlin-Blockade
23.9.1949	Gründung der Bundesrepublik
7.10.1949	Gründung der DDR

Bundesrepublik

ab 1950	Wirtschaftlicher Aufschwung
1955	Beitritt zur NATO
ab 1950	„Wirtschaftswunder";
ab 1965	APO-Protestbewegung
ab 1969	„Neue Ostpolitik" der SPD-Regierung
ab 1970	RAF-Terrorismus

DDR

ab 1950	Sozialistische Umgestaltung; Planwirtschaft
17.6.1953	Arbeiteraufstand
13.8.1961	Mauerbau
ab 1970	Sozial- und Wirtschaftskrise
1989	Massenflucht aus der DDR

Der Kalte Krieg

1945–1956	Blockbildung
1949	Gründung der NATO
1955	Gründung des Warschauer Pakts

August 1975	KSZE-Vertrag
1945–1987	Wettrüsten
ab 1985	Reformen in der Sowjetunion unter Gorbatscho[w]
ab 1987	Abrüstung

Krisen und Konflikte

1950–1953	Koreakrieg
1956	Ungarnaufstand
1958–1961	Berlin-Krise
1964–1973	Vietnamkrieg
1968	„Prager Frühling"
1980	Solidarność in Polen

Die deutsche Einheit

7. 10. 1989	40. Jahrestag der DDR
Okt./Nov. 1989	Montagsdemons- trationen und „friedliche Revolution"
9./10. 11. 1989	Fall der Berliner Mauer
1. 7. 1990	Union der beiden deutschen Staaten
3. 10. 1990	Wiedervereinigung

Die Einigung Europas

1951	Montanunion
1957	Römische Verträge: Europäische Wirtschafts- gemeinschaft (EWG)
1967	Europäische Gemein- schaft (EG)
1991	Vertrag von Maastricht
1. 5. 2004	EU-Beitritt von 10 neuen Ländern
1.12.2009	Vertrag von Lissabon

Nahost-Konflikt

1945–1990	Auflösung der Kolonialreiche
1948	Gründung Israels
1948–1982	Fünf Kriege
seit 1978	Mühsamer Friedens- prozess und Intifada der Palästinenser

Der Kampf gegen den Terrorismus

11. 9. 2001	Attentat auf das World Trade Center in New York
7. 10. 2001	Militäraktion gegen Afghanistan
19. 3. 2003	Beginn des Irakkrieges (Dritter Golfkrieg)

Gewusst wie ...

Eine Zeitleiste herstellen

Zeitabschnitte aus der Vergangenheit könnt ihr in einer Zeitleiste darstellen. So könnt ihr veranschaulichen, was früher, später oder auch gleichzeitig stattgefunden hat.

... und so wird's gemacht:

1. Bildmaterial sammeln und ordnen
Tragt Bilder, Fotos und Gegenstände zusammen und beschafft euch Informationen dazu. In Geschichtsbüchern, Lexika oder in alten Zeitungen könnt ihr euch informieren. Sortiert ähnliche Abbildungen aus. Macht Fotokopien von Bildern, die euch nicht gehören. Fotografiert Gegenstände, über die ihr nicht verfügen könnt. Notiert, aus welchem Jahr die Bilder oder Gegenstände stammen. Berechnet, wie viele Jahre seitdem vergangen sind.

2. Zeitleiste anlegen
Nehmt eine Tapetenbahn und zeichnet einen Zeitstrahl darauf. Überlegt, welchen Zeitraum ihr darstellen wollt. Schreibt das Jahr, das am weitesten zurückliegt, an die linke Seite des Zeitstrahls. Der Zeitpunkt, der unserer Zeit am nächsten ist, wird an die rechte Seite geschrieben. Unterteilt dann den Zeitstrahl in sinnvolle Abschnitte.

3. Zeitleiste gestalten
Legt euer Bildmaterial auf und probiert verschiedene Gestaltungsmöglichkeiten aus. Klebt die Abbildungen auf und beschriftet sie.

Umgang mit Gesetzestexten

Gesetzestexte sind nicht leicht zu verstehen. Sie müssen genau analysiert werden.

... und so wird's gemacht:

1. Art und Inhalt des Textes klären
Stellt fest, ob es sich zum Beispiel um einen Verfassungstext, ein Gesetz oder eine Verordnung handelt. Klärt unbekannte Begriffe und sucht die Schlüsselwörter. Fasst zusammen, wo-rum es im Text geht.

2. Regelungsbereich und Regelungsabsicht klären
Untersucht, für welche Bereiche die Bestimmung gilt und was mit ihr bewirkt werden soll (z. B. Schutz, Strafe).

3. Die Bestimmung auf einen Fall anwenden
Versucht festzustellen, ob die Bestimmung auf einen bestimmten Fall anzuwenden ist und was daraus für Betroffene folgt.

4. Beurteilung
Erörtert, ob die Regelung aus eurer Sicht gerecht/ungerecht, zu hart/zu milde ist. Passt sie überhaupt auf den Einzelfall?

Textquellenarbeit

Schriftliche Überlieferungen werden Textquellen genannt, weil man aus ihnen Informationen über die Vergangenheit entnimmt, so wie man Wasser aus einer Quelle schöpft. Dabei kann es sich z. B. um Gesetzestexte, Briefe oder Inschriften handeln. Die Textquellen können auf Papier oder Stein, in Büchern oder an Gebäuden stehen. Um eine Textquelle genauer zu untersuchen, können folgende Fragen hilfreich sein:

1. Fragen zum Text
- Wovon berichtet der Text? (W-Fragen: Wer? Wo? Wann? Was? Wie? Warum?)
- Wie ist der Text untergliedert? Welcher Gesichtspunkt steht im Mittelpunkt?
- Wie kann man den Inhalt kurz zusammenfassen?
- Welche Widersprüche, Übertreibungen oder Einseitigkeiten enthält der Text?

2. Fragen zum Verfasser (Autor)
- Welche Informationen besitzen wir über den Verfasser?
- Kannte der Schreiber die Ereignisse, über die er berichtet, aus eigener Anschauung?
- Welche Absichten verfolgte der Verfasser mit seinem Text?
- Versucht der Autor, möglichst neutral zu sein oder ergreift er Partei für bestimmte Personen?

... arbeiten mit Methode

Mündliche Quellen

Informationen kann man nicht zu allen Fragen aus Büchern beschaffen. Man kann Zeitzeugen- oder Expertenbefragungen durchführen. Das, was die Leute dabei erzählen, wird „mündliche Quelle" genannt. Aber auch viele Materialien im Buch sind als mündliche Quellen aufgezeichnet worden.

... und so wird's gemacht:

1. Fragen stellen
Geht vor wie bei einer Zeitzeugen- oder Expertenbefragung.

2. Informationen entnehmen
Fragt nach, wenn euch etwas unklar bleibt. Formuliert anschließend kurz die Antworten auf eure Fragen.

3. Informationen vergleichen und überprüfen
Wenn man Leute zu Dingen befragt, die sie selbst erlebt haben, wollen sie sich so gut wie möglich darstellen: Manch einer ist ein Angeber, ein anderer ist allzu bescheiden. Die Wahrheit könnt ihr meist nur schwer überprüfen. Manchmal hilft es, mündliche Quellen zu vergleichen. Manchmal gibt es schriftliche Quellen oder Abbildungen, die den Erinnerungen widersprechen. Wichtig: Zeigt der befragten Person möglichst nicht, dass ihr ihre Erzählungen prüfen wollt, sondern bewertet sie erst nachher alleine.

Quellenkritik

Eine geschichtliche Darstellung ist meist das Ergebnis einer Untersuchung vieler unterschiedlicher Quellen wie Texte, Bilder, aber auch Gegenstände aus dieser Zeit. Da die Quellen oft widersprüchlich sind, müssen sie aufmerksam und kritisch betrachtet werden.

... und so wird's gemacht:

1. Quellensammlung anlegen
Sammelt in Bibliotheken und aus anderem euch zugänglichem Material verschiedene Quellen (Texte und Fotos) zu einem Thema oder einem Ereignis und legt eine Quellensammlung an.

2. Kritische Fragen zur Quelle stellen
a) Wer ist der Autor?
b) Zu welchem Zweck wurde die Quelle verfasst oder das Foto aufgenommen?
c) Welche Fragen beantwortet die Quelle?
d) Welche Fragen bleiben offen?
e) Aus welchen Gründen verdient der Inhalt der Quelle wenig oder viel Vertrauen?
f) Dürfen die Aussagen der Quellen gemäß der Ergebnisse der Fragen a)–e) als gegeben akzeptiert werden?

3. Bericht verfassen
Schreibt auf der Grundlage eurer Quellensammlung einen Bericht über euer Thema und bewertet die Quellen dabei kritisch.

Schaubilder untersuchen

Schaubilder stellen komplizierte Zusammenhänge vereinfacht dar.

... und so wird's gemacht:

1. Was ist dargestellt?
a) Inhalt feststellen (Worum geht es?)
b) Symbole entschlüsseln (Bedeutung von Farben, Form der Elemente, Pfeile ...)

2. Wie ist die Darstellung aufgebaut?
a) Aufbau und Ablauf erkunden (Wo ist der „Einstieg", läuft alles in eine Richtung? Gibt es Verzweigungen, soll ein Kreislauf angedeutet werden?)
b) Zusammenhänge herstellen (Wo sind z. B. Ursachen, wo ergeben sich Folgen?)

3. Auswertung
a) Gesamtaussage erkennen (Wie könnte man die Aussage des Schaubildes mit wenigen Worten wiedergeben?)
b) Kritisch überprüfen (Was fehlt, was wird zu einfach dargestellt oder übertrieben ...?)

Gewusst wie ...

Statistiken und Diagramme auswerten

grafisch aufbereitet werden. Wenn ihr die dafür notwendigen Schritte einmal selber gemacht habt, fällt euch die Deutung und Beurteilung fremder Statistik viel leichter.

... und so wird's gemacht:

1. Fragebögen auswerten
Strichlisten zu den einzelnen Antworten anlegen, Teilergebnisse zusammenfassen, eine Tabelle mit dem Gesamtergebnis aufstellen – das sind die notwendigen Vorarbeiten für eine grafische Aufbereitung von erhobenen Daten.

2. Diagrammart wählen
Diagramme sollen übersichtlich und aussagekräftig sein. Der ausgewählte Typ muss zum Inhalt passen.

3. Diagramme anlegen
Hierfür ist es manchmal günstig, die absoluten Zahlenwerte in Prozente umzurechnen.

4. Interpretation
Hierzu werden die Grafiken „gelesen" und in Worte übersetzt.

5. Kritik
Ihr werdet schnell feststellen, dass man durch die Art der Darstellung Dinge übertreiben oder abschwächen kann. Da hilft bei fremden Statistiken nur ein kritischer Blick auf die zugrunde liegenden Zahlenwerte. Eine seriöse Statistik muss nachvollziehbar und damit überprüfbar sein.

Bilder und Kunstwerke als Quellen

Oft genügt es schon, ein Bild genau zu betrachten und zu beschreiben, um etwas darüber zu erfahren, wie die Menschen früher gelebt, gedacht oder gefühlt haben. Manchmal benötigen wir zusätzliche Informationen, um den Sinn eines Bildes zu verstehen. Folgende Fragen können helfen, Bildern wichtige Informationen zu entnehmen.

... und so wird's gemacht:

1. Fragen zum Kunstwerk
- Welche „Daten" des Bildes sind bekannt? (Name des Künstlers, Bildtitel, Entstehungszeit)
- Was ist dargestellt? (Personen, Dinge, Natur usw.)
- Wie ist es dargestellt? (Naturgetreu oder nicht? Farben, Helligkeit, Anordnung der Personen, Dinge usw.)
- Gibt es einen Mittelpunkt, auf den das Auge des Betrachters gelenkt wird? Sind Vorder- und Hintergrund erkennbar?
- Welchen Eindruck will der Künstler durch die Darstellung vermitteln?
- Zu welchem Zweck wurde das Bild geschaffen?

2. Fragen zum Betrachter
- Wie wirkt das Bild als Ganzes auf mich?
- Welche Einzelheiten sprechen mich besonders an, was finde ich interessant, schön, hässlich, abstoßend usw.?
- Welche weiteren Fragen ergeben sich für mich durch das Bild?
- Wo finde ich weitere Informationen?

Geschichtskarten

Im Geschichtsunterricht arbeitet ihr mit Geschichtskarten. Sie stellen ein Thema aus der Geschichte dar. Das kann eine bestimmte Situation sein. Es kann auch die Entwicklung über einen längeren Zeitraum hinweg sein. Bei der Arbeit mit Geschichtskarten helfen folgende Arbeitsschritte weiter:

1. Thema und Zeitraum bestimmen
Antwort gibt meist der Titel der Karte. Er ist in diesem Buch über den Karten abgedruckt. Wenn der Zeitraum im Titel nicht zu erkennen ist, muss man einen Blick in die Legende werfen oder auf der Karte eingetragene Jahreszahlen sammeln.

2. Das dargestellte Gebiet bestimmen
Sicher könnt ihr nur sein, wenn ihr euch am Kartenbild orientiert habt. In diesem Buch hilft euch oft der kleine Kartenausschnitt.

3. Farben und Zeichen erklären
Fast jede Karte hat eine Zeichenerklärung, die so genannte Legende. Dort findet ihr die Erklärungen, die nicht in der Karte stehen.

4. Aussagen der Karte zusammenfassen
Wenn ihr Schwierigkeiten habt, versucht ihr am besten, zu der Karte eine kurze Geschichte zu erzählen. Was passierte in welcher Reihenfolge?

... arbeiten mit Methode

Informationen beschaffen

Am häufigsten suchen wir uns zusätzliche Informationen in anderen Büchern. Wir finden sie in Büchereien oder Bibliotheken.

... und so wird's gemacht:

1. Schritt: Im Katalog suchen

Wenn ihr nach den gewünschten Büchern suchen wollt, müsst ihr in den „Katalog" schauen. Der Autorenkatalog hilft euch, wenn ihr schon wisst, welches Buch von welchem Autor ihr haben wollt. Der Schlagwortkatalog ist für den Anfang besser. Hier könnt ihr unter einem Stichwort nachsehen.

2. Schritt: Bücher ausleihen

Im Katalog findet ihr zu jedem Buch eine Buchstaben- und Zahlenkombination, die so genannte Signatur. Notiert die Signatur, den Namen des Autors und den Buchtitel und fragt nun die Angestellten, wie es weitergeht.

3. Schritt: Eine Dokumentation anlegen

Wenn ihr wichtige Informationen behalten wollt, müsst ihr diese Informationen auswählen und festhalten. In einem Hefter sammelt ihr Fotokopien von Bildern und Texten aus den ausgeliehenen Büchern. Wichtige Informationen aus langen Texten lassen sich besser kurz mit eigenen Worten zusammenfassen. Auf jedem Blatt solltet ihr als Überschrift das Thema festhalten, um das es geht. Am besten nummeriert ihr die Seiten durch, wenn eure Dokumentation abgeschlossen ist.

Industriemuseen erkunden

„Spuren" des Fortschritts findet ihr in Industriemuseen. Sie zeigen Fabrikanlagen, Maschinen und Werkzeuge, oft auch den Betrieb alter Maschinen. Ihr erfahrt vor allem etwas über die Bedingungen, unter denen Menschen früher in der Industrie gearbeitet haben.

... und so wird's gemacht:

1. Die Erkundung vorbereiten

Klärt, welches Museum erkundet werden soll, vereinbart einen Termin und bereitet euch mit Fragen (Fragebogen), am besten in Gruppen, darauf vor. Vergesst nicht Notizblock, Schreibzeug, Fotoapparat (Videokamera).

2. Die Erkundung durchführen

Stellt eure Fragen, macht Notizen, haltet auch Beobachtungen fest, die nicht in eurem Fragenkatalog stehen.

3. Die Ergebnisse auswerten und dokumentieren

Das gesammelte Material zunächst sichten, ordnen und eventuell durch weitere Informationen aus Büchern ergänzen. Entscheidet dann, wie ihr eure Ergebnisse darstellen wollt, z. B. in einer kleinen Ausstellung, einer Wandzeitung, einem Erkundungsbericht.

Exkursion

Ihr könnt auch einen Schauplatz aufsuchen, an dem ihr Spuren der Geschichte findet. Das nennt man eine Exkursion.

... und so wird's gemacht:

1. Informationen beschaffen, Termin festlegen

Zuerst beschafft ihr euch per Post oder Telefon Informationen über euer Ziel. Legt einen Termin fest und erkundigt euch nach Fahrmöglichkeiten.

2. Vorbereitung in der Schule

Sichtet das Informationsmaterial, erarbeitet Fragen, einigt euch auf Schwerpunkte. Bildet arbeitsteilige Gruppen.

3. Gemeinsamer Rundgang am Ziel

Gemeinsam verschafft ihr euch einen ersten Überblick. Beim Rundgang informieren die einzelnen Gruppen die anderen als Experten.

4. Selbstständiges Entdecken und Erforschen

Jede Gruppe kann dann ihr Thema vertiefen. Sucht die eurem Schwerpunkt entsprechenden Spuren auf. Haltet alle Ergebnisse stichwortartig fest, fotografiert und zeichnet.

5. Vortrag der Arbeitsergebnisse in der Schule

Dies kann in Textform, mit Bildern und Postkarten geschehen. Unterstützt euren Vortrag mit Anschauungsmaterial und erzählt von persönlichen Erlebnissen. Die Ergebnisse sollten dokumentiert werden.

Gewusst wie ...

Kriegerdenkmäler untersuchen

Die Untersuchung von Kriegerdenkmälern kann uns über Folgen der Kriege aufklären. Sie liefert auch Hinweise auf das Bewusstsein der Menschen, die die Denkmäler errichtet haben.

... und so wird's gemacht:

1. Bestandsaufnahme
- Beschreibung des Denkmals; Ausdruck der Figuren (Skulpturen)
- Gestaltungselemente: Materialien, Skulpturen (auch Symbole: Stahlhelm, Adler, Waffen), Inschriften, Gestaltung der Umgebung usw.
- Sind irgendwann Veränderungen vorgenommen worden?

2. Heutige Einstellungen zum Denkmal prüfen
Versucht herauszufinden, welche Einstellungen heute in der Bevölkerung des Ortes bestehen. (Wer pflegt das Denkmal? Finden Gedenkfeiern statt? ...)

3. Deutung, Bewertung
- Erfahren wir etwas über die Motive und Gefühle der Menschen, die das Denkmal errichteten?
- Was bedeuten die Einzelheiten (z. B. kriegerische Symbole für Kampf und Durchhaltewillen)?
- Welchen Zweck sollte das Denkmal haben (z. B. Gedächtnis- oder Ehrenmal; dem Soldatentod Sinn zusprechen; Botschaft an nachfolgende Generationen)? Wie denken wir heute darüber?

Umfrage

Umfragen helfen dabei, Stimmungen und Meinungen zu erkunden, aber auch Daten zu sammeln.

... und so wird's gemacht:

1. Thema eingrenzen
- Klären, was genau man erfahren möchte.
- Den Teilbereich auswählen, der möglichst viel Grundsätzliches berührt.
- Die Personengruppe aussuchen, die vermutlich viel zum Thema sagen kann. Dabei gilt: Je allgemeiner das Thema, desto unterschiedlicher und zahlreicher sollten die Personengruppen (= Zielgruppen) sein!

2. Fragebogen erstellen
- Die Anzahl der Fragen festlegen. Damit entscheidet ihr über die Dauer der Befragung und den eigenen Zeitaufwand bei der späteren Auswertung.
- Frageform festlegen: Die Art der Frage muss zum Inhalt passen!
- Auf die Reihenfolge achten: zu Beginn allgemeine Fragen stellen, die ins Thema einführen. Bald zum Kern der Sache kommen, weil sonst die Aufmerksamkeit nachlässt. Persönliche Fragen – z. B. nach dem Alter – erst am Schluss stellen.

3. Umfrage durchführen
- Erlaubnis einholen und erklären, um was es geht.
- Klären, ob die Fragen vorgelesen oder ob die Bögen von den zu befragenden Personen selber ausgefüllt werden sollen.

Zeitzeugenbefragung

Zeitzeugen sind Menschen, die eine Zeit bewusst erlebt haben und von den Ereignissen oder dem Denken der Zeit aus eigenem Erleben berichten können. In diesem Sinne können alle älteren Erwachsenen Zeitzeugen sein.

... und so wird's gemacht:

1. Befragung vorbereiten
- Thema klären, Informationen zum Thema sammeln aus Büchern, Zeitschriften, Zeitungen usw.; Überblick gewinnen.
- Fragen vorbereiten und Fragebogen bzw. Fragekatalog erstellen.
- Befragung zur Probe einmal durchspielen; Fragen eventuell umformulieren.

2. Zeitzeugen suchen
- Überlegt, wer als Zeitzeuge zu eurem Thema infrage kommt; sucht zunächst in der Familie, Verwandtschaft oder im Bekanntenkreis nach Zeitzeugen.
- Anfragen auch bei Parteien oder Institutionen.
- Klärt Ort, Zeit und Ablauf der Befragung; wie dürfen Aussagen verwendet werden?

3. Befragung durchführen
- Angenehme Atmosphäre schaffen; Begrüßung und Dauer der Befragung absprechen, Gesprächsleitung klären, Aufnahmegeräte oder Protokollführung sichern, Fotos machen (mit dem Zeitzeugen klären).
- Fragen stellen und Aussagen festhalten; gestellte Fragen von der Liste streichen; eventuell nachfragen; dem Befragten Gelegenheit zum freien Erzählen geben.
- Dank und Verabschiedung

4. Auswertung, Präsentation, Bewertung
- Wie ist die Befragung gelaufen?
- Welche Informationen habt ihr bekommen? Welche sind neu? Stimmen sie mit euren Kenntnissen überein? Lassen sich die Unterschiede erklären? Wo sind Lücken und wie sind diese zu schließen?
- Muss etwas an der Befragung geändert werden?
- Art der Präsentation klären: Mögliche Formen sind Text- und Bilddokumentation, Wandzeitung, Tonband oder Video-Collage, Ausstellung.

... arbeiten mit Methode

Politische Karikaturen

Bei einer politischen Karikatur geht es dem Zeichner darum, seine Meinung zu einer Sache darzustellen. Um die Karikatur zu deuten, müsst ihr die Stilmittel (Übertreibung, Symbole) herausfinden.

... und so wird's gemacht:

1. „Der erste Eindruck"
Schreibt auf, was euch zuerst ins Auge fällt, was eure erste Reaktion ist.

2. „Brainstorming"
Karikatur genau betrachten und dabei Ideen und Gedanken notieren. Achtet besonders auf den Text.

3. Beschreibung
Genau beschreiben, was dargestellt ist; welche Texte könnt ihr erkennen?

4. Bedeutungserklärung
Welche Bedeutung haben die abgebildeten Gegenstände oder Personen? Legt eine Tabelle an, in der ihr links Gegenstände und Personen und rechts ihre Bedeutung notiert. Beachtet dazu eure Notizen zu Punkt 2.

5. Einordnung
Auf welche Situation oder welchen Sachverhalt bezieht sich die Karikatur? Was ist das Thema?

6. Aussage
Welche Position bezieht der Karikaturist zum Thema? Fasst die Hauptaussage der Karikatur in ein oder zwei Sätzen zusammen.

Plakatgestaltung

Ein Plakat erleichtert die Vermittlung von Arbeitsergebnissen, weil es optisch ansprechender ist als einfache Texte.

... und so wird's gemacht:

1. Gedanken zusammentragen
Strukturiert eure Informationen und überlegt, wie ihr das Plakat aufteilen wollt. Skizziert evtl. mit Bleistift vor.

2. Materialien zusammenstellen
Bilder, Bleistifte, Radiergummis, Farbstifte in verschiedenen Dicken und Farben, Schere, Kleber, Lineal, Materialien für die Befestigung an der Wand.

3. Gestaltungsregeln festlegen
Schreibt den Titel groß und deutlich. Eine gute optische Aufteilung ist wichtig. Nummerierungen und Farbgebung sind ebenfalls von Bedeutung. Der Text sollte maximal die Hälfte des Plakates bedecken und gut leserlich sein. Er sollte kurze, prägnante Sätze enthalten und in Abschnitte gegliedert sein. Grafiken und Fotos helfen Zusammenhänge zu erklären. Sie müssen eindeutig beschriftet sein.

4. Das Plakat anfertigen
Arbeitet bei der Erstellung des Plakats zusammen. Befestigt es und nutzt es zur Verdeutlichung eures Vortrags.

Referat

Referate sind eine der häufigsten Formen der Informationsvermittlung. Sie eignen sich vor allem, um Informationen eines Einzelnen an ein Publikum weiterzugeben.

... und so wird's gemacht:

1. Sammeln und Ordnen des Materials
Sucht in der Schul- und in der Stadtbibliothek unter bestimmten Stichwörtern nach Material. Achtet auf Bilder, Karten, Tabellen und Grafiken.
Notiert auch die Fundstellen und schreibt euch die Informationen auf. In vielen Bibliotheken stehen Kopiergeräte, mit denen ihr eure Informationen gleich kopieren könnt.

2. Gliederung der Materialien
Die gesammelten Materialien müssen geordnet werden. Dafür bietet es sich an, die Texte, Bilder, Karten und Tabellen auf einem großen Tisch auszubreiten und darüber nachzudenken, welche Materialien zusammengehören.
Legt sie nach Unterthemen zusammen.
Damit ergibt sich eine erste Ordnung. Diese ist dann so zu überarbeiten, dass eine Gliederung für den Vortrag dazu entsteht.

3. Formulierung der eigenen Texte
Die gesammelten und geordneten Materialien müssen dann durch eigene Texte verbunden werden. Achtet beim Formulieren darauf, dass die Sätze nicht zu lang, sondern klar und verständlich sind.

4. Zusammenstellen des Vortrags und Bereitstellung der Medien
Stellt dann euren Vortrag in der richtigen Gliederung zusammen, ordnet die vorgesehenen Medien in der richtigen Reihenfolge. Wenn ihr Geräte braucht, sorgt dafür, dass sie zur Verfügung stehen.

5. Üben des Vortrags
Sehr wichtig ist es, vor dem eigentlichen Vortrag das Referat laut und in freier Rede zu üben. Seht euch den fertigen Text durch und markiert die wichtigen Stellen. Schreibt euch dann für den freien Vortrag Stichworte auf einen Merkzettel. Am besten ist es, mehrmals für sich das Referat laut vorzutragen. Wenn ihr jemanden habt, der euch dabei zuhören kann, dann ist der Übungszweck noch größer. Laut, langsam und deutlich sprechen. Sprecht viel langsamer, als ihr gerne sprechen möchtet.

6. Präsentation
Vor dem Vortrag dafür sorgen, dass alle Materialien und Medien in der richtigen Ordnung vorhanden sind. Vergesst nicht, das Thema und die Planung deutlich vorzustellen.
Tragt dann möglichst ruhig euer Referat vor. Haltet dabei immer Blickkontakt zu den Zuhörerinnen und Zuhörern und ermuntert sie auch nachzufragen, wenn etwas unklar war.
Die Planung ist so anzulegen, dass nach dem Referat noch Zeit ist für Fragen oder zu einer Diskussion.

Gewusst wie ...

Interview

1. Vorbereitung des Interviews
- Wer soll das Interview durchführen? Wer soll interviewt werden?
- Welche Fragen wollt ihr stellen?
- Wo soll das Interview durchgeführt werden?
- Wie lange soll das Interview dauern?
- Wie wollt ihr das Interview aufzeichnen? Wer übernimmt die technische Leitung?

2. Probedurchlauf
Ihr gewinnt an Sicherheit, wenn ihr das Interview probt. Notiert die Stellen, die sich im Probedurchlauf als schwierig erwiesen haben. Was lässt sich verbessern?

3. Durchführung des Interviews
Führt anhand eurer Checkliste das Interview durch: Vorstellen des Interviewpartners, Stellen der Fragen, Dank an den Interviewpartner.

4. Auswertung des Interviews
Was hat das Interview für euer Thema gebracht (neue Erkenntnisse, eine Veränderung der Sichtweise, mehr Verständnis für die Gegenposition ...)?

5. Überlegungen zur Methode
- Wie hat der Interviewer seine Aufgabe erfüllt?
- Wie hat sich der Interviewpartner verhalten? War er allen Fragen gegenüber offen? War er verständlich?

In Gruppen arbeiten

Immer wieder ist es günstig, in Gruppen zu arbeiten.

... und so wird's gemacht:

1. Gruppen bilden
Gruppen können nach ganz unterschiedlichen Gesichtspunkten gebildet werden. Manchmal kommt es darauf an, wer sich für das Gruppenthema interessiert. Ferner muss man aber auch darauf achten, wer die vorgesehenen Arbeiten besonders gut kann.

2. Regeln verabreden und Entscheidungen treffen
Bestimmt zunächst in jeder Gruppe einen Sprecher oder eine Sprecherin. Sie sollen vielleicht später die Gruppenergebnisse der Klasse vorstellen.

3. Ergebnisse in der Klasse vorstellen
Wenn die Arbeit fertig ist, muss das Ergebnis in der Klasse vorgestellt werden, denn die anderen haben sich ja mit ganz anderen Themen beschäftigt.

4. Nachbesprechung
Wenn alle Gruppen ihre Ergebnisse vorgestellt haben, könnt ihr in der Klasse ein Gesamturteil bilden

Eine Reportage erstellen

Eine Reportage ist ein Erlebnisbericht, der auf Tatsachen beruht, die aber durch persönliche Eindrücke und Empfindungen ausgeschmückt werden dürfen. Die Reportage lebt von einer Aufmerksamkeit erregenden Überschrift, einem lockeren Schreibstil und einem Schluss, der eine Pointe enthält, das Thema also noch einmal auf den Punkt bringt.

... und so wird's gemacht:

1. Das Thema
Zunächst einmal müsst ihr euch über ein Thema einigen. Sammelt stichwortartig Fragen, von denen ihr vermutet, dass sie eure Leserinnen und Leser interessieren.

2. Das Suchen von Gesprächspartner
Nehmt Kontakt mit den Menschen auf, über die ihre eine Reportage schreiben wollt oder die euch dabei behilflich sein sollen, Informationen zu einem bestimmten Thema zu sammeln. Fragt höflich, klärt eure möglichen Gesprächspartner über euer Anliegen auf und holt ihr Einverständnis für die Veröffentlichung ein.

3. Die Durchführung
Vereinbart einen Gesprächsort und legt vorher fest, wer die Gespräche führt, wer schreibt und wer fotografiert. Bereitet euch gründlich auf eure Gespräche vor. Beachtet auch, wie ihr die Gespräche festhalten wollt (schriftliches Protokoll oder Rekorder).

4. Die Veröffentlichung
Lasst jemanden schreiben, der einen „flotten" Stil hat. Wählt euer Bildmaterial sorgfältig aus und vergesst nicht die Pointe.

Gesprächsführung

Eine Diskussion soll eine Frage klären, die alle Beteiligten angeht.

... und so wird's gemacht:

1. Thema klären
Oft ist es hilfreich, das Thema einer Diskussion vorher als Frage an der Tafel zu notieren.

2. Gesprächsleitung bestimmen
Die Aufgaben der Gesprächsleitung sind immer die gleichen:
- Wortmeldungen müssen gesammelt werden.
- Der Reihe nach wird das Wort erteilt.
- Zwischenrufe werden zurückgewiesen.
- Gehört ein Beitrag nicht zur Sache, können die Gesprächsleiter das Wort entziehen. Sie müssen möglichst neutral bleiben.

3. Gesprächsregeln vereinbaren
Vor der Diskussion werden die Gesprächsregeln geklärt: Worterteilung abwarten, wie lange darf man sprechen usw. Ein Tipp: Ein bestimmter Gegenstand, z. B. ein Ball, kann als Zeichen der Redeerlaubnis herumgereicht werden. Nur derjenige darf sprechen, der den Ball in den Händen hält. Schreibt die wichtigsten Gesprächsregeln auf ein Plakat und hängt es in eurer Klasse auf.

... arbeiten mit Methode

Spielfilme im Unterricht

Bilder, und ganz besonders Filme, haben eine starke direkte Wirkung auf den Betrachter. Deshalb ist es wichtig, sich die Wirkungsweisen bewusst zu machen, über die ein Film verfügen kann.

... und so wird's gemacht:

1. Schritt: Einordnung des Films
Stellt fest, wo und wann der Film produziert wurde und wo und wann seine Handlung spielt. Klärt, ob der Film eine erfundene oder historisch belegbare Geschichte erzählt.
Findet heraus, welcher Gattung der Film zuzuordnen ist (Liebesfilm, Abenteuerfilm, Kriminalfilm, Kriegsfilm ...).

2. Schritt: Zusammenfassung des Inhalts
Gebt den Inhalt des Films in Form einer Nacherzählung oder Inhaltsangabe wieder.
Nennt die Haupt- und Nebenpersonen und die Art, wie sie dargestellt werden. Schildert, aus welchem Blickwinkel der Film erzählt und welche Lösung der Probleme er anbietet.

3. Schritt: Untersuchung der filmischen Mittel
Stellt fest, mit welchen Mitteln euch der Film in seine Sichtweise ziehen möchte.
Achtet besonders auf:
a) Bildgestaltung (Schwarz-Weiß-Film oder Farbfilm, Bildfolge, Bildausschnitte, Perspektivenwechsel)
b) Ausstattung (Rollenbesetzung, Kleidung, Einsatz von Tieren, besondere Gegenstände)
c) Musik und Sprache, wie sie zur Charakterisierung einzelner „Gruppen" oder des ganzen Films eingesetzt sind

4. Schritt: Auswertung des Films
Prüft, ob und in welcher Form euch der Film zum jeweiligen Thema Informationen geben konnte. Entsprechen diese dem, was ihr aus anderen Quellen dazu erfahren habt? Berichtet, welche besonderen Möglichkeiten dabei das Medium Film hatte.
Plant, wie ihr die Auswertung festhaltet: Inhaltsangabe, Filmkritik, Dialog schreiben, Filmplakat entwerfen usw.

Fotos analysieren

Außer Gegenständen und Textquellen können auch Fotos wichtige Informationen über die historischen Ereignisse geben. Dazu müssen Fragen an die Fotos gestellt werden. Nicht immer können zu allen Fragen Antworten gefunden werden.

... und so wird's gemacht:

1. Fragen zum Foto
a) Wann ist das Foto entstanden?
b) Wer hat es aufgenommen?
c) Warum ist das Foto aufgenommen worden?
d) Gibt es eine Bilderklärung? Welche Informationen enthält sie?

2. Fragen zum Motiv
a) Was ist dargestellt?
b) Fallen euch wichtige Dinge ein, die mit dem Motiv zusammenhängen, aber nicht auf dem Bild zu erkennen sind?
c) Welche weiteren Informationen wären zum besseren Verständnis nötig?

Internetrecherche

1. Klärung der Absicht
Was will ich erreichen? Ist das Netz hierfür überhaupt optimal geeignet?
• Herstellung von eigenen Homepages?
• Kontaktaufnahme über E-Mail oder „Chat" in einem Forum?
• Informationsgewinnung?

2. Adressen bereithalten
Vorab klären, auf welchem Weg das Ziel erreicht werden soll:
• als offene Suche mithilfe einer so genannten Suchmaschine („Yahoo", „Alta vista" u. a.)
• als Kontakt über die Homepage eines Netzbetreibers („t-online", „AOL" u. a.)
• als gezielter Besuch bei einer bestimmten Adresse
Die Adressen und Zugriffsmöglichkeiten solltet ihr in einer gesonderten Mappe nach Suchbegriffen sammeln und ordnen.

3. Netzzeit sparen
• Die eigenen Beiträge vorbereiten (E-Mail fertig getippt, Bilder und Grafiken fertig gescannt abspeichern).
• Bei Chats (Beteiligung an Diskussionen) die interessierenden Punkte vorher notieren und während des Gesprächs abhaken.

4. Ergebnisse sichern und kritisch sichten
• Ergebnisse komprimiert sichern (eventuell erst später offline ausdrucken).
• Heruntergeladene Inhalte nicht ungeprüft gelten lassen; Infomüll und Anstößiges aussondern. Verstöße gegen Verhaltensregeln im Netz beanstanden (z. B. Lotsen oder Scouts benachrichtigen!).
• Nachdenken: War die Arbeitstechnik nützlich? Wären andere Möglichkeiten besser, interessanter, kontaktfreundlicher usw. gewesen?

Jugend- und Sachbücher

Nachkriegszeit und Kalter Krieg

– Härtling, Peter: *Krücke.* Beltz & Gelberg, Weinheim. Der große Krieg ist zu Ende. Flüchtlingstrecks irren durch das Land. Kinder gehen verloren. Auch der neunjährige Thomas verliert auf dem Transport aus der ČSSR seine Mutter. In seiner Not schließt er sich einem Kriegsinvaliden, „Krücke" genannt, an.

– Hatry, Michael: *Tina, Charly, Che und ich.* dtv junior, München. Die 1968er-Studentenbewegung ist der Hintergrund für diese Geschichte über ein paar Jugendliche, die die Vergangenheit ihrer Väter recherchieren.

– Kordon, Klaus: *Der erste Frühling.* Beltz & Gelberg, Weinheim.

– Kordon, Klaus: *Ein Trümmersommer.* Beltz & Gelberg, Weinheim. Mitten in Berlin, 1947, versuchen Pit und Eule mit ihren Freunden, Geschwistern und Müttern zu überleben.

– Kordon, Klaus: *Krokodil im Nacken.* Beltz & Gelberg, Weinheim. Zugleich ein Jugendbuch sowie eine Einführung in die deutsche Geschichte von 1945 bis 1973. Manfred sitzt das Krokodil als schlechtes Gewissen im Nacken, weil er gegen seine Überzeugung eine Erklärung des Zentralkomitees der SED verlesen musste. Seine Lebensgeschichte führt durch einen DDR-Alltag zwischen Stasi-Gefängnissen, FDJ-Zwängen und Fluchtängsten.

– Nöstlinger, Christine: *Maikäfer flieg!* Beltz & Gelberg, Weinheim. Die Geschichte handelt von sehr verschiedenen Menschen im Wien der Nachkriegszeit. Besonders aber von der Freundschaft, die ein neunjähriges Mädchen mit einem russischen Koch verbindet.

– Pausewang, Gudrun: *Die letzten Kinder von Schewenborn,* Ravensburger Taschenbücher. Eine fiktive Atombombenexplosion in Deutschland. Ein erschütterndes Szenario, das zum Nachdenken auffordert.

– Pausewang, Gudrun: *Auf einem langen Weg.* Ravensburger Taschenbücher. Die Geschichte der abenteuerlichen Flucht zweier Kinder am Ende des Zweiten Weltkriegs.

Entspannung und Kooperation – Der Weg zur deutschen Einheit

– Abraham, Peter; Gorschenek, Margareta: *Wahnsinn! Geschichten vom Umbruch in der DDR.* Buchverlag Otto Maier, Ravensburg. Aufregung, Hoffnungen und auch Ungewissheit prägen die Zeit des Umbruchs in der DDR 1989/90. Die Erzählungen zeichnen ein lebendiges Bild.

– Ahrendt, Elisabeth: *Hauptsache zusammen.* dtv junior, München. Schwerin 1989: Nur Timms Mutter hat die Flucht aus der DDR in den Westen geschafft. Nun sind die Grenzen offen. Da macht sich Timm mit Fahrrad und Hund auf den Weg, um sie zurückzuholen.

– Bedürftig, Friedemann (u. a.): *Das Politikbuch.* Ravensburger Buchverlag, Ravensburg.

– Fritsche, Susanne: *Die Mauer ist gefallen.* dtv. Eine kleine Geschichte der DDR.

– Kammer, Hilde; Bartsch, Elisabeth: *Jugendlexikon Politik.* Rowohlt, Reinbek. Ein Nachschlagewerk zur einführenden Orientierung in Fragen von Staatsaufbau und Tagespolitik.

– König, Karin: *Ich fühl mich so fifty-fifty.* dtv, München. Eine Erzählung über die Vielschichtigkeit der Gefühle in der Wendezeit.

– Lewin, Waldtraut: *Mauersegler. Ein Haus in Berlin – 1989,* Ravensburger Buchverlag, Ravensburg.

– Preuß, Gunter: *Wie ein Vogel aus dem Ei.* Tabu, München. Indem Conny die „tragischen", oft auch tragikomischen Erlebnisse ihrer Teenagerzeit während der 1980er-Jahre der ehemaligen DDR aufschreibt, versucht sie, sich selbst zu finden.

– Provoost, Anne: *Fallen.* Anrich, Weinheim. Nach dem Tod des Großvaters kommt sein Enkel Lucas dessen Nazivergangenheit auf die Spur. Dies führt ihn zu einer Gruppe von Neonazis. Es gibt tragische Verstrickungen.

– Rhue, Morton: *Asphalt Tribe,* Ravensburger Taschenbücher. Der Autor entführt die Leser nach New York, wo sie die Mitglieder einer Gruppe junger Menschen kennen lernen.

– Schwarz, Annelies: *Die Grenze – ich habe sie gespürt.* dtv junior, München.

– Steinkühler, Martina: *Jennys alter Hut ... oder: Die verschwundene Grenze.* Laiblin, Reutlingen. Die Tage des Mauerfalls werden aus der Sicht eines Kindes beschrieben.

– Voorhoeve, Anne: *Lilly unter den Linden,* Ravensburger Taschenbücher. Lilly entschließt sich nach dem Tod ihrer Mutter, zu ihrer Tante nach Jena zu fahren und dort zu bleiben.

Internationale Konflikte

– Das 20. Jahrhundert. *Eine Jugendchronik in Wort und Bild.* ars Edition, München. Die Chronik bietet einen außergewöhnlichen Überblick über Geschichte und Kultur des 20. Jahrhunderts.

Jugend- und Sachbücher

- de Groen, Els: *Haus ohne Dach.* Omnibus, München. Eine Geschichte über den Jugoslawienkrieg und seine Folgen.
- Ghazy, Randa: *Palästina.* Getrieben von der Verzweiflung, getroffen vom Krieg und getragen von der Sehnsucht nach Frieden, erleben Ibrahim und seine Freunde ein Land zwischen aufkeimender Hoffnung und Resignation.
- Große-Oetringhaus, Hans-Martin: *Wird Feuer ausbrechen?* Rowohlt, Reinbek. Südafrika, 1976. Für die Jugendlichen, die im Schwarzengetto „Soweto" in Johannesburg leben, ist das System der „Apartheid" eine Alltagsrealität.
- Harnik, Raya: *Mein Bruder, mein Bruder.* Beltz & Gelberg, Weinheim. Seitdem sein Bruder bei einem Militäreinsatz an der Grenze zum Libanon gefallen ist, ist das Leben für den 12-jährigen Israeli Ronen schwer belastet. Jugendroman, der einen Einblick in die moderne israelische Gesellschaft gewährt.
- *Im Schatten der Weltkriege. Von den Goldenen Zwanzigern bis zum Kalten Krieg.* Bertelsmann Lexikon Verlag, Gütersloh. Ein Überblick über wichtige Ereignisse des 20. Jahrhunderts.
- Keren, Rivka: *Katalin. Ungarisches Tagebuch.* St. Gabriel, Mödling. Nachdem russische Panzer den ungarischen Volksaufstand 1956 niederrollen, planen Katis Eltern die gemeinsame Flucht nach Israel. Die Anfeindungen gegen sie und andere Juden nehmen zu. Bewegende Kindheitserlebnisse aus dem Ungarn der 1950er-Jahre.
- Klare, Margaret: *Liebe Tante Vesna. Marta schreibt aus Sarajevo.* Beltz & Gelberg, Weinheim. Eine Erzählung über die Vielschichtigkeit der Gefühle in der Wendezeit.
- Le Monde diplomatique (Hrsg.): *Atlas der Globalisierung.* Erschienen bei der taz, 2006.
- Noack, Hans-Georg: *Der gewaltlose Aufstand.* Arena, Würzburg. USA, um 1960. Das Streben der schwarzen Bevölkerung Amerikas nach Gleichberechtigung wird am Beispiel des schwarzen Jungen Benjy und seiner Familie dargestellt.
- Och, Sheila: *Das Salz der Erde und das dumme Schaf.* Fischer, Frankfurt a. M.
- Ron-Feder, Galila: *Die Tage nach dem Anschlag.* Beltz & Gelberg, Weinheim. Als Dotans bester Freund in Jerusalem Opfer eines Terroranschlags wird, lassen ihn Hass und Rachegefühle bei Vergeltungsaktionen im arabischen Nachbardorf fast selbst zum Mörder werden.
- Tondern, Harald: *Der Einsatz – Stell dir vor, es ist Krieg, und du musst hin.* Omnibus, München. Eine Geschichte über den Krieg und seine alltäglichen Auswirkungen.
- van Dijk, Lutz: *Die Geschichte Afrikas.* Campus.
- Wheatley, Nadia: *Eingekreist, Cols Geschichte.* Beltz & Gelberg, Weinheim. Australien, um 1980. Im australischen Urwald werden seit Jahren die großen Bäume abgeholzt. Eines Tages erscheint eine Gruppe Umweltschützer, die verhindern will, dass die Natur in Australien weiterhin rigoros zerstört wird.

Die Einigung Europas
- Kammer, Hilde; Bartsch, Elisabet: *Jugendlexikon Politik.* Rowohlt, Reinbek. Ein Nachschlagewerk zur einführenden Orientierung in Grundfragen der Politik.
- Le Goff, Jacques: *Die Geschichte Europas.* Beltz & Gelberg, Weinheim. Der bekannte französische Historiker schreibt über die spannende und wechselvolle Entwicklung Europas.
- Stephan-Kühn, Freya: *Menschen, die Europa bauten.* Arena, Würzburg. Ein Streifzug durch die Geschichte Europas, ausgehend von den Höhlen der Steinzeit bis in unsere Tage.

Lexikon

administrativ zur Verwaltung gehörend, behördlich.

agitieren politisch aufhetzen.

Aktion Sühnezeichen Friedensdienste 1958 gegründete Hilfsorganisation zur Wiedergutmachung von Unrecht, das im Zweiten Weltkrieg durch Deutsche begangen wurde.

Allegorie Sinnbild, Gleichnis – oft die Darstellung eines abstrakten Begriffs in Form einer Person, eines Tieres oder einer Pflanze.

Alliierte Verbündete.

Alliierter Kontrollrat Von den Alliierten eingesetzte Institution mit Sitz in Berlin. Er sollte Maßnahmen abstimmen, die für die Besatzungszonen getroffen wurden.

Antifaschist Widerstandskämpfer gegen die Nationalsozialisten und mögliche Nachfolgeorganisationen.

Apartheidpolitik Politik der Rassentrennung in Südafrika.

APO Außerparlamentarische Opposition. Protestbewegung von Studierenden und Jugendlichen in der Bundesrepublik der 1960er-Jahre.

Arbeiter- und Bauernklasse Mit „Klassen" werden in der kommunistischen Weltsicht große Bevölkerungsgruppen bezeichnet, die sich durch ihr Einkommen, ihr Verhältnis zu den Produktionsmitteln und ihre gesellschaftliche Stellung voneinander unterscheiden.

Arbeitsnorm Festgelegte Arbeitsleistung, die in einer bestimmten Zeit erbracht werden muss.

Asymmetrie Ungleichgewicht.

■

Befreiungsbewegung Eine Gruppe von Teilen der Bevölkerung, die gegen eine Kolonialmacht kämpft, mit dem Ziel, einen unabhängigen Staat zu errichten.

Benelux Abkürzung für Belgien, Niederlande und Luxemburg.

Berliner Luftbrücke Während der Blockade der drei Berliner Westsektoren durch die Sowjetunion vom 24. Juni 1948 bis zum 12. Mai 1949 wurde eine Luftbrücke eingerichtet, die die Versorgung Berlins durch die Luft sicherte.

Besatzungsstatut Die Grundregelung des Besatzungsrechts im Gebiet der Bundesrepublik Deutschland, die am 21. September 1949 von den drei Westalliierten in Kraft gesetzt wurde und Vorrang vor dem Grundgesetz hatte.

Bizone Zusammenschluss der britischen und amerikanischen Besatzungszone zum 1.1.1947.

Blauhelm-Truppen Friedenstruppen der UNO, die nach ihren blauen Helmen benannt sind.

Blockade Als politisches Druckmittel eingesetzte militärische Absperrung aller Zufahrtswege eines Landes oder einer Stadt.

Blockfreie Staaten Diese Organisation wurde 1961 in Belgrad gegründet auf Initiative des jugoslawischen Präsidenten Tito, des indischen Premiers Nehru und des ägyptischen Präsidenten Nasser. Sie verurteilte die Blockbildung und setzte sich für Frieden und Abrüstung ein.

Blockparteien Parteien wie die Ost-CDU oder die LDPD, die in der DDR zwar weiterbestanden, aber politisch und wirtschaftlich von der SED abhängig waren. Sie handelten daher kaum eigenständig und zeigten sich fast immer SED-konform.

Bodenreform Veränderung der Besitzverhältnisse an Grund und Boden durch eine Umverteilung oder durch Überführung des Bodens in Gemeineigentum wie etwa die Bodenreform in der SBZ 1945.

Boykott Maßnahme zur Isolation von Personen und Institutionen, zum Beispiel Warenboykott: die Nichteinfuhr oder der Nichtkauf bestimmter Waren aus bestimmten Ländern.

Brigade In der DDR Bezeichnung für die kleinste Arbeitsgruppe in einem Produktionsbetrieb.

Bündnis 90 1990/91 schließen sich verschiedene DDR-Bürgerbewegungen zum Bündnis 90 zusammen. 1993 erfolgt der Zusammenschluss mit den Grünen zur Partei Bündnis 90/Die Grünen (vgl. Grüne).

Bürgerrechtsbewegung Eine Gruppe von Menschen, die sich für die Wahrung der individuellen Freiheitsrechte einsetzt.

■

Charta (lat. charta = Karte). Verfassung bzw. Verfassungsurkunde.

CDU Christlich-Demokratische Union: 1945 gegründet und in allen Besatzungszonen zugelassen. In der Bundesrepublik neben der SPD eine der beiden großen Volksparteien (in Bayern die Schwesterpartei CSU, Christlich-Soziale Union). In der DDR war sie als so genannte Blockpartei den politischen Vorgaben der SED verpflichtet. 1990 wieder Zusammenführung von Ost- und West-CDU.

Containment (engl. Eindämmung). Britisch-amerikanische Bezeichnung für die Politik des westlichen Verteidigungsbündnisses.

■

Dayton-Abkommen
– Bosnien-Herzegowina bleibt ein einheitlicher Staat.
– Der Staat besteht aus der muslimisch-kroatischen Föderation (51 Prozent) und der Serbischen Republik (49 Prozent).
– Die Teilstaaten haben eigene Staatsangehörigkeiten und dürfen internationale Verträge schließen.
– Es besteht eine Verpflichtung zur Unterstützung des Kriegsverbrechertribunals in Den Haag.

Lexikon

Demarkationslinie Grenzlinie.

demografisch Die Bevölkerungsentwicklung betreffend.

Demokratiedefizit Ein Mangel an Demokratie.

Demontage Das Abbauen von Industrieanlagen.

Diktator Unumschränkter Machthaber in einem Staat, Gewaltherrscher.

Diskriminierung Herabsetzung und Ungleichbehandlung.

Doktrin Politischer Lehrsatz.

DP Die konservative Deutsche Partei bestand von 1949 bis 1980.

∎

Emanzipation Befreiung aus einem Zustand der Abhängigkeit (z. B. Emanzipation der Frauen); Selbstständigkeit, Gleichstellung.

Entkolonialisierung Befreiung von kolonialer Herrschaft.

Entnazifizierung Die Entnazifizierung war eine Forderung der Alliierten nach ihrem Sieg über Nazi-Deutschland. Ehemalige Mitglieder von NS-Organisationen wurden überprüft und gegebenenfalls bestraft oder auch entlastet. Dadurch sollten nationalsozialistische Einflüsse in der deutschen Gesellschaft und im öffentlichen Leben beseitigt werden.

Entwicklungsland Ein Land, das sich im Vergleich zu den Industrienationen in wirtschaftlichen, sozialen und gesundheitlichen Bereichen noch entwickeln muss.

Europäische Kommission Sie ist die „Regierung" (Exekutive) der EU. Nur sie hat das Recht, neue Verordnungen und Richtlinien, also die Gesetze der EU, auf den Weg zu bringen. Gleichzeitig sorgt sie für die Ausführung bestehender Gesetze.

Europäische Union (EU) Aus 28 europäischen Staaten bestehender Staatenverbund, der 1992 gegründet wurde. Seine Vorläuferorganisationen waren die Europäische Wirtschaftsgemeinschaft (EWG, 1957) und die Europäische Gemeinschaft (EG, 1967). Die Bevölkerung der EU umfasst über eine halbe Milliarde Menschen. Der von den EU-Mitgliedstaaten gebildete Europäische Binnenmarkt ist – gemessen an der Wirtschaftskraft – der größte gemeinsame Markt der Welt. Innerhalb der EU bilden 17 Staaten die Europäische Wirtschafts- und Währungsunion.

Exekutive Die ausführende der drei Staatsgewalten (vgl. Judikative und Legislative). In einer Demokratie sind dies die frei vom Volk gewählte Regierung und ihre zahlreichen Ausführungsorgane wie die Polizei oder die verschiedenen Ämter.

expandieren sich ausdehnen, zunehmen.

∎

FDJ Freie Deutsche Jugend: Die FDJ war die einzige in der DDR zugelassene Jugendorganisation.

FDP Freie Demokratische Partei: 1948 gegründete liberale Partei; über Jahrzehnte hin neben den beiden Volksparteien einzige bedeutsame politische Kraft in der Bundesrepublik.

Föderation Zusammenschluss mehrerer Staaten zu einem dauerhaften Staatenbund.

Fünf-Prozent-Klausel Nur Parteien, die mindestens 5,0 Prozent der abgegebenen gültigen Stimmen haben, können in das Parlament einziehen. Parteien mit weniger Stimmen erhalten kein Mandat.

∎

Glasnost (russ. = Öffentlichkeit), das Offenlegen. In der ehemaligen Sowjetunion unter Staatschef Michail Gorbatschow war damit eine Politik gemeint, die ihre Ziele offenlegt (vgl. Perestroika).

Globalisierung Das weltweite Zusammenwachsen der Nationalstaaten aufgrund wirtschaftlicher und informationstechnologischer (z. B. Internet) Entwicklungen. Die Globalisierung fördert auch die Verbreitung westlicher Lebensformen.

Große Koalition Regierungsbündnis von zwei oder mehr großen Parteien aus verschiedenen Lagern des politischen Spektrums.

Grundgesetz Die Verfassung der Bundesrepublik Deutschland. Der Tag ihrer Verkündung am 23. Mai 1949 gilt als Gründungstag der Bundesrepublik.

Grüne 1980 in der Bundesrepublik gegründete Partei, die sich vor allem mit der damaligen Rüstungs- und Umweltpolitik kritisch auseinandersetzte. 1983 zogen sie erstmals in den Bundestag ein. 1993 Zusammenschluss mit der DDR-Bürgerbewegung Bündnis 90 zur Partei Bündnis 90/Die Grünen (vgl. Bündnis 90). Im Jahr 1998 kam es zur Bildung der ersten rot-grünen Bundesregierung.

Guerillas Untergrundkämpfer. Der Begriff „Guerilla" (span. = kleiner Krieg) stammt aus der Zeit des spanischen Widerstandes gegen Napoleons Herrschaft 1808.

∎

Ideologie Eine politische Lehre, in der Ideen zur Erreichung politischer und wirtschaftlicher Ziele dienen, z. B. Kommunismus, Faschismus.

IM Ein inoffizieller Mitarbeiter war in der DDR eine Person, die verdeckt Informationen an die Stasi (Ministerium für Staatssicherheit) lieferte. Die Informationen waren meist Berichte über das Verhalten von Personen aus dem privaten und beruflichen Umfeld. IMs bespitzelten auch Freunde und Familienangehörige.

Lexikon

Imperialismus (lat. imperium = Befehl, Herrschaft; sinngemäß auch das Reich). Bezeichnung für das Streben von Großmächten nach wirtschaftlicher, politischer und militärischer Vorherrschaft.

Indoktrination Massive ideologische Beeinflussung bis hin zu psychischem Zwang.

Institutionen Öffentliche Einrichtungen mit staatlicher oder kirchlicher Trägerschaft.

Integration Herstellung einer Einheit, Eingliederung in ein großes Ganzes.

Integrität Unbescholtenheit, moralische Verlässlichkeit.

Intifada Aufstandsbewegung der Palästinenser in den von Israel besetzten Gebieten.

Investitionen Langfristige Kapitalanlage in gewinnbringenden Gütern. In der Wirtschaft sind Investitionen vor allem für die Modernisierung und Instandhaltung der Produktionsanlagen unverzichtbar.

Investitionsgüter Güter, die der Produktion dienen.

◼

Judikative Richterliche Gewalt im Staat (s. Exekutive und Legislative).

◼

Kaderpartei Partei, die auf einem System von Stämmen besonders ausgebildeter und geschulter Nachwuchs- bzw. Führungskräfte („Kader") aufbaut.

Kalter Krieg Der Kalte Krieg beherrschte zwischen 1946/47 und 1989 in wechselnder Stärke das Weltgeschehen. Er entstand aus der Rivalität der beiden Großmächte USA und Sowjetunion sowie der von ihnen angeführten Blöcke. Die Bezeichnung „Kalter Krieg" weist darauf hin, dass der Konflikt zwischen den USA und der Sowjetunion nicht

als offener Krieg ausgetragen wurde. Die gegenseitige Bedrohung führte zwar mehrfach an den Rand des Dritten Weltkriegs (z. B. die Berlin-Krisen oder die Kubakrise); wegen der drohenden gegenseitigen Vernichtung durch Atomwaffen suchten die USA und die UdSSR jedoch seit 1960 nach Wegen zur Verständigung. In den 1970er-Jahren mündete dies in die so genannte Entspannungspolitik. Im Verlauf des Kalten Krieges kam es außerdem vor allem in Osteuropa wiederholt zu Aufständen gegen die sowjetische Vorherrschaft und im außereuropäischen Bereich immer wieder zu Bürgerkriegen oder zu so genannten „Stellvertreterkriegen" zwischen Anhängern beider Blöcke.

Kapazität Fassungsvermögen, Leistungskraft.

Kapitulation Aufgabe aller Kriegshandlungen einer Truppe in aussichtsloser Lage.

Kaufkraft Bezeichnung für die Warenmenge, die man für bestimmte Geldsummen kaufen kann.

Koalition Zusammenschluss, Vereinigung.

Kollektivierung Zusammenschluss von Bauern oder Arbeitern in sozialistischen Staaten und unter Aufsicht des Staates.

Kollektivmaßnahmen Maßnahmen, die von einer Gemeinschaft von Staaten oder Menschen gemeinsam vorgenommen werden.

Kolonialismus Errichtung von Handelsstützpunkten und Siedlungskolonien in schwächeren Ländern und deren Inbesitznahme. Die Kolonialstaaten verfolgten dabei vor allem wirtschaftliche und militärische Interessen.

Kombinat Zusammenschluss produktionsmäßig eng zusammengehörender Industriezweige zu einem Großbetrieb.

Kompetenz Zuständigkeit, Sachverstand.

Konferenz von Potsdam Auf der Potsdamer Konferenz im Juli/August 1945 legten der britische Premierminister Churchill (nach ihm Attlee), der amerikanische Präsident Truman und der sowjetische Diktator Stalin wichtige Punkte ihrer Politik in Deutschland nach Ende des Zweiten Weltkriegs fest.

konform übereinstimmend.

konsolidieren in seinem Bestand sichern, festigen.

Konspiration Verschwörung, Geheimhaltung.

konventionell herkömmlich. In der Militärsprache sind zum Beispiel mit „konventionellen Waffen" die nicht atomaren Waffensysteme gemeint.

Koreakrieg Krieg zwischen Nord- und Südkorea unter Beteiligung von China auf der einen Seite und den USA sowie verschiedener anderer Länder im Auftrag der UNO auf der anderen Seite. Das westlich orientierte Südkorea war vom kommunistischen Nordkorea angegriffen worden. Daraufhin hatte der Weltsicherheitsrat ein Mandat für eine Intervention von UNO-Truppen ausgestellt. In der entscheidenden Sitzung war der sowjetische Vertreter abwesend und konnte so kein Veto einlegen.

Korrespondent Presseberichterstatter, der sich nicht auf bloße Nachrichten beschränkt, sondern längere Darstellungen von Ereignissen und auch Stimmungsberichte zur aktuellen Lage weitergibt.

KPD Kommunistische Partei Deutschlands (1919 gegründet): Zusammenschluss aus dem Spartakusbund und den „Internationalen Kommunisten Deutschlands", für sozialistische Rätedemokratie, gegen Parlamentarismus, für Weltrevolution nach sowjetischem Vorbild; sie wurde 1933 unter den Nationalsozi-

Lexikon

alisten verboten, bestand aber im Ausland, vor allem der Sowjetunion, weiter. Nach dem Zweiten Weltkrieg 1945 in ganz Deutschland wiedergegründet, aber in der SBZ besonders gefördert; hier 1946 Zwangsvereinigung mit der Ost-SPD zur SED. In der Bundesrepublik wurde die KPD 1956 als verfassungswidrig verboten. 1968/69 bildete sich als Nachfolgepartei die DKP (Deutsche Kommunistische Partei), die jedoch weitgehend bedeutungslos blieb.

■

LDPD Liberal-Demokratische Partei Deutschlands. Liberale Partei in der SBZ nach 1945.

Legislative Die gesetzgebende der drei Staatsgewalten (vgl. Judikative und Exekutive). In einer Demokratie ist dies das vom Volk frei gewählte Parlament.

legitimiert befugt, beglaubigt, rechtmäßig.

Lohnfortzahlungsgesetz Es regelt die Auszahlung des Lohns an den Arbeitnehmer, auch wenn dieser krankheitsbedingt der Arbeit fernbleiben muss.

LPG Landwirtschaftliche Produktionsgenossenschaft. In der DDR wurden ab 1952 landwirtschaftliche Betriebe vielfach unter massivem Druck zu LPGs zusammengeschlossen.

■

Majorisierung Eine Minderheit durch Stimmenmehrheit überstimmen oder zu etwas zwingen.

Mandat (lat. mandare = übergeben, anvertrauen). Ein Mandat ist ein mit institutionellen Kompetenzen verbundener Auftrag durch den staatlichen Souverän, in der Demokratie also der durch allgemeine freie Wahlen errungene Parlamentssitz.

Manifest Öffentliche Erklärung grundsätzlicher Natur.

Marshallplan Der Marshallplan war ein wirtschaftliches Wiederaufbauprogramm für das nach dem Zweiten Weltkrieg zerstörte Europa. Dieses Programm wurde nach dem US-Außenminister George Marshall (1947–49) benannt, auf dessen Initiative es zurückgeht.

Misstrauensvotum Der Bundestag kann dem Bundeskanzler mit der „konstruktiven Mehrheit" (51 Prozent) das Misstrauen aussprechen, indem es einen neuen Bundeskanzler wählt.

Monopolkapital Im Sinne der Wirtschaftstheorie von Karl Marx. Bezeichnet die Unternehmen, die aufgrund ihrer marktbeherrschenden Stellung ohne Konkurrenten hohe Gewinne erzielen können.

Moslem Anhänger des Islam. Der Islam ist eine Religion, die auf den arabischen Propheten Mohammed zurückgeht.

Mutterländer Europäische Bezeichnung für jene europäischen Staaten, die ehemals Kolonien in Afrika oder Asien hatten.

■

Napalmbomben Benzinbrandbomben mit dem Stoff Napalm, der nicht mit Wasser gelöscht werden kann.

NATO North Atlantic Treaty Organization. Westliches Verteidigungsbündnis, gegründet am 4. April 1949.

Neutralität Unparteilichkeit.

NSDAP Nationalsozialistische Deutsche Arbeiterpartei (1919–45): 1919/20 gegründet, radikal nationalistisch, antisemitisch, gegen Demokratie und Republik. Im Dritten Reich von 1933 bis 1945 einzige zugelassene Partei („Staatspartei").

NS-Elite (frz. élite = Auslese) Der Begriff meint die Führungsschicht der NSDAP.

Nürnberger Prozesse Gerichtsprozesse 1945/46 gegen die inhaftierten nationalsozialistischen Führer vor einem internationalen Gerichtshof in Nürnberg.

NVA Nationale Volksarmee. Die NVA war 1956–90 die Armee der DDR. Seit 1956 Mitglied im Warschauer Pakt.

■

Ölkrise Im Zuge des israelisch-arabischen „Yom-Kippur-Krieges" 1973 verfügten die arabischen Ölförderländer drastische Preiserhöhungen und einen Lieferstopp. Damit sollten die westlichen Länder, die Israel unterstützten, unter Druck gesetzt werden. In der Bundesrepublik führte diese „Ölkrise" zum Beispiel zu Autofahrverboten an Sonntagen.

Opposition Widerstand der öffentlichen Meinung oder bestimmter Parteien und Gruppen gegen die Regierung.

Option Wahlmöglichkeit.

■

Palästinenser Ursprünglich keine einheitliche Volksgruppe, bezeichnet der Begriff alle aus Palästina stammenden Araber.

Pankow Die Regierung der DDR hatte ihren Sitz im Ostberliner Stadtteil Pankow.

parlamentarische Demokratie Bezeichnet eine Regierungsform, in der die wichtigsten Entscheidungen vom Parlament getroffen werden. Das Parlament wählt beispielsweise die Regierung. Die Mitbestimmung des Volkes erfolgt durch Wahlen.

partiell teilweise.

Pax Americana (lat. pax = Frieden). Gemeint ist ein Friedensschluss nach den Bedingungen der Amerikaner.

Lexikon

Perestroika (russ. = Umbau). Unter dem sowjetischen Staatschef Michail Gorbatschow eingeleitete Neugestaltung des politischen Systems, besonders im innen- und wirtschaftspolitischen Bereich (vgl. Glasnost).

Planwirtschaft Eine von einer staatlichen Stelle zentral geplante Volkswirtschaft.

PLO (engl. = Palestine Liberation Organization). Palästinensische Befreiungsorganisation.

Präambel Einleitung, feierliche Vorrede.

Prager Frühling Reformperiode in der kommunistischen Tschechoslowakei 1968, die durch den Einmarsch von Truppen der Warschauer-Pakt-Staaten gewaltsam beendet wurde.

Prinzipien Grundsätze.

Proletariat (lat. proles = Nachkomme, Sprössling). Mit dem Begriff Proletariat werden alle Arbeiter bezeichnet, die allein vom Verkauf ihrer Arbeitskraft leben.

Propaganda Werbung für politische Ideen und Zwecke unter massivem Einsatz von Massenmedien aller Art.

Prototyp Erstes Exemplar einer Serie von gleichen oder weitgehend ähnlichen Exemplaren.

Provisorium behelfsmäßige Übergangslösung.

Putsch (schweiz. = Stoß). Plötzlicher politischer Umsturz.

■

sich qualifizieren Die Befähigung erwerben oder die Voraussetzungen erbringen, um für eine bestimmte Aufgabe geeignet zu sein.

Quote Zahlenmäßiger Anteil, der bei der Aufteilung eines Ganzen auf den Einzelnen, eine Einheit oder eine Gruppe entfällt.

Quotenregelung Vereinbarung innerhalb von politischen Organisationen, die bestimmten Gruppen bestimmte Anteile an der Zahl der Mandatsträger zusichert. Durch Quotenregelungen sollen beispielsweise Frauen stärker in politische Entscheidungsprozesse eingebunden werden.

■

radikal Eine extreme politische, ideologische, weltanschauliche Richtung vertretend.

radikal-islamisch Extreme, rücksichtslose Auslegung des Islam.

RAF „Rote Armee Fraktion". Terroristische Vereinigung in der Bundesrepublik, die von 1970 bis in die 1990er-Jahre ihr sozialistisches Programm durch gewalttätige Aktionen durchsetzen wollte.

Rationierung Staatliche Zuteilung von Lebensmitteln und anderen wichtigen Waren durch Karten in begrenzten Mengen.

reduzieren verringern.

Regime Begriff für ein in der Regel negativ bewertetes, weil unterdrückerisches Herrschaftssystem.

Reparationen Entschädigungszahlungen eines besiegten Staates an die Siegermächte. Nach dem Ersten und Zweiten Weltkrieg sollte Deutschland mit solchen Reparationszahlungen für die durch seine Aggression verursachten Zerstörungen und Kosten aufkommen.

Rosinenbomber Spitzname der Berliner für die Flugzeuge der Luftbrücke (vgl. Berliner Luftbrücke).

Runder Tisch Vom 8.12.1989 bis zum 29.3.1990 tagte der „Runde Tisch" als durch die Revolution legitimierte Mitentscheidungsinstanz neben Regierung und Volkskammer. Teilnehmer waren jeweils zwei bis drei Vertreter aller Blockparteien, der neuen Oppositionsparteien und -gruppen sowie der Regierung und der beiden großen Kirchen.

■

Satellitenstaaten Staaten, die trotz formaler äußerer Unabhängigkeit von einem anderen Staat abhängig sind. In der Zeit des Kalten Krieges wurden Staaten so genannt, die unter dem Einfluss der Sowjetunion oder der USA standen.

Schauprozess Ein Gerichtsverfahren, dessen Urteil schon bei Prozessbeginn feststeht, sodass die Verhandlung nur noch „zur Schau" abgehalten wird.

SED Die Sozialistische Einheitspartei Deutschlands (SED) war die führende Partei in der DDR. Sie ging 1946 hervor aus der Zwangsvereinigung der dortigen SPD und der KPD. 1989 benannte sich die Partei in SED/PDS und dann in PDS um.

Sicherheitsrat Organ der UNO zur Beilegung von Konflikten zwischen Staaten.

SMAD „Sowjetische Militäradministration in Deutschland". Die SMAD war die höchste sowjetische Besatzungsbehörde in der SBZ von 1945 bis 1949 und das wesentliche Instrument der sowjetischen Besatzungspolitik.

Solidarność Die vom sozialistischen Staat der Volksrepublik Polen unabhängige Gewerkschaft wurde 1980 von Arbeitern der Danziger Werft gegründet. Sie wuchs wegen ihrer kritischen Einstellung zum Staat und ihres öffentlichen Eintretens für die Bürgerrechte schnell zu einer Massenbewegung an. Daher wurde sie 1981 auch wieder verboten. Sie arbeitete jedoch im Untergrund weiter und trug zum Fall des sozialistischen Regimes in Polen bei.

Sonderzug nach Pankow ist der Titel eines 1983 veröffentlichten Liedes von Udo Lindenberg, das auf der Melodie des 1941 erschienenen US-amerikanischen Liedes „Chattonooga Choo Choo" beruht. Darin

Lexikon

spricht Lindenberg direkt Erich Honecker an und beschwerte sich, dass man ihm bisher einen Auftritt in Ostberlin verweigerte. Das Lied wurde zu einem Hit in Ost und West. Kurze Zeit später durfte Lindenberg dann in der DDR auftreten.

Souverän (frz. = eigenständiger und unumschränkter Herrscher). Vom Souverän geht die Macht im Staat aus. In einer Monarchie ist dies der König, in einer Demokratie das Volk.

Souveränität Als politischer Begriff: die politische Unabhängigkeit eines Staates.

Sozialismus und Kommunismus Idee einer neuen Gesellschaftsordnung, in der nach der Diktatur des Proletariats die klassenlose Gesellschaft erreicht werden soll. Außerdem soll es keinen Privatbesitz an Produktionsmitteln und keine Ausbeutung mehr geben.

Stagnation Stillstand.

Stasi Abkürzung für Staatssicherheitsdienst. Dies bezeichnet den Apparat der Geheimpolizei der DDR (MfS = Ministerium für Staatssicherheit).

Status quo lat. = der gegenwärtige Zustand.

Stellvertreterkrieg Kriegerischer Konflikt unterhalb der Atomschwelle während des Kalten Krieges, der – von den beiden Supermächten USA und Sowjetunion unter Kontrolle gehalten – zwischen kleinen Mächten aus den jeweiligen Lagern geführt wurde. Als Stellvertreterkrieg gilt beispielsweise der Koreakrieg (1950–53).

Sudetendeutsche Ehemalige deutschstämmige Bewohner des Sudetenlandes, dem ehemaligen deutschen Siedlungsgebiet in der heutigen Tschechischen Republik. Nach dem Zweiten Weltkrieg wurden sie fast vollständig vertrieben.

■

Terror Verbreitung von Angst und Schrecken durch gewalttätige Aktionen.

Terrorismus Einstellung und Verhaltensweise, die versucht, politische Ziele durch Terror zu erreichen.

Totalitarismus Staatsform, die aufgrund einer bestimmten Ideologie für sich in Anspruch nimmt, in alle Bereiche des menschlichen Zusammenlebens hineinzuregieren.

Tschetnik Serbische Terrororganisation, vergleichbar der kroatischen Ustascha. Ihr Ziel war ein „ethnisch reines" Großserbien. Deshalb verfolgte und ermordete sie auf ihrem Gebiet planmäßig Kroaten und bosnische Muslime.

■

UNO United Nations Organization (engl. = Organisation der Vereinten Nationen). Nachfolger des Völkerbundes.

Ustascha-Bewegung (kroat. ustasa = Aufständischer). Die terroristische und faschistische Untergrundbewegung Kroatiens, die Ustascha, wurde 1929 gegründet. Sie war geprägt von Serbenhass, Antisemitismus und Antikommunismus. Ihr Ziel war ein katholisches Großkroatien. Als Helfer des nationalsozialistischen Deutschlands soll sie im Zweiten Weltkrieg mehrere hunderttausend Menschen, überwiegend Serben, getötet haben.

■

Vetorecht Das Vetorecht (lat. veto = „ich erhebe Einspruch") ist das festgelegte Recht eines einzelnen Angehörigen einer Institution, einen Beschluss zu verhindern, auch wenn alle anderen Mitglieder dafür sind.

Vietcong Eine in Südvietnam 1960 gegründete kommunistische Befreiungsfront, die von Nordvietnam aus

finanzielle und militärische Unterstützung erhielt.

Völkerbund Die erste internationale Organisation zur Sicherung des Weltfriedens. Sie bestand 1920–46.

Volksdemokratie Staatsform kommunistischer Länder, bei der die gesamte Staatsmacht in den Händen der kommunistischen Partei liegt.

volkseigen Bezeichnung in der DDR: zum Volkseigentum gehörend, staatlich.

Volksentscheid Rechtlich bindende Volksabstimmung.

Volkskammer Parlament der DDR.

Volkspolizei Bezeichnung der Polizei in der DDR.

■

Währungsreform Neuordnung eines Währungssystems, das in eine Krise geraten ist.

Währungsunion Eine Union, die darin besteht, dass in einem bestimmten Gebiet eine einheitliche Währung gilt.

Warschauer Pakt Von 1955 bis 1991 der militärische Beistandspakt der Ostblockstaaten unter der Führung der Sowjetunion.

Wirtschaftswunder Bezeichnung für den wirtschaftlichen Aufschwung in Westdeutschland nach 1948.

■

Zentralkomitee Führungskreis einer Gruppe oder eines Vereins. In der Regel Bezeichnung für das oberste Organ einer kommunistischen Partei. Das Zentralkomitee war in den kommunistischen Parteien ein wichtiges Entscheidungsorgan, an dessen Beschlüsse die gesamte Partei gebunden war.

Zionismus (Zion = Jerusalem). Ende des 19. Jahrhunderts entstandene jüdisch-nationale Bewegung mit dem Ziel, in Palästina einen jüdischen Staat zu errichten.

Aus dem Grundgesetz der Bundesrepublik Deutschland

Artikel 1

(1) Die Würde des Menschen ist unantastbar. Sie zu achten und zu schützen, ist Verpflichtung aller staatlichen Gewalt.

(2) Das Deutsche Volk bekennt sich darum zu unverletzlichen und unveräußerlichen Menschenrechten als Grundlage jeder menschlichen Gemeinschaft, des Friedens und der Gerechtigkeit in der Welt.

(3) Die nachfolgenden Grundrechte binden Gesetzgebung, vollziehende Gewalt und Rechtsprechung als unmittelbar geltendes Recht.

Artikel 2

(1) Jeder hat das Recht auf die freie Entfaltung seiner Persönlichkeit, soweit er nicht die Rechte anderer verletzt und nicht gegen die verfassungsmäßige Ordnung oder das Sittengesetz verstößt.

(2) Jeder hat das Recht auf Leben und körperliche Unversehrtheit. Die Freiheit der Person ist unverletzlich. In diese Rechte darf nur aufgrund eines Gesetzes eingegriffen werden.

Artikel 3

(1) Alle Menschen sind vor dem Gesetz gleich.

(2) Männer und Frauen sind gleichberechtigt. Der Staat fördert die tatsächliche Durchsetzung der Gleichberechtigung von Frauen und Männern und wirkt auf die Beseitigung bestehender Nachteile hin.

(3) Niemand darf wegen seines Geschlechtes, seiner Abstammung, seiner Rasse, seiner Sprache, seiner Heimat und Herkunft, seines Glaubens, seiner religiösen oder politischen Anschauungen benachteiligt oder bevorzugt werden. Niemand darf wegen seiner Behinderung benachteiligt werden.

Artikel 4

(1) Die Freiheit des Glaubens, des Gewissens und die Freiheit des religiösen und weltanschaulichen Bekenntnisses sind unverletzlich.

(2) Die ungestörte Religionsausübung wird gewährleistet.

(3) Niemand darf gegen sein Gewissen zum Kriegsdienst mit der Waffe gezwungen werden. …

Artikel 5

(1) Jeder hat das Recht, seine Meinung in Wort, Schrift und Bild frei zu äußern und zu verbreiten und sich aus allgemein zugänglichen Quellen ungehindert zu unterrichten. Die Pressefreiheit und die Freiheit der Berichterstattung durch Rundfunk und Film werden gewährleistet. Eine Zensur findet nicht statt. …

(3) Kunst und Wissenschaft, Forschung und Lehre sind frei. Die Freiheit der Lehre entbindet nicht von der Treue zur Verfassung.

Artikel 6

(1) Ehe und Familie stehen unter dem besonderen Schutze der staatlichen Ordnung.

(2) Pflege und Erziehung der Kinder sind das natürliche Recht der Eltern und die zuvörderst ihnen obliegende Pflicht. Über ihre Betätigung wacht die staatliche Gemeinschaft. …

Artikel 7

(1) Das gesamte Schulwesen steht unter der Aufsicht des Staates.

(2) Die Erziehungsberechtigten haben das Recht, über die Teilnahme des Kindes am Religionsunterricht zu bestimmen. …

Artikel 8

(1) Alle Deutschen haben das Recht, sich ohne Anmeldung oder Erlaubnis friedlich und ohne Waffen zu versammeln.

(2) Für Versammlungen unter freiem Himmel kann dieses Recht durch Gesetz … beschränkt werden.

Artikel 9

(1) Alle Deutschen haben das Recht, Vereine und Gesellschaften zu bilden.

(2) Vereinigungen, deren Zwecke oder deren Tätigkeit den Strafgesetzen zuwiderlaufen oder die sich gegen die verfassungsmäßige Ordnung oder gegen den Gedanken der Völkerverständigung richten, sind verboten. …

Artikel 10

(1) Das Briefgeheimnis sowie das Post- und Fernmeldegeheimnis sind unverletzlich.

(2) Beschränkungen dürfen nur auf Grund eines Gesetzes angeordnet werden. …

Artikel 11

(1) Alle Deutschen genießen Freizügigkeit im ganzen Bundesgebiet. …

Artikel 12

(1) Alle Deutschen haben das Recht, Beruf, Arbeitsplatz und Ausbildungsstätte frei zu wählen. …

(2) Niemand darf zu einer bestimmten Arbeit gezwungen werden. …

Artikel 12a*

(1) Männer können vom vollendeten achtzehnten Lebensjahr an zum Dienst in den Streitkräften, im Bundesgrenzschutz oder in einem Zivilschutzverband verpflichtet werden.

(2) Wer aus Gewissensgründen den Kriegsdienst mit der Waffe verweigert, kann zu einem Ersatzdienst verpflichtet werden. …

Artikel 13

(1) Die Wohnung ist unverletzlich.

(2) Durchsuchungen dürfen nur durch den Richter, bei Gefahr im Ver-

Aus dem Grundgesetz der Bundesrepublik Deutschland

zuge auch durch die in den Gesetzen vorgesehenen anderen Organe angeordnet und nur in der dort vorgeschriebenen Form durchgeführt werden. …

Artikel 14

(1) Das Eigentum und das Erbrecht werden gewährleistet. Inhalt und Schranken werden durch die Gesetze bestimmt.

(2) Eigentum verpflichtet. Sein Gebrauch soll zugleich dem Wohle der Allgemeinheit dienen.

(3) Eine Enteignung ist nur zum Wohle der Allgemeinheit zulässig. …

Artikel 16

(1) Die deutsche Staatsangehörigkeit darf nicht entzogen werden. …

(2) Kein Deutscher darf an das Ausland ausgeliefert werden. …

Artikel 16a

(1) Politisch Verfolgte genießen Asylrecht.

(2) Auf Absatz 1 kann sich nicht berufen, wer aus einem Mitgliedstaat der Europäischen Gemeinschaften oder aus einem anderen Drittstaat einreist, in dem die Anwendung des Abkommens über die Rechtsstellung der Flüchtlinge und der Konvention zum Schutze der Menschenrechte und Grundfreiheiten sichergestellt ist. …

Artikel 17

Jedermann hat das Recht, sich einzeln oder in Gemeinschaft mit anderen schriftlich mit Bitten oder Beschwerden an die zuständigen Stellen und an die Volksvertretung zu wenden. …

Artikel 18

Wer die Freiheit der Meinungsäußerung, insbesondere die Pressefreiheit (Artikel 5 Abs. 1), die Lehrfreiheit (Artikel 5 Abs. 3), die Versammlungsfreiheit (Artikel 8), die Vereinigungsfreiheit (Artikel 9), das Brief-, Post- und Fernmeldegeheimnis (Artikel 10), das Eigentum (Artikel 14) oder das Asylrecht (Artikel 16a) zum Kampfe gegen die freiheitliche demokratische Grundordnung missbraucht, verwirkt diese Grundrechte. Die Verwirkung und ihr Ausmaß werden durch das Bundesverfassungsgericht ausgesprochen.

Artikel 19

(2) In keinem Falle darf ein Grundrecht in seinem Wesensgehalt angetastet werden.

Artikel 20

(1) Die Bundesrepublik Deutschland ist ein demokratischer und sozialer Bundesstaat.

(2) Alle Staatsgewalt geht vom Volke aus. Sie wird vom Volke in Wahlen und Abstimmungen und durch besondere Organe der Gesetzgebung, der vollziehenden Gewalt und der Rechtsprechung ausgeübt.

(3) Die Gesetzgebung ist an die verfassungsmäßige Ordnung, die vollziehende Gewalt und die Rechtsprechung sind an Gesetz und Recht gebunden.

(4) Gegen jeden, der es unternimmt, diese Ordnung zu beseitigen, haben alle Deutschen das Recht zum Widerstand, wenn andere Abhilfe nicht möglich ist.

Artikel 20a

Der Staat schützt auch in Verantwortung für die künftigen Generationen die natürlichen Lebensgrundlagen und die Tiere im Rahmen der verfassungsmäßigen Ordnung durch die Gesetzgebung und nach Maßgabe von Gesetz und Recht durch die vollziehende Gewalt und die Rechtsprechung.

Artikel 21

(1) Die Parteien wirken bei der politischen Willensbildung des Volkes mit. Ihre Gründung ist frei. Ihre innere Ordnung muss demokratischen Grundsätzen entsprechen. Sie müssen über die Herkunft und Verwendung ihrer Mittel sowie über ihr Vermögen öffentlich Rechenschaft geben. …

(2) Parteien, die nach ihren Zielen oder nach dem Verhalten ihrer Anhänger darauf ausgehen, die freiheitliche demokratische Grundordnung zu beeinträchtigen oder zu beseitigen oder den Bestand der Bundesrepublik Deutschland zu gefährden, sind verfassungswidrig. Über die Frage der Verfassungswidrigkeit entscheidet das Bundesverfassungsgericht.

---

* Die Wehrpflicht wurde auf Beschluss der Bundesregierung zum 1. Juli 2011 ausgesetzt.

Register / Verzeichnis der Worterklärungen*

Register / Verzeichnis der Worterklärungen*

G

Gauck, Joachim (geb. 1940) 51, 138
Gemeinschaft Unabhängiger Staaten (GUS) 110
Genscher, Hans-Dietrich (geb. 1927) 78 f.
Gesellschaft für Sport und Technik (GST) 139, 144
Glasnost 76 f., 85*
Gorbatschow, Michail S. (geb. 1931) 76, 79, 85
Gräfin von Cosel, Anna Constantia (1680–1765) 181, 192
Großbritannien 12, 18, 32, 35, 64, 85, 118, 120, 123, 148, 150
Großhessen 13
Grotewohl, Otto (1894–1964) 30 f., 46, 138, 199
Grundgesetz 28, 36, 161
Grundlagenvertrag 75
Gueffroy, Chris (1968–1989) 53

H

Halbstarke 148*
Hamas 125*
Hamburg 13
Hamstern 10
Handelsorganisation (HO) 48 f.*
Haushaltsdefizit 69*
Heuss, Theodor (1884–1963) 29
Hildebrandt, Regine (1941–2001) 138
Hindenburg, Paul von (1847–1934) 202, 206, 209
Hiroshima 105
Hisbollah 125*
Hitler, Adolf (1889–1945) 104, 200
Honecker, Erich (1912–1997) 77, 81, 198
Hoover, Herbert C. (1874–1964) 102
Hugenotten 158, 162
Humanismus 186*

I

IM/Inoffizieller Mitarbeiter des MfS 41 f., 169*
Imperialismus, imperialistisch 48*, 96, 196

Inklusion, inklusive Gesellschaft 161*
Institutionen 120*
Integration 160, 178, 185*
Integrität 108*
Internationaler Gerichtshof 135
Intifada 125, 146
Investitionsgüter 107*
Irak, Irakkrieg 111, 125, 131
Islamismus 111*
Isolationismus 98, 100
Israel 117, 121, 123–125, 133, 140, 142 ff., 146 ff. 155

J

Jahn, Roland (geb. 1953) 147
Japan 34, 105
Jaruzelski, Wojciech (geb. 1923) 73
Juden 187
Jugendweihe 140 f.
Jugoslawien 14, 32
Junge Pioniere 134–136

K

Kaderpartei 40*
Kalter Krieg 7, 22, 34, 64
Kaufkraft 64*
Kennan, George F. (1904–2005) 22
Kiel 206
Kirchenbann 186*
Klier, Freya (geb. 1950) 139
„Koalition der Willigen" 111*
Kohl, Helmut (geb. 1930) 63, 76
Kommunistische Partei der Sowjetunion (KPdSU) 76*
Kommunistische Partei Deutschlands (KPD) 28, 30
Konferenz
– von Jalta 12
– von Potsdam 12, 18 f.
– von Teheran 12
Konfirmation 140, 141*
Koreakrieg 34 f., 37
Krenz, Egon (geb. 1937) 81
Kriegsanleihe 203*
Kriegsheimkehrer 11
Krupp, Alfried von Bohlen und Halbach (1907–1967) 20
Kubakrise 74*
Kurden 121

L

Landtagswahlen 27
Landwirtschaftliche Produktionsgenossenschaft (LPG) 44
Lastenausgleich 17*
Leipzig 10, 49, 78, 80
Liberal-Demokratische Partei Deutschlands (LDPD) 27, 30
Lohnfortzahlung 39*
Ludendorff, Erich (1865–1937) 202, 204, 208 f.
Luftbrücke 25
Luther, Martin (1483–1546) 180–184, 186–189
Luxemburg 62

M

Mandatsgebiet 121
Marine 207
Marshall, George (1880–1959) 106
Marshallplan 107
Mauer 7, 50–52, 57, 80–82, 86, 196, 198
Mecklenburg-Vorpommern 13, 84
Mehrheitsprinzip 66*
Meir, Golda (1898–1978) 122
Menschenrechte 42, 161
Merkel, Angela (geb. 1954) 63, 69, 85
Mielke, Erich (1907–2000) 41
Migration 159 f., 172
Militarismus 20, 144 f., 196
Ministerium für Staatssicherheit (MfS; „Stasi")* 41–43, 147, 197
Mitbestimmungsgesetz 39
Mitterand, François (1916-1996) 63
Modrow, Hans (geb. 1928) 84
Monroe-Doktrin 96, 97
Monroe, James (1758–1831) 96
Montanunion 62, 64*
Moskauer Vertrag 74

N

Nagasaki 105
Naher Osten 120
Napoleon Bonaparte (1769–1821) 192
Nationaldemokratische Partei Deutschlands (NDPD) 30
Nationale Volksarmee (NVA) 43

Register / Verzeichnis der Worterklärungen*

Register / Verzeichnis der Worterklärungen* / Textquellenverzeichnis

Textquellen

Geteiltes Deutschland

S. 9: http://www.dhm.de/lemo/forum/kollektives_gedaechtnis/004/index.html – **S. 10:** Während des Neuanfangs nach dem 2. Weltkrieg. Ein Bericht von Gerda Lott, Leipzig, Arbeitsgruppe Zeitzeugen des Seniorenstudiums der Universität Leipzig SG, http://www.uni-leipzig.de/fernstud/Zeitzeugen/impressum.html – **S. 11:** Tabelle aus: Amtliches Nachrichtenblatt der Stadtverwaltung Leipzig und des Landrates zu Leipzig v. 4.8.1945. in: http://www.moxxo.de/ausstellung/ereignis/teil-a/a-1-1-1-4.html; Wolfgang Borchert: Das ist unser Manifest, 1947, aus: Wolfgang Borchert: Das Gesamtwerk, S. 517 u. 519. Herausgegeben von Michael Töteberg unter Mitarbeit von Irmgard Schindler, Rowohlt Verlag GmbH, Reinbek bei Hamburg 2007 – **S. 15:** Edvard Benes in einer Rede in Brunn am 12. Mai 1945, aus: Peter Glotz: Die Vertreibung. Böhmen als Lehrstück, Ullstein Verlag München, 4. Aufl. 2003, **S. 186;** aus: Gerhard Heck/Manfred Schurig (Hg.), Deutschland und Polen nach 1945, Westermann Bildungshaus Schulbuchverlage Braunschweig 1977, S. 37 f. – **S. 16:** Aus: Die Vertriebenen in der SBZ/DDR, hg. und eingel. von Manfred Wille, Bd. 1, Ankunft und Aufnahme 1945, Harrassowitz Verlag Wiesbaden 1996, S. 35; aus: Ebd., S. 85 – **S. 17:** Bundesarchiv, Außenstelle Potsdam, DO 1-10, Nr. 31, **S. 202,** in: Philipp Ther: Deutsche und polnische Vertriebene. Gesellschaft und Vertriebenenpolitik in der SBZ/DDR und in Polen, Vandenhoeck & Ruprecht Göttingen 1998, S. 214 – **S. 19:** Aus: Ernst Deuerlein: Potsdam 1945. Quellen zur Konferenz der Großmächte, Verlag Wissenschaft und Politik Köln 1963, o.S. – **S. 20:** Directive JCS 1067, in: Politik und Gesellschaft, Teil B. Metzler & Pöschel Verlag Stuttgart, 1980, **S.147**ff., übers, von Helga Grebing, Peter Pozorski u. Rainer Schulze – **S. 22:** Aus: George F. Kennan: Memoiren eines Diplomaten, DTV München, 3. Aufl. 1982, **S. 264** f.; Winston Churchill, aus: Elmar Krautkrämer (Hg.): Die Vereinigten Staaten von Amerika. Westermann Bildungshaus Schulbuchverlage Braunschweig 1971, o.S.; aus: Spiegel Online, Geschichte der Deutschen, Digital Publishing München 1998, Truman-Doktrin: die Rede vor dem Kongress – **S. 24:** Aus: Theo Stammen (Hg.): Einigkeit und Recht und Freiheit, DTV München 1965, S. 181 – **S. 25:** Aus: Bonner Generalanzeiger vom 20.6.1958 – **S. 26:** Aus: Geschichte in Quellen – Die Welt seit 1945, bearbeitet von Helmut Krause und Karlheinz Reif, BSV München 1980, S. 293 f. – **S. 28:** Grundgesetz für die Bundesrepublik Deutschland, Bundeszentrale für politische Bildung, Bonn 1986, S. 21 – **S. 31:** Stenographische Berichte der Provisorischen Volkskammer, 12.10.1949. Berlin-Ost 1949; Stenographische Berichte des Deutschen Bundestags vom 24.10.1949, Bundesverlag, Bonn – **S. 33:** Aus: Die deutsche Frage. Materialien zur politischen Bildung, Hannover 1982, **S. 180;** Warschauer Vertrag, aus: DDR-Lexikon/Wiki, http://www.ddr-wissen.de/wiki/ddr.pl?Wortlaut_Warschauer_Vertrag – **S. 36:** Grundgesetz für die Bundesrepublik Deutschland. Bundeszentrale für politische Bildung, Bonn 1986; Bundesministerium der Justiz, Bundeswahlgesetz, http://www.gesetze-im-internet.de/bwahlg/__6.html – **S. 37:** Konrad Adenauer: Erinnerungen 1945-1953, Fischer Verlag Frankfurt/M. 1967, **S. 234** f. – **S. 41:** Auszüge aus einer Richtlinie („Geheime Verschlusssache") von Stasi-Chef Mielke vom Januar 1976, aus: DDR-Lexikon/Wikipedia, http://www.ddr-wissen.de/wiki/ddr.pl? MfS-Richtlinie_1-76 – **S. 42:** Aus: Jörn Mothes u.a. (Hg.): Beschädigte Seelen. DDR-Jugend und Staatssicherheit. Edition Temmen Bremen 1996, **S. 174-178.** Zit. nach: Jens Gieseke: Die DDR-Staatssicherheit. Schild und Schwert der Partei. Bonn 2000 (Bundeszentrale für politische Bildung), **S. 51** – **S. 43:** Edmund Käbisch: Mein Alltag als evangelischer Pfarrer in Zwickau; in: Clemens Vollnhals/Jürgen Weber: Der Schein der Normalität, Olzog Verlag München 2001, **S. 378** ff.; Informationen über Michael Paschold auf einer Karteikarte der Staatssicherheit, Kreisdienststelle Zwickau, 2.3.1984, aus: David Käbisch/Edmund Käbisch: Akteure der friedlichen Revolution. Editions La Colombe Moers 2010, **S. 31.** Original der Karteikarte: BStU, ASt Chemnitz, Reg. Nr. XX-SLK 3539 – **S. 45:** Walter Ulbricht auf dem V. Parteitag der SED, 1958, DDR-Lexikon/Wiki, http://www.ddr-wissen.de/wiki/ddr.pl?V._Parteitag_der_SED; Ulbricht an Chruschtschow, 1961, aus: Hartmut Mehringer (Hrsg.): Von der SBZ zur DDR. Studien zum Herrschaftssystem in der sowjetischen Besatzungszone und in der Deutschen Demokratischen Republik, Oldenbourg München 1965, **S. 253;** aus: Eisenhüttenstadt, hg. von der Arbeitsgruppe Stadtgeschichte, be.bra verlag GmbH Berlin 1999, **S. 207** – **S. 46:** Aus: Berliner Morgenpost vom 17.6.1953 und Fritz Schenk: Im Vorzimmer der Diktatur, Kiepenheuer & Witsch Köln 1962 – **S. 47:** Aus: Geschichte. Lehrbuch für die Klasse 10. Volk und Wissen Berlin-Ost 1971, **S. 170;** Christoph Kleßmann: Die doppelte Staatsgründung; Deutsche Geschichte 1945–1955, Bonn (Bundeszentrale für politische Bildung) 1991, 5. Auflage, S. 277 ff. – **S. 48:** Aus: Regine Möbius: Panzer gegen das Volk. Zeitzeugen des 17. Juni 1953 berichten, Evangelische Verlagsanstalt Leipzig 2003, S. 19 ff. – **S. 51:** Beschluss des Ministerrats vom 12. August 1961 zur Schließung der Staatsgrenze der DDR, zit. nach: Neues Deutschland v. 13.8.1961, aus: Geschichte in Quellen – Die Welt seit 1945, BSV München 1980, S. 319; aus: Dokumente zur Deutschlandpolitik IV/7 (1961), **S. 11;** Joachim Gauck: Die Stasiakten. Das unheimliche Erbe der DDR, Rowohlt Verlag Reinbek 1991, S.45 f. – **S. 52:** Aufgezeichnet von Frank Schirrmeister, Student an der Humboldt-Universität Berlin, in: PZ (Politische Zeitung): DDR intern, Nr. 97, März 1999, **S. 26** (Bundeszentrale für politische Bildung) – **S. 53:** Aus: Die Volksarmee, 1963, Nr. 41, in: Informationen zur politischen Bildung, Nr. 233, 1991, **S. 2-5** (Auszug) (Bundeszentrale für politische Bildung); Margret Boveri: Die Mauer im Kopf (1962): Aus: Christoph Kleßmann: a.a.O., **S. 502 f.**

Europa im Aufbruch

S. 60: Aus: Walter Lipgens: Europa – Föderationspläne der Widerstandbewegungen 1940-1945, Oldenbourg Verlag München 1968, S. 244 ff. – **S. 61:** Aus: Rolf Grix/Wilhelm Knöll (Hg.), Das EG-Buch. Bildungshaus Schulbuch Braunschweig 1993, S. 48 – **S. 62:** Winston Churchill (16. Sept. 1946), in: Curt Gasteyger (Hg.): Einigung und Spaltung Europas; Robert Schuman, zit. nach: Europa. Dokumente, Bd. 1, Oldenbourg Verlag München 1962, S. 680 – **S. 69:** Rede zur Verleihung des Karlspreises 2010; *http://www.bundeskanzlerin.de/Content/DE/Rede/2010/05/2010-05-13-karlspreis.html*; Neujahrsansprache 3.12.2011 *http://www.bundesregierung.de/Content/DE/Pressemitteilungen/BPA/2011/12/2011-12-31-neujahresansprache.html* – **S. 72:** Manifest der 2000 Worte, verf. von L. Vaculik (27.6.1968), zit. nach: Frankfurter Allgemeine Zeitung v. 6.7.1968; aus: Geschichte im Quellen, Bd. 7, BSV München 1980; Leonid Breschnew, in: Prawda vom 13.11.1968, übers, von Red. Dietz, Berlin – **S. 74:** Egon Bahr: Wandel durch Annäherung, in: Deutschland Archiv. Zeitschrift für Fragen der DDR und der Deutschlandpolitik (Bertelsmann), Heft 8/1973, **S. 862-865;** Vertrag zwischen der Bundesrepublik Deutschland und der Union der Sozialistischen Sowjetrepubliken, 12. August 1970, Bundesgesetzblatt II, 1972, S. 354, **355,** in: zit. nach: Texte zur Deutschlandpolitik, Bd. VI, S. 258 ff. – **S. 75:** Aus: Politisches Archiv des Auswärtigen Amts, Vertragsarchiv – **S. 76:** Michail Gorbatschow, aus: Hans-Hermann Hertle: Chronik des Mauerfalls. Die dramatischen Ereignisse um den 9. November 1989, Ch. Links Verlag Berlin 1999; Gemeinsame deutsch-sowjetische Erklärung, 13. Juni 1989 Quelle: Bulletin des Presse- und Informationsamtes der Bundesregierung vom 15.6.1989, S. 543 – **S. 81:** Tilmann Müller/Ludwig Rauch: Jetzt machen wir das Tor auf, in: Stern Nr. 41/1989, S.37 f. – **S. 85:** Angela Merkel, Wiedervereinigung war das Ergebnis von Mut, Entschlossenheit und Zivilcourage, in: Wirtschaftsreport November 2009 – **S. 86:** *http://www.damals-im-wendland.de/impressum.htm*

Textquellenverzeichnis/Bildquellenverzeichnis

Die USA – von der Großmacht zur Supermacht

S. 92: Die amerikanische Revolution in Augenzeugenberichten, hg., eingel. u. übers. von Willi Paul Adams/Angela Meurer Adams, DTV München 1976, S. 24 f .; ebd. – **S. 93:** Hug Henry Brackenridge, 1872, in: Heinz J. Stammel: Die Indianer. Die Geschichte eines untergegangenen Volkes. Lexikothek Verlag Gütersloh 1977, S. 91 – **S. 96:** Aus: Rolf D. Theiss (Hg.): Die USA im 20. Jahrhundert, Klett Verlag Stuttgart 1998 – **S. 97:** Theodore Roosevelt: Erweiterte Monroe-Doktrin. Dokumente Verlag Offenburg – **S. 99:** Präsident Woodrow Wilson im April 1917, aus: H. Schambeck/H. Widder/M. Bergmann (Hg.): Dokumente zur Geschichte der Vereinigten Staaten von Amerika, Duncker & Humblodt Berlin 1993, S. 434 ff.; aus: Erich Angermann, Der Aufstieg der Vereinigten Staaten von Amerika. Klett Verlag Stuttgart 1981, S. 77 – **S. 100:** Erich Angermann: Weltgeschichte des 20. Jahrhunderts, Bd. 7, DTV München 1987, S. 110 – **S. 101:** Ebd., S. 25 – **S. 102:** Aus: Ronald Edsforth, The New Deal: America's Response to the Great Depression (Problems in American History), John Wiley & Sons, 2000; Herbert C. Hoover: Memoiren, Bd. 3. Verlag Matthias Grünewald Ostfildern, 1952, S. 329 f. – **S. 103:** Aus: Henry Steele Commager (Hg.), Documents of American History, New York 1973, S. 241 – **S. 104:** Franklin D. Roosevelt: Links von der Mitte. UV 1951; Franklin D. Roosevelt, in: Elmar Krautkrämer (Hg.): Die Vereinigten Staaten von Amerika. Diesterweg Verlag Frankfurt/M. 1971, S.87 f. – **S. 105:** http://www.americanrhetoric.com/speeches/fdrthefourfreedoms.htm – **S. 106:** CIA-Bericht v. April 1947, aus: Tony Judt: Geschichte Europas von 1945 bis zur Gegenwart, Hanser Verlag München/Wien 2005, **S. 118**; aus: Geschichte im Quellen, Bd. 7, BSV München 1980, bearb. von Helmut Krause/Karlheinz Reif, S. 370 – **S. 107:** Rede von George Marshall vom 5. Juni 1947, zit. nach: Archiv der Gegenwart, 1946/1947, S. 1106 f.; nach: Ebd.; CIA-Chef Dulles, aus: Tony Judt: Geschichte Europas von 1945 bis zur Gegenwart, Hanser Verlag München/Wien 2005, S. 118 – **S. 108:** Radioansprache von Dean Acheson 18..3.1949, zit. nach: Archiv der Gegenwart, 1949, S. 1860 – **S. 110:** Aus: Süddeutsche Zeitung v. 30.1.1992, S. 10; Egon Bahr: Der deutsche Weg. Selbstverständlich und normal, Blessing Verlag München 2003, S. 72 f.

Lösungsversuche für den Nahen Osten

S. 118: Aus: Geschichte in Quellen Bd. 7, a.a.O., S. 666 f. – **S. 119:** UNIC-Bonn – Pressemitteilungen Nr. 439, United Nations Information Center/Informationszentrum der Vereinten Nationen, Bonn, Büro Bonn – **S. 122:** Aus: Arno Ullmann (Hg.): Israels Weg zum Staat, DTV München 1964, S. 307 ff. – **S. 123:** „Stern" v. 3.5.2011.

Jugend im geteilten Deutschland

S. 132: Familiengesetzbuch der Deutschen Demokratischen Republik vom 20. Dezember 1965, Gesetzblatt, I 1966, Nr. 1, S. 1, in: Deutsche Geschichte in Dokumenten und Bildern (DGDB) Herausgeber Prof. Dr. Konrad H. Jarausch und Prof. Dr. Helga A. Welsh; Ulrich Grunert: Wir vom Jahrgang 1952. Aufgewachsen in der DDR. Kindheit und Jugend, Wartberg Verlag, 4. Auflage 2011, S. 13 – **S. 133:** Aus: Stefan Wolle, Die heile Welt der Diktatur. Alltag und Herrschaft in der DDR 1971-1989, 2., durchgesehene Aufl., Bonn (Bundeszentrale) 1999, S. 257 ff.; aus: Annina Hartung (Hg.): Singen macht Spaß. Lieder für Vorschulkinder (Kinderlied von Walter Krumbach). Verlag: Volk und Wissen Volkseigener Verlag Berlin, 2. Auflage (1988), S. 320 – **S. 136:** Bernd Rabehl, Schattenspiele. Mühseliges Erinnern an die fünfziger Jahre. In: Götz Eisenberg und Hans-Jürgen Linke (Hg.), Fuffziger Jahre. Gießen (Focus-Verlag) 1980, S. 116 f.; Dr. Ulrike Wasser. Jugend, Ideale, Idole. Junge Menschen in Ost und West in den 80er Jahren, aus: Praxis Geschichte, 03/2000, Bildungshaus Schulbuchverlage, Westermann, Braunschweig, S. 23 – **S. 137:** M 3 und M 4 aus: Jugend 92, Die neuen Länder, Rückblick und Perspektiven, Shell-Jugendstudie, Opladen (Leske + Budrich) 1992 – **S. 138:** Aus: Ulrich Mählert/Gerd-Rüdiger Stephan: Blaue Hemden – rote Fahnen. Geschichte der Freien Deutschen Jugend, Leske+Budrich Opladen 1996, S. 98 f.; Interview im Tagesspiegel v. 12.10.2011; Joachim Gauck: Winter im Sommer – Frühling im Herbst. Erinnerungen, Siedler Verlag München 2009, S. 41 – **S. 139:** Dr. Ulrike Wasser. Jugend, Ideale, Idole. Junge Menschen in Ost und West in den 80er Jahren, aus: Praxis Geschichte, 03/2000, Bildungshaus Schulbuchverlage, Westermann, Braunschweig, S. 24; Freya Klier: Lüg Vaterland. Erziehung in der DDR, Kindler Verlag München 1990, S. 186f.; aus: Ulrich Mählert, Gerd-Rüdiger Stephan, a.a.O., S. 263 – **S. 140:** Aus: Andreas Meier, JUGENDWEIHE – JugendFEIER. Ein deutsches nostalgisches Fest vor und nach 1990. DTV München 1998, S. 202 – **S. 141:** Claudia Rusch, Meine freie deutsche Jugend. Fischer Verlag Frankfurt a. M. 2003, S. 47 ff. – **S. 142:** Bernd Lindner: Rock &Pop, Komet Verlag Köln 2008, S. 24 – **S. 143:** Aus: Ulrich Mählert/Gerd-Rüdiger Stephan, a.a.O., S. 152; aus: Ebd., S. 167 – **S. 144:** Stefan Wolle: Die heile Welt der Diktatur, Econ List Taschenbuch München 1999, S. 428 – **S. 145:** Stefan Wolle: Ebd., S. 436 – **S. 146:** Wolf Biermann: Mit Marx und Engelszungen, in: Die Drahtharfe. Balladen, Gedichte, Lieder, Wagenbach Berlin 1981 – **S. 147:** Interview „Wahrheit schafft Klarheit", in: DIE ZEIT 14/2012 vom 29.3.2012, S. 68, Interviewerin: Evelyn Finger – **S. 148:** Susanne Zahn: „Außer Rand und Band". Die Halbstarken, in: Doritz Foitzik: Vom Trümmerkind zum Teenager, Edition Tennen Bremen 1992, S. 111-118, Zitat S.112 f. – **S. 149:** Westdeutsche Allgemeine Zeitung v. 1.12.1956; Aus: Götz Eisenberg und Hans-Jürgen Linke, a.a.O., S. 235 – **S. 150:** DIE ZEIT, Oktober 1968 – **S. 153:** Ingo Leven/Gudrun Quenzel/Klaus Hurrelmann: Familie, Schule, Freizeit. Kontinuitäten im Wandel, in: Shell Holding Deutschland (Hg.): Jugend 2010, Fischer Verlag Frankfurt 2010, hier zit. nach Lizenzausausgabe BpB Bonn 2010, **S. 74, 78**; ebd.

Migration und Integration

S. 159: Annette Treibel: Migration in modernen Gesellschaften. Soziale Folgen von Einwanderung, Gastarbeit und Flucht. Juventa Verlag Weinheim, 5. Auflage 2011, S. 21; Bundesamt für Migration und Flüchtlinge: Migrationsbericht 2005, Bundesanzeiger Verlagsgesellschaft Köln 2006; *http://wirtschaftslexikon.gabler.de/Archiv/440/migration-v9. html, Springer Gabler Fachmedien Wiesbaden GmbH* – **S. 160:** Aus: *http://www.antidiskriminierungsstelle.de/DE/Projekte_ADS/themenjahr_alter/botschafter/botschafter_altersjahr.html?nn=2542146&notFirst=true&docId=2552170;* – **S. 161:** Aus: *http://www.bild. de/sport/fussball/hamit-altintop/doppelpass-mit-filiz-koc-teil-2-16674358.bild.html; aus: http://de.fifa.com/worldfootball/news/newsid=1337531.html;* Cem Özdemir: Von der Integration zur Inklusion, *http://www.oezdemir.de/themen/migration_integration/4813156. html* – **S. 162:** Aus: Horst A. Krum (Hg.): Preußens Adoptivkinder, Arani Verlag Berlin 1985, S. 46 – **S. 163:** Aus : Geschichte in Quellen, Band 4, hg. von Wolfgang Lautemann und Manfred Schlenke, BSV München 1981, S. 650, bearb. v. Wolfgang Lautemann – **S. 164:** Aus: Günter Moltmann: Aufbruch nach Amerika, Wunderlich Verlag Tübingen 1979, S. 137 – **S. 165:** Aus: Ingrid Schöberl: Amerikanische Einwandererwerbung in Deutschland, Steiner Verlag Wiesbaden 1990, S. 178 – **S. 166:** Aus: Wolfgang Helbich (Hg.): Briefe aus Amerika 1830-1930, Beck Verlag München 1988, S. 505; aus: Wolfgang Helbich: Leben in der Fremde. Auswandererbriefe als schriftliche Zeitzeugen, Deutsches Pfarrerblatt, 9.9.2004 – **S. 167:** Aus: Ebd. – **S. 168:** Protokoll einer Befragung zu Gründen des Ausreiseantrags von Friedrich Voelker, Weber in Reetz, 15.3.1855, aus: Archivum Panstwowe Szczecin, Landratsamt Arnswalde, Nr 47, Bl. 89 f.; Brief von Moritz Wendel aus der australischen Kolonie Schönthal im Dezember 1844, aus: Wilhelm Iwan: Die altlutherische Auswanderung um die Mitte des 19. Jahrhunderts, Bd. 1, Eichhorn Verlag Lothar Kallenberg Ludwigsburg 1943, S. 278 – **S. 170:** Aus: Thomas Berger/Karl-Heinz Müller (Hg.): Lebenssituationen 1945-1948. Materialien zum Alltagsleben in den westlichen Besatzungszonen 1945-1948, Hirschgraben Verlag Frankfurt/Main, 2. Aufl. 1984, **S. 137:** Geschichte(n) schreiben, Schülerwettbewerb, Prämierte Arbeiten zu Flucht, Vertreibung und Integration, gefördert vom Bund der Vertriebenen e.V., Europäisches Jugendwerk e.V., Sächsisches Staatsministerium des Inneren – **S. 171:** Geschichte(n) schreiben, Schülerwettbewerb, a.a.O.; Aus: Thomas Berger/Karl-Heinz Müller (Hg.): Lebenssituationen 1945-1948, a.a.O., S. 128 – **S. 172:** Neue Züricher Zeitung v. 12.6.2011; Spiegel Online v. 11.6.2011; Spiegel Online v. 4.8.2011 – **S. 173:** Süddeutsche Zeitung v. 12.6.2006 – **S. 175:** Spiegel Online v. 22.12.2011

Wahrheit oder Manipulation?

S. 196: Aus: Geschichte 10, Volk und Wissen, Volkseigener Verlag Berlin 1977, 3. Aufl., S. 160-163 – **S. 197:** Aus: Ebd.; Radio DDR, 14.6.1961; nach: Stefan Wolle: Aufbruch nach Utopia. Alltag und Herrschaft in der DDR 1961-1971, Bonn (Bundeszentrale) 2011, S. 76 f. – **S. 198:** Hans Kroll: Lebenserinnerungen eines Botschafters, Kiepenheuer & Witsch Köln 1967, S. 512; Christoph Kleßmann: Zwei Staaten, eine Nation. Deutsche Geschichte 1955-1970, Bonn, 1997 (Schriftenreihe Band 343), S. 319 – 329 (Auszug) – **S. 199:** Klaus Schroeder: Der SED-Staat. Partei Staat und Gesellschaft 1949-1990, Propyläen Verlag München 2000, S. 644 f. – **S. 200:** Aus: Merith Niehuss, Ulrike Lindner (Hg.), Deutsche Geschichte in Quellen und Darstellung, Bd. 10. Besatzungszeit, Bundesrepublik und DDR 1945-1968. Stuttgart 1998, S. 415-418 – **S. 201:** Dokumentation zur Deutschlandfrage, Hauptband 2, Heinrich von Siegler Verlag Bonn, 2. Erg. und erw. Aufl. 1961, S. 686 ff. – **S. 204:** Aus: Siegfried A. Kaehler (Hg.): Albrecht von Thaer, Generalstabsdienst an der Front und in der OHL. Aus Briefen und Tagebuchaufzeichnungen 1915-1919. Vandenhoeck & Ruprecht Göttingen 1958, S. 233 ff. – **S. 205:** Aus: Herbert Michaelis/Ernst Schraepler (Hg.): Ursachen und Folgen, Band 2. Der militärische Zusammenbruch und das Ende des Kaiserreichs. Dokumenten-Verlag Wendler Berlin 1958, S. 331 f. – **S. 206:** Aus: Klassenbuch 2. Ein Lesebuch zu den Klassenkämpfen in Deutschland 1850-1919. Hg. von Hans Magnus Enzensberger. Luchterhand Verlag München 1972, S. 204 f.; Aus: Gerhard Koop/ Klaus-Peter Schmolke: Schiffsklassen und Schiffstypen der deutschen Marine. Band 7, Die Linienschiffe der Bayern-Klasse, Bernhard & Graefe Verlag Bonn 1996, aus: Wilhelm Deist: Militär, Staat und Gesellschaft. Studien zur preußisch-deutschen Militärgeschichte, Oldenbourg Verlag München 1991, S. 196 – **S. 207:** Aus dem Kriegstagebuch der Seekriegsleitung, aus: Wilhelm Deist: Militär, Staat und Gesellschaft. Studien zur preußisch-deutschen Militärgeschichte, Oldenbourg Verlag München 1991, S. 198 – **S. 208:** Gerald D. Feldman: Armee, Industrie und Arbeiterschaft in Deutschland 1914-1918. Verlag Dietz Nachf. GmbH Berlin/Bonn 1985, S. 400; aus: Ebd.; Kaehler, a.a.O. – **S. 209:** Schulthess, Europäischer Geschichtskalender, hg. von Wilhelm Stahl, Neue Folge, 35. Jahrgang 1919, München 1923, S. 482 ff. – **S. 211:** Lars Broder Keil/Sven Felix Kellerhoff: Deutsche Legenden. Links Verlag Berlin 2002, S. 43.

Bildquellen

6/7: (Wdh. Vignetten): dpa Frankfurt/Main – **8:** Keystone Pressedienst, Hamburg – **9:** DIZ, SV-Bilderdienst, München – **10:** Sächsische Landesbibliothek Dresden, Deutsche Fotothek/ Foto: F. Eschen – **11:** DHM, Berlin – **11 RS:** bpk – **15:** picture-alliance/dpa/dpaweb/© dpa – Fotoreport/Foto: CTK – **15 RS:** picture alliance/CTK – **16:** bpk/Iglartz – **17:** Sächsische Landesbibliothek Dresden, Deutsche Fotothek – **18:** Süddeutsche Zeitung Photo – **19:** picture-alliance/ZB/© dpa /Foto: Agentur Voller Ernst – **20:** picture-alliance/DENA – **21:** picture-alliance/akg-images – **22:** Anschläge, Langewiesche-Brandt, Ebenhausen – **23:**